PETER STRUCK

ZUSCHLAGEN, ZERSTÖREN, SELBSTZERSTÖREN

D1984893

PETER STRUCK

ZUSCHLAGEN, ZERSTÖREN, SELBSTZERSTÖREN

Wege aus der Spirale der Gewalt

WISSENSCHAFTLICHE BUCHGESELLSCHAFT
DARMSTADT

Einbandbild: Graffiti in Hamburg-Steilshoop
(Foto: Bertram Solcher).

Die Deutsche Bibliothek – CIP-Einheitsaufnahme

Struck, Peter:
Zuschlagen, Zerstören, Selbstzerstören: Wege aus der Spirale der Gewalt / Peter Struck. – Darmstadt: Wiss. Buchges., 1995
(WB-Forum; Bd. 100)
ISBN 3-534-80174-1
NE: GT

Das Werk ist in allen seinen Teilen urheberrechtlich geschützt.
Jede Verwertung ist ohne Zustimmung des Verlages unzulässig.
Das gilt insbesondere für Vervielfältigungen,
Übersetzungen, Mikroverfilmungen und die Einspeicherung in
und Verarbeitung durch elektronische Systeme.

© 1995 by Wissenschaftliche Buchgesellschaft, Darmstadt
Gedruckt auf säurefreiem und alterungsbeständigem Werkdruckpapier
Gesamtherstellung: Wissenschaftliche Buchgesellschaft, Darmstadt
Printed in Germany
Schrift: Wilke, 9.5/10.5

ISBN 3-534-80174-1

Für Heinz Hibbeler

„Vieles, was 15jährige tun, tun sie nur,
um auszuprobieren, was passiert,
wenn sie eine Grenze überschreiten.
Nur so können sie
ein stimmiges Weltbild aufbauen.“
Ein 15jähriger Schüler

Inhalt

Vorwort: Gewalt ist „in"

Seit Jahren wird über die Zunahme der Gewalt in unserer Gesellschaft geklagt, erst über die in Form des Hooliganismus in den Fußballstadien, dann über die Aggressionen in den Schulen, dann über die fremdenfeindlichen Aktionen in Hoyerswerda, Rostock, Mölln, Solingen und Lübeck, dann über die Bildschirmgewalt und neuerdings über die „Spirale der Gewalt" in Kindergärten.

Ob die Gewalttätigkeiten von Kindern und Jugendlichen unter dem Motto „Immer jüngere Kinder begehen immer zahlreicher immer brutalere Delikte" wirklich zugenommen haben, bestreiten einige Fachleute; mit Sicherheit hat aber die Wahrnehmung für Gewalt zugenommen, und das ist erfreulich, denn damit wächst die Bereitschaft, präventiv und nachgereicht etwas dagegen zu tun. Kindergärtnerinnen, Lehrer, Eltern, Medienmacher und Politiker sind mehr denn je aufgerufen, mehr pädagogische Verantwortung zu tragen, Anlässe für Imitationslernen in Sachen Aggressionen zu minimalisieren, Gewalt nicht sensationell zu verherrlichen, kraftstrotzende Macho- bzw. Männlichkeitsideale zu verpönen und eine bewußte Werteerziehung zu begünstigen.

Gewalt ist immer ein Versuch, besser mit sich zurechtzukommen, die eigene psychohygienische Bilanz stimmiger zu machen, und zwar indem Auswege, Flüchte, Verdrängungen oder Projektionen Schuld ableiten. Gewalt gibt es in vier Formen, wobei im allgemeinen nur an Gewalt gegen Sachen und Gewalt gegen Menschen gedacht wird. Vernachlässigt werden in der Gewaltdiskussion die Gewalt gegen sich selbst, die Autoaggression genannt wird, und die Systemgewalt, die beispielsweise von den Schulen, aber auch von Politikern ausgeübt wird. Gewalt ist übrigens immer nur das, was das Opfer als Gewalt empfindet, nicht unbedingt aber das, was der Täter beabsichtigt. Der Maßstab für den Grad von Gewalt liegt also im Opfer.

Mit Sicherheit haben die Autoaggressionen zugenommen. Gerade diejenigen Kinder und Jugendlichen, die erziehungsbedingt gelernt haben, daß man niemanden schlägt und nichts zerstört, wählen als Ausweg für ihre Frustrationen oft den nichtkriminalisierten Weg der Gewalt gegen sich selbst.

Vor allem Gymnasiasten werden daher zunehmend Opfer von psychosomatischen Erkrankungen wie Allergien, Migräne, vegetativen Dystonien, Asthma, Bulimie, Fett- oder Magersucht, Alkohol-, Nikotin-, Drogen- und Tablettenabusus, von Depressionen, Todessehnsucht und Suizidversuchen.

Der gemeinsame Nenner für Aggressionen und Autoaggressionen ist, daß man sich in seiner Haut nicht wohlfühlt und dies deshalb eventuell direkt an seiner Haut zeigt; neben Allergien nehmen daher auch Warzen, Ekzeme, Nägelkauen und Neurodermitis zu.

Kinder passen nicht mehr so ohne weiteres in unsere für Erwachsene gemachte Welt; sie überspringen für sie wichtige Entwicklungs- und Spielstufen, sie verfallen Materialismus- und Konsumwünschen, Trends und Rauschbedürfnissen, um Auswege aus ihrer seelischen Not zu finden. Die Gewalt von Kindern und Jugendlichen kann nur zunehmen, wenn zuvor die Gewalt unter Erwachsenen zugenommen hat. „Soziale Kälte", „neue Armut", „Politikverdrossenheit", „Korruption", „Ellenbogen-" und „Karrieregesellschaft" sind nur einige Stichwörter, die auf die mangelhaften Vorgaben der Altvorderen für die Sozialisation junger Menschen hinweisen.

Aggressionen sind bis zu einem gewissen Maße biologisch normal; sie schützen, sie ermöglichen das Sich-Behaupten, sie garantieren Lebenstüchtigkeit. Sie lassen sich sinnvoll im Sport, im Kampfsport, in Disputen, über Leserbriefschreiben und durch wehrhaftes politisches Handeln kanalisieren, und zwar auch ohne die notwendigen Freiräume anderer Menschen zu verletzen.

Vieles, was Jugendliche tun, dient dem Austesten der Spielregeln des Zusammenlebens und damit dem Aufbau eines stimmigen Weltbildes. 13jährige probieren das Übertreten von Grenzen, die sie durchaus kennen, gern aus, um zu erfahren, was dann passiert. Ihre Abenteuerlust reicht dabei vom Klingelstreich bis zur Crash-Fahrt mit einem gestohlenen Oberklassewagen. Wenn nach so einem bewußten Grenzübertritt nichts passiert oder jedes Mal etwas ganz anderes, läßt man sie mit der Entwicklung ihres

Normen- und Wertegefüges allein, so daß sie Grenzen noch massiver überschreiten müssen.

Da viele junge Menschen sich als Verlierer, als ungeliebt oder störend empfinden, da sie sich selbst für wertlos halten, aber gleichzeitig ein höheres Maß an Aufmerksamkeit und Anerkennung anstreben, sehen sie sich im Angebot für Handlungsmöglichkeiten sehr genau um, damit sie etwas finden, mit dem sie deutlich ihre Existenz und ihre Sehnsucht danach, auch etwas bewirken zu können, nachzuweisen vermögen. Die größte Aufmerksamkeit erzielt man in dem Moment, wenn man Grabsteine auf einem jüdischen Friedhof umstürzt oder mit Nazi-Symbolen bemalt und wenn man Molotow-Cocktails auf Asylbewerberheime wirft. Dann stehen die Zeitungen voll, dann fragt man nach den Ursachen, dann ist man bereit, etwas mehr für Jugendliche zu tun. Vor allem aber sieht der junge Mensch dann, daß er auch noch da ist und daß er zumindest mit nicht erwünschten Leistungen provozieren kann, wenn er schon keine erwünschten zustande bringt. Verlierer haben nicht mehr viel zu verlieren; sie sind daher in besonderer Weise risikobereit bei ihren Grenzübertritten.

Die Gewaltdiskussion der vergangenen Jahre hat nicht nur eine Fülle von Analysen und Präventionsstrategien zutage gefördert; sie hat leider auch dazu beigetragen, daß Gewalt in manchen Kreisen „in" bzw. „chic" geworden ist. Gewalt wirkt auf viele Menschen erotisierend, sie garantiert, daß man „out of bounds", also weder bürgerlich noch spießig ist, daß man deshalb zum Widerstand und zur Wahl ungewöhnlicher und allgemein nicht akzeptierter Mittel des Sich-Wehrens gegen das Verliererschicksal in der hierarchisierten Leistungsgesellschaft befugt ist.

In diesem Buch sollen möglichst viele Ursachen von Gewalttätigkeit vorgestellt werden; es soll in ihm aber auch gesagt werden, was man erzieherisch dagegen tun kann. Selten gibt es nur einen einzigen Grund für Aggressionen oder Autoaggressionen. Meist kommen mehrere Faktoren zusammen. Aber selbst wenn die gegeben sind, muß umgekehrt noch keineswegs Gewalttätigkeit die Folge sein. Jedes Kind ist anders als das nächste, und ein und derselbe Gewaltfaktor wirkt höchst unterschiedlich auf unterschiedliche Kinder. Eines ist aber gewiß: Gewalttätige Kinder und Jugendliche sind zunächst immer selbst Opfer von Gewalt gewesen, sei es von Sprachgewalt, sei es durch Mißhandlung oder Vernachlässigung, sei es durch Mangel an liebevoller Väterlichkeit während ihres Aufwachsens.

Wenn ich in diesem Buch von Schülern und Lehrern schreibe, meine ich selbstverständlich auch Schülerinnen und Lehrerinnen. Gelegentliche Wiederholungen im Text sind beabsichtigt, damit sich auch derjenige Leser gut orientieren kann, der nur einige Kapitel lesen möchte.

Hamburg, im Juni 1995

Peter Struck
Bornstraße 25
20146 Hamburg

1. Zur Wahrnehmung von Gewalt

Aggressionen sind, biologisch gesehen, normal; sie sind ein psychohygienisch erforderliches Instrument, um einen Frustrationsstau ableiten zu können. Es kommt also nicht darauf an, Aggressionen zu verhindern, sondern darauf, sie sinnvoll zu kanalisieren.

Gewalt hat es immer gegeben, ihre Ausdrucksformen haben sich oft gewandelt bzw. verlagert. Immer gab es das Schlagen anderer, immer gab es scheinbar sinnlose Zerstörungswut, immer gab es Psychoterror, immer gab es Krieg, Vernachlässigung und gewaltsam sich auswirkende Überfürsorge und Verplanung von Kindern.

Es gab aber Zeiten, beispielsweise in den 50er Jahren, in denen Schülergewalt hingenommen, kaum wahrgenommen oder relativiert wurde infolge der wesentlich schlimmeren Gewaltfolgen des Zweiten Weltkrieges.

Fast 50 Jahre danach sind wir für Kinder und ihr Schicksal wesentlich stärker sensibilisiert, schlagen wir früher Alarm, wenn es um Mißhandlung geht. Sexuelle Übergriffe gegenüber Kindern haben gewiß nicht zu-, sondern wahrscheinlich sogar abgenommen; nur die Wahrnehmung für sie ist derart gestiegen, daß ein wesentlich größerer Anteil früherer Dunkelziffern entlarvt wird, so daß der Eindruck entsteht, sexuelle Gewalt eskaliere permanent.

Alle Schulamtsstudien über Schülergewalt zwischen Frankfurt am Main und Schleswig-Holstein, zwischen Nordrhein-Westfalen und Brandenburg kommen zu den Schlüssen:

- Immer mehr Schüler werden gewalttätig,
- immer jüngere Kinder werden gewalttätig,
- der Grad der Brutalität hat zugenommen.

Ob es wirklich so ist, ist sehr fraglich, denn erstens zeigt eine Studie der Hamburger Schulbehörde aus dem Jahre 1974 wesentlich schwerwiegendere Gewaltexzesse auf als die aus dem Jahre 1992, und zweitens ist ja denkbar, daß die Zahl der gewalttätigen jungen Menschen insgesamt abgenommen hat, daß aber immer weniger Täter immer mehr und schlimmere Taten begehen.

Wenn also nicht die Gewalt an sich zugenommen hat, sondern nur die Wahrnehmung für sie, dann ist das aus pädagogischer Sicht dennoch gut so, denn nur wenn ein mißliches Phänomen deutlich zur Kenntnis genommen wird, wächst auch die Bereitschaft, etwas dagegen zu tun bzw. es präventiv abzuwehren.

Aggressive Kinder sind ein Spiegelbild der Erwachsenenwelt, sie werfen nur die Gewalt zurück, die ihnen widerfährt. Über aggressive Kinder klagend zu richten, ohne gleichzeitig die aggressive Erwachsenenwelt anzuprangern, ist einseitig und ungerecht. So gewalttätig wie Erwachsene im Straßenverkehr, so rücksichtslos, wie sie in der Berufswelt, so unmenschlich, wie sie im Familienleben und in der Planung von Wohn- und Spielumwelten und in der Gestaltung der Medienlandschaft sind, muß man sich eigentlich wundern, daß junge Menschen nicht noch gewalttätiger sind.

Der Anteil jugendlicher Straftäter ist gemessen an der Gesamtkriminalität seit 1970 um mehr als ein Viertel zurückgegangen. Besonders gewalttätige Jugendliche sehen übrigens wesentlich weniger fern als besonders friedliche, und es gibt eine deutliche Verlagerung von Aggressionen gegen Menschen und Sachen auf das Feld der Aggressionen gegen sich selbst. Es wird viel weniger geschlagen und zerstört als je zuvor, statt dessen haben Autoaggressionen in Form von Rauschbedürfnis, psychosomatischen Erkrankungen und Selbstzerstörung bis hin zu Todessehnsucht deutlich zugenommen. Mit dem Anstieg von Bildung nimmt stets das Aggressionspotential nach außen ab, während die Bereitschaft, Gewalt gegen sich selbst auszuüben, zunimmt. Die Gewaltproblematik trifft daher vor allem die vielen Gymnasiasten, deren Anteil an einem Schülerjahrgang sich in den letzten 40 Jahren etwa versechsfacht hat; aber Autoaggressionen sind nicht kriminalisiert, sie tauchen in den Kriminalstatistiken nicht auf.

Je mehr junge Menschen in Richtung Abitur und Studium streben, desto deutlicher wird dem Rest, beispielsweise Hauptschülern, die bundesweit nur noch etwa 20 Prozent eines Schülerjahrgangs darstellen, sein Verliererdasein. Und dieses verstärkte Restbewußtsein führt zu verstärktem Frust und damit zu einer höheren Bereitschaft, Gewalt gegen Sachen und sogar gegen Menschen einzusetzen. Denn Verlierer haben nicht mehr viel zu verlieren, so daß ihre Risikobereitschaft steigt.

Die meisten Kinder fühlen sich heute besser denn je; Krankheiten und Kriege spielen nämlich in unserer Gesellschaft eine unvorstellbar geringere Rolle als in früheren Zeiten. Zugenommen haben dagegen Ängste und Unsicherheiten in der Erziehung auf der Erwachsenenseite und damit auch ein schlechtes Gewissen. Die pädagogische Hilflosigkeit, direkt ablesbar an der Schwemme von Erziehungsratgebern auf dem Buchmarkt, ist vor dem Hintergrund der Abnahme religiöser Bindungen und des Anstiegs von akzeptierten Werten in einer immer offener, komplizierter und pluralistischer gewordenen Gesellschaft verständlich. Die jetzigen Eltern und Lehrer sind nach der Studentenbewegung von 1968 erzogen worden und mit dem Infragestellen aller über Jahrhunderte gewachsenen erzieherischen Grundeinsichten bis hin zum Zweifeln an der Notwendigkeit von Bezugspersonen, Autoritäten, von Wertekonsens und Grenzsetzungen groß geworden, so daß sie weder pädagogischen Instinkt noch Verhaltenssicherheit in das Zusammenleben mit ihren Kindern mitbringen. Allzu viele Kinder sind deshalb erzieherisch alleingelassen, sie können sich bestenfalls noch selbst erziehen, indem sie aus einem übergroßen Angebot rivalisierender Werte die für sie passenden auswählen oder indem sie sich am Aufwachsen und am Weltbildaufbau von Gleichaltrigen orientieren.

Was die 17 Millionen deutschen Kinder und Jugendlichen auf die Welt mitgebracht haben, ist so gut oder so schlecht wie in allen Generationen zuvor. Ihre Grundbedürfnisse nach Bewegung, Liebe, Zeit, Ansprache, Zuhören, Arbeit, Spiel und Körperkontakt haben sich über Tausende von Jahren nicht geändert, aber sie werden heute in andersartige Familien, Nachbarschaften und gesellschaftliche Trends geboren, und die passen nicht mehr so ohne weiteres zu eben diesen angeborenen Grundbedürfnissen.

Wenn es zu unkultivierten, also nicht akzeptierbaren zerstörerischen Aggressionen bei jungen Menschen kommt, sind sie immer das Ergebnis der Lebensformen von Erwachsenen und ihrer Erziehungskonzepte und -methoden.

Die meisten Kinder wachsen heute emotional unterernährt auf, sie beziehen ihre Normen und Werte vom Bildschirm, aus der Materialismus und Konsum fördernden Werbung und aus pädagogisch gesehen relativ unkontrolliert sich entwickelnden Trends der jugendkulturellen Szenerie. Familienersatz ist ihnen bedeutsamer geworden als Familie. Und die Familie als Institution wird wahrscheinlich langfristig nicht zu retten sein, so daß künftig familienersetzende Lebensformen von Pädagogen aktiv mitgestaltet werden müssen, wenn sie nicht bloß zugucken und beklagen wollen, daß so etwas wie eine „Spirale der Gewalt" „die Welt immer mehr aus den Fugen geraten" läßt.

Viele sagen, man müßte nur in die USA, also nach Washington, Los Angeles und New York schauen, um zu sehen, welche Gewalteskalation auf uns mit Zeitverzug zukommen wird.

In den USA wird alle zwei Stunden ein junger Mensch erschossen, täglich werden dort etwa 14 Kinder Mordopfer, jeder 13. junge Amerikaner zwischen 12 und 17 Jahren wurde 1992 Opfer einer Gewalttat. In der Hauptstadt Washington ist Mord mit einem Anteil von 50,8 Prozent mittlerweile die häufigste Todesursache bei Teenagern. Als Hauptgründe werden dafür der Verfall der Familienstrukturen, vor allem in den Armutsghettos, und die Ausbreitung der Drogen genannt. Allein die medizinischen Folgekosten von Gewalttaten belaufen sich in den USA auf rund 23 Milliarden Mark jährlich.

Im südfranzösischen Toulouse brodelt zur Zeit ein Hexenkessel. Jugendbanden terrorisieren dort Kaufleute und Handwerker und gehen auf Strafexpeditionen gegen alle Leute, von denen sie angezeigt werden. Im englischen Liverpool neigen schon kleinste Kinder zu unglaublicher Brutalität und Gefühlsarmut. Müssen wir damit auch in Deutschland rechnen?

Vielleicht reagiert unsere Gesellschaft ja früher als die der USA, Frankreichs und Großbritanniens, vielleicht reagieren wir sensibler auf erste Verrohungsanzeichen und sind eher zur Prävention bereit.

Die lebhafte Gewaltdiskussion der vergangenen Jahre gibt jedenfalls Anlaß zu dieser Hoffnung; landauf und landab sind bei uns „Kriminalpräventive Räte" gegründet worden und werden Lehrer in Sachen Strategien gegen Gewalt fortgebildet.

Alarmknöpfe auf dem Lehrerpult in britischen Schulen, Schulpolizisten und waffentragende Lehrer sowie Erstkläßler mit schußsicheren Westen wie in den USA wirken jedenfalls noch keineswegs gegen die Ursachen von Gewalt; sie sind eher Ausdruck eines Sich-Arrangierens mit der Tatsache, daß Gewalt überall ist.

Die meisten Gewalttäter sind männlich, die meisten Opfer übrigens ebenfalls. Für die Täter gibt es auch eine genetische Erklärung: An der Universität von Nijmegen in den Niederlanden hat Han Brunner ein mutiertes Gen auf dem X-Chromosom geortet, das für irrationales Verhalten und für ein Absinken der Hemmschwelle in bezug auf Aggressionen verantwortlich sein soll. Da Frauen das X-Chromosom zweimal haben, das mutierte Gen aber rezessiv ist, wird bei ihnen der Defekt in der Regel durch das jeweils intakte X-Chromosom kompensiert, während beim Mann das mutierte Gen oft zur Auswirkung gelangt.

Brunner konnte das Gen identifizieren, das die Synthetisierung des Enzyms Monoamin-Oxidase A codiert. Aufgabe dieses Enzyms ist es, im Gehirn chemische Substanzen (wie Dopamin, Epinephrin, Serotonin) abzubauen. Ist das Gen, das diese Vorgänge steuert, nicht intakt, kommt es zu Störungen. Die Neurotransmitter im Gehirn geben dann falsche Signale, besonders bei der Reaktion auf Streßimpulse, die sich dann in Form von Aggressionen entladen.

Daß es außerhalb dieser genetischen Vorbelastung noch andere aggressionsfördernde und reizschwellenverändernde, also auch sozialisationsbedingte Faktorenkonstellationen gibt, bestreitet übrigens Brunner keineswegs.

2. Gewaltstudien

In Frankfurt am Main wurde 1991 die erste Schulamts-Gewaltstudie vorgelegt; es folgten ähnliche Analysen aus München, Hamburg, Schleswig-Holstein, Berlin und Nordrhein-Westfalen sowie Mecklenburg-Vorpommern und Sachsen. Die wichtigsten Ergebnisse sind:

- Die Gewaltphänomenologie stellt sich regional sehr unterschiedlich dar.
- Bei rechtsradikalen und fremdenfeindlichen Gewaltdelikten liegen die neuen Bundesländer vorn.
- In Schleswig-Holstein haben Kleinstädte und ländliche Gebiete eine höhere Gewaltproblematik als die beiden großen Städte Lübeck und Kiel.
- In Nordrhein-Westfalen ist es umgekehrt; hier liegen die Großstädte vor den ländlichen Regionen.

- In Mecklenburg-Vorpommern sind 45 Prozent aller Schüler bereit, Konflikte mit Gewalt zu lösen; eine so hohe Quote wird sonst nirgendwo beobachtet.
- Nach einer über zehn Jahre laufenden Studie der Gesetzlichen Unfallversicherungen gehen von den jährlich rund eine Million Schülerunfällen fast 10 Prozent, nämlich 97 000, auf Prügeleien zurück. Etwa doppelt so oft wie vor zehn Jahren wird an Hauptschulen zugeschlagen. Obwohl Hauptschüler nur 14 Prozent der Versicherten ausmachen, gehen 40 Prozent des „aggressivitätsbedingten Unfallgeschehens" auf ihr Konto. Dagegen gehen Grundschüler am friedlichsten miteinander um; nur fünf von tausend Schülern verletzen sich bei Raufereien. In der Rangfolge liegen Hauptschüler vor Gesamtschülern, Sonderschülern, Realschülern, Gymnasiasten und Grundschülern.
- Oft sind Schulleiter nach der Gewaltsituation befragt worden; sie versuchen durchweg, die Probleme an ihrer eigenen Schule zu bagatellisieren, so daß derartige Befragungen – wie in Hamburg – nichts wert sind.
- Aus dem direkten Vergleich zweier Hamburger Studien aus den Jahren 1974 und 1992 läßt sich schließen, daß es 1974 wesentlich brutalere und häufigere Gewalt gab als 1992.
- In keiner Schulamts-Gewaltstudie wird auf die vom Schulsystem, von der einzelnen Schule und von den Lehrern ausgehende Gewalt eingegangen, wie sie mit den Instrumenten Noten und Zeugnisse, Sitzenlassen, Abschulung und Drohungen an die Eltern sowie durch unangemessenes Lehrerverhalten, ungeeignetes Gestühl, langweiliger Frontalunterricht, veraltete Lehrpläne, übertriebenes Fachlehrer- und Kurssystem und Übergröße von Klassen und Schulen ausgeübt wird.
- In der Hamburger Gewaltstudie aus dem Jahre 1992 finden sich folgende Resultate: 26 von 169 Schulen halten ihre Arbeit durch gewalttätiges Schülerverhalten für „erheblich belastet": 56 Prozent der Schulen geben an, Probleme mit Gewalt zu haben; 75 Schulen melden Vorfälle wie Nötigung, Bedrohung und Abpressen; 67 registrieren Körperverletzungen, 26 Sexualvergehen. 90 Prozent der Täter sind Jungen, 32 Fälle von Schülergewalt gegen Lehrer in acht Monaten werden registriert, zwei Drittel der befragten 169 Schulen stellen eine Zunahme der verbalen Aggressionen fest. 42 Schulen klagen über einen Anstieg

der Schülerbewaffnung, während 30 eine Abnahme konstatieren. Auf drei Feldern wird insgesamt eine Zunahme der Gewalt festgestellt, nämlich bei Willkürhandlungen von Stärkeren gegenüber Schwächeren, beim Kampf um Macht- bzw. Rangordnungspositionen und im Zusammenhang mit Nationalitätenstreitereien.

Interessant ist das Phänomen, daß nach Ausbruch des Golf-Krieges schlagartig die Schülergewalt in Gymnasien und Gesamtschulen zugenommen hat. Krieg wirkt bei intelligenteren und älteren Kindern und Jugendlichen als Negativmodell für gewaltsame Konfliktlösungen, weil die Hemmschwelle für Aggressionen, gesteuert durch Nachrichtensendungen, plötzlich verändert wird, und zwar unter dem Motto: Wenn Erwachsene und die große westliche Ordnungsmacht USA ihre Probleme gewaltsam zu lösen versuchen, dann kann der einzelne das auch mit reinem Gewissen im kleinen tun. Deshalb nahm auch Gewalt im Straßenverkehr und in Ehen schlagartig mit der Golf-Krise zu. Nach Ausbruch der Jugoslawien-Krise blieb übrigens eine weitere Gewaltwelle aus, weil sich alle mittlerweile daran gewöhnt hatten, daß zur Zeit etwa 40 Kriege auf der Erde toben.

Wie kein Krieg je zuvor wurde der Golf-Krieg durch die Medien in die Wohn- und Schlafzimmer getragen, und er erreichte vor allem bewußtere Menschen, die die Sprache der Nachrichtensendungen mitbekommen. Haupt- und Sonderschüler sowie kleinere Kinder wurden mit dieser Sprachlastigkeit der News-Sendungen weniger erreicht, so daß bei ihnen eine plötzliche Gewalteskalation nicht festzustellen war. Dazu hätte es mehr fließenden Blutes, mehr Zeitlupen und mehr Vergrößerungen bedurft.

Im Jahr des Golf-Krieges stiegen selbst in einer ruhigen Stadt wie Bonn Gewaltdelikte um 20 Prozent an, in Frankfurt am Main um 50 Prozent; zwei Drittel der ermittelten Täter waren dort unter 21 Jahre alt, 75 Prozent von ihnen waren Ausländer; Opfer waren zumeist Alte, Kinder und Behinderte. 20 Prozent der Schüler eines Frankfurter Gymnasiums sind bereits mindestens einmal Opfer eines Straßenraubes geworden. Viele Opfer bewaffnen sich übrigens nach einem schweren Gewaltdelikt an ihnen, sie tragen Messer, Sprühgas oder auch Schußwaffen bei sich, eine Entwicklung, die an amerikanische Verhältnisse erinnert, denn dort trägt jeder fünfte Schüler zwischen 14 und 17 Jahren eine Waffe bei sich, jeder zwanzigste eine Pistole. Schwarze Schüler bevorzugen dabei das Tragen von Schußwaffen zur Verteidigung, während Weiße und Hispanics vor allem Messer mit sich führen.

In Hamburg stieg die Raubkriminalität der 8- bis 21jährigen von 1989 bis 1991 um 126 Prozent; in Berlin haben 26 Prozent aller Schüler eine Waffe zur Verteidigung bei sich, und zwar Spring- oder Butterflymesser, Pfadfindermesser, Wurfsterne, Würgeketten, Reizgassprühdosen oder Gaspistolen.

Der Bielefelder Jugendforscher Klaus Hurrelmann ermittelte, daß etwa 15 Prozent eines Schülerjahrgangs als aggressiv und gewalttätig zu beschreiben sei; und da die Mädchen dabei durchweg zu vernachlässigen seien, sei fast jeder dritte Junge ein möglicher Täter im Sinne von Körperverletzung, Erpressung, Sachbeschädigung oder Psychoterror.

Bekommen wir also doch bald amerikanische Verhältnisse?

3. Aggressionen und die vier Formen von Gewalt

Kinder haben große Sehnsucht nach Geregeltem, nach Geordnetem, nach festen Gewohnheiten, nach ihrer eigenen Leistungsfähigkeit, nach Liebe, Nähe und Akzeptanz; und wenn sie nicht erfüllt wird, wenn sie sich als unerwünscht, störend oder als Versager bei ihren Sympathie- und Anerkennungsbemühungen empfinden, sind sie frustriert, gehen sie mit sich selbst schlecht um und werden sie aggressiv oder autoaggressiv. 98 Prozent der Säuglinge werden den Eltern in den ersten Stunden nach der Geburt weggenommen; ihnen widerfährt damit ein hohes Maß an Selbstwertgefühle beeinträchtigender Gewalt, ebenso wie durch die „Erfindung“ von Kinderwagen sowie separaten Kinderbetten und Kinderzimmern, die für einen Mangel an der dringend erforderlichen Nähe sorgen. Die Wegnahme des Säuglings von der Mutter in den ersten Lebensstunden nach der Geburt, der Kinderwagen und das Kinderzimmer sind für die vielen Schreiattacken, die sich meist zwischen 21 und 24 Uhr ereignen, mitverantwortlich und damit für die totale Erschöpfung der Mutter, die in der Folge nicht mehr optimal zu ihrem Kind sein kann.

Etwa jedes dritte Schulkind in Deutschland zeigt Verhaltensstörungen, etwa jedes fünfte Kind ist sprachgestört. Die saarländische Bildungsministerin Marianne Granz (SPD) stellt fest, daß „psychische Unruhe, Konzentrationsmangel und das sogenannte Montags-Syndrom die derzeit größten Probleme" seien, „unter denen die Kinder in der Schule leiden".

Nach einer Untersuchung von Hans Bach (Universität Mainz) sind Sonder- und Hauptschüler, zumal in Großstädten, besonders anfällig für Aggressionen. In Mammutschulen mit mehr als 800 Schülern würden bis zu viermal so viele Störungen registriert wie in kleineren Schulen. Er kommt zu dem Ergebnis, daß sich etwa 25 Prozent aller Schüler „störend-aggressiv" im Unterricht verhalten, 22 Prozent „unkonzentriert", 16 Prozent „faul", 15 Prozent „motorisch unruhig", also hyperaktiv, und 14 Prozent „uninteressiert".

Der Amerikaner Neil Postman erklärt die aktuellen Disziplinprobleme der Schulen mit dem enormen Ansehensverlust der Erwachsenen; in einer „Welt der Gewalt und Gefühlsarmut" habe das Erwachsenenalter viel von seiner Autorität und seiner Aura verloren.

Der Verfall herkömmlicher sozialer Strukturen, der Verlust verbindlicher Werte, der Konsumrausch und der Einfluß des Fernsehens werden von ihm als Erklärung für das „Verschwinden der Kindheit" und den Erziehungsnotstand herangezogen.

Zerrüttete Ehen, vernachlässigende Erziehung, Mißhandlungen, Ängste, Wutausbrüche, konsumbedingte Wohlstandsverwahrlosung, die Kultivierung von Egoismen und sozialisationsbedingte Lernstörungen sind nach Auffassung des Tübinger Kinderpsychiaters Reinhard Lempp verantwortlich für die Zunahme an schwierigen Schülern; nur in jedem zehnten Fall von Scheitern in der Schule seien Intelligenzdefizite verantwortlich.

1965 wurde in Deutschland von 1200 Einwohnern einer Opfer eines Verbrechens wie Mord, Totschlag, gefährliche Körperverletzung, Raub, Vergewaltigung und Erpressung; 1992 wurde aber schon einer von 530 Bundesbürgern Opfer. 1965 wurden von jeweils einer Million Menschen in Deutschland acht umgebracht, 1992 waren es bereits 14. Sind diese Zahlen Indizien für eine Zunahme der Gewalt oder nur für eine bessere kriminalstatistische Erfassung?

Drastische Enttabuisierungen, auch Werteverlust genannt, ein Anwachsen der sozialen Kälte, Abstumpfungsprozesse und zunehmende gesellschaftliche Gleichgültikeit gegenüber den nächsten

Generationen werden neben dem Anstieg der Unsicherheit und Hilflosigkeit von erziehenden Personen als Ursachen für die „Spirale der Gewalt“ genannt.

Mittlerweile gibt es kaum noch Kinder ohne zumindest leichte Störungen, ohne leicht erkennbare Erziehungsdefizite. 70 Prozent der deutschen Schüler fühlen sich in ihrer Haut nicht mehr wohl, wie der Bielefelder Jugendforscher Klaus Hurrelmann 1994 festgestellt hat, und auch die restlichen 30 Prozent sind kaum als „gut“ erzogen zu beschreiben. Selbst in intakten Familien, in denen Zuwendung weder über- noch unterdosiert ist, in denen die Eltern fast alles optimal machen, wird die stete Zunahme an Verhaltensauffälligkeiten immer offenkundiger. Die Einflüsse der Jugendkulttrends und der allumfassenden Medien sind so gewaltig, daß eigentlich nur noch auf einer fernsehlosen und nahezu unbesiedelten Insel eine günstige Kindererziehung durch Eltern möglich erscheint.

Der Einfluß der Jugendgruppe, zu der man gehört, ist heutzutage in jedem Fall bedeutsamer als der der Eltern. Die Bereitschaft zum Gehorsam gegenüber den Binnennormen einer Gruppe, zur Unterordnung unter ranghöhere Gruppenmitglieder, ist inzwischen größer, als es Werte wie Humanität oder Ablehnung von Gewalt sind. Eine Untersuchung der Universität Potsdam zu den rechtsradikalen Tendenzen in der brandenburgischen Kleinstadt Schwedt hat ergeben, daß jugendliche Gewalttäter, die Molotow-Cocktails auf Asylbewerberheime geworfen hatten, für sich allein genommen durchaus als lieb oder liebenswert zu bezeichnen sind und daß sie in ihrem eigenen Wertesystem Gewalt gegenüber Ausländern oder gar Gewalt überhaupt ablehnen, daß es aber einen noch höheren Wert gibt, mit dem sie Skrupel zurückstellen, nämlich die solidarische Zugehörigkeit zu einer familienersetzenden Gruppe. Und wenn in dieser Gruppe Fremdenfeindlichkeit und Gewalt hochanerkannte und rangordnungsbildende Kommunikations- und Interaktionsmittel sowie hohe Werte sind, dann machen sie eben bedenkenlos mit.

Man nennt dieses Phänomen „Deindividuation“: das Individuum schiebt sein Weltbild und sein Normengefüge beiseite, so daß Gewalt ansteckender als ein Virus wird und in einer Kettenreaktion jeden mit in den Sog reißt, der zur entsprechenden Gemeinschaft gehören möchte. Die Deindividuation kann – wie die Massenpsychologie schon immer belegt hat – sowohl dazu führen, daß alle Hippies werden und Kerzen anzünden, daß alle weinen oder daß alle im kollektiven Rausch über andere in grausamer Weise herfallen. Hooligan oder Lichterkettenfan gegen Ausländerhaß, beides steckt als Möglichkeit in jedem jungen Menschen. Verhaltensweisen erwerben Kinder vor allem, indem sie andere beobachten; was sie da aber zur Zeit im Kindergarten, auf dem Schulhof, auf Partys, auf Mallorca, auf dem Bildschirm oder bei der Jugendbande in der Nachbarschaft sehen, ist durchweg schlimm; es verstärkt bei vielen Kindern negative Verhaltensweisen und läßt wohlmeinende und fürsorgliche Eltern schier verzweifeln.

Aggressive Entäußerungsformen werden also durchweg gelernt, in der Form von Schlagen und Treten, von Wrestling, von Spucken, von Graffiti-Sprühen, von Airbagging, von Neonazi-Gehabe, von Hooliganismus und von Drogenkonsum, und das gilt selbst für Nägelkauen und Werfen von Feuerwerkskörpern in eine Menschenmenge.

Denn auch die unterschiedlichen Bedeutungen von unterschiedlichem Mienenspiel, von verschiedenen Arten des Lachens werden vom kleinen Kind erlernt, so daß Europäer es in Ostasien so schwerhaben, sich an den zum Teil gegensätzlichen Bedeutungen der Lachweisen dort zu orientieren.

Wenn Kinder oder Jugendliche mit Aggressionen ein von ihnen beabsichtigtes Ziel erreichen (ein Spielzeug, Essen, Körperkontakt, Respekt, eine höhere Anerkennungs- oder Rangordnungsposition, Verzicht auf ein ungeliebtes Gericht), dann wirkt die Wunscherfüllung in die Zukunft hinein verstärkend. Das bewährte Mittel wird erneut und dann noch stärker eingesetzt. Kinder, die mit Sprachdefiziten aufwachsen, die aus verbaler Hilflosigkeit heraus auf Körpersprache, zu der ja auch Mimik und Gestik, also auch Schlagen und Treten, gehören, ausweichen, trainieren über viele Konflikte hinweg diese gewaltreiche Kompetenz, eventuell bis zur Perfektion, oft aber zumindest bis zur Lebenstüchtigkeit, wenn es um das Überstehen von gewaltreichen Krisen geht.

Lernen am Modell oder Imitationslernen nennen wir das. Je deutlicher, je charismatischer, je häufiger das Modell wirkt (beispielsweise bei exzessivem Fernsehkonsum mit immer wieder ähnlichen gewaltreichen oder machohaften Modellen oder bei überall präsenten Jugendgangs in der Nachbarschaft), desto größer ist die

Chance, daß ein junger Mensch gewaltreiche Verhaltensmuster, die eine Leitbildfunktion einnehmen, imitiert.

Eine Analyse einer von der US-Regierung eingesetzten Kommission, die 1314 internationale Untersuchungen zum Problem der Gewalt ausgewertet hat, zeigt ziemlich eindeutig, daß der Konsum von Bildschirmgewalt aggressives Verhalten bei Kindern und Jugendlichen fördert, kurzfristig und auch langfristig, und zwar meist um so intensiver, je umfangreicher die Bildschirmerfahrungen sind. Auf diese Weise entstehen „Zyklen der Gewalt", wie der Marburger Jugendpsychiater Helmut Remscheidt sie nennt, die sich von Generation zu Generation tradieren und auch verstärken, wobei eine Kinder- bzw. Jugendgeneration etwa drei Jahrgänge umfaßt.

In Stadtteilen und Schulen mit einem hohen Anteil an Verwahrlosungen, an Kriminalität und an subkulturellen Normen sind soziale Infektionsprozesse meßbar, die zur gesamtgesellschaftlichen Gewalteskalation durchaus beitragen. Schulversagen infolge schulstruktureller Gewalt fördert in solchen Ghettos das Aggressionspotential, und zwar um so stärker, je niedriger der Intelligenzquotient der Schüler ist. Hyperaktive, sinnes- bzw. wahrnehmungsgeschwächte Schüler und solche mit Konzentrationsschwierigkeiten sind in besonderer Weise aggressionsgefährdet, und zwar was die Aggressionen nach außen, also gegen Sachen und Menschen, aber auch die Sprachgewalt anbelangt. Kinder mit hohem IQ neigen dagegen eher zu Autoaggressionen, die daher in Gymnasien überwiegen.

Prävention ist das beste Mittel gegen die „Spirale der Gewalt": sie braucht nur ein Zehntel des Aufwandes, den man bei nachgereichtem Krisenmanagement betreiben muß, also wenn junge Menschen sich bereits an gewalttätige Interaktionsformen gewöhnt haben.

Im folgenden sollen die vier vorherrschenden Gewaltformen näher dargestellt werden. Sie haben alle den gemeinsamen Nenner der Frustrationen, der Sozialisations-, Geborgenheits-, Orientierungs-, Identitäts-, Selbstwert- und Anerkennungsdefizite bzw. der Versagenserlebnisse in bezug auf Erwartungen, Beliebtheit, Tüchtigkeit und Integration. Aggressionen werden als

– Gewalt gegen Menschen,
– Gewalt gegen Sachen,
– Gewalt gegen sich selbst,

– Widerstand gegen strukturelle Gewalt (Stören, Leistungsverweigerung, Ausstieg, Protest)

oder in der Kombination mehrerer dieser Formen frei. Leider gibt es mittlerweile nicht wenige junge Menschen, die sowohl zur permanenten Sachbeschädigung, zur häufigen Körperverletzung anderer, zum Widerstand als auch zu Autoaggressionen mit psychosomatischen Erkrankungen des eigenen Körpers neigen. Sie sind in jeder Beziehung Opfer von allen denkbaren Gewaltphänomenen.

4. Körpersprache und Körperverletzung

Von den 253 Millionen Menschen in den Vereinigten Staaten sind 1992 6,6 Millionen Opfer einer Gewalttat geworden, jeder vierte davon war Jugendlicher. 56 Prozent dieser 12- bis 17jährigen wurden leicht verletzt, 27 Prozent wurden unter Einsatz von Waffen verletzt, 17 Prozent davon schwer bzw. wurden vergewaltigt.

Die Unversehrtheit menschlichen Lebens scheint ein abnehmender Wert zu sein. In Deutschland nahm der Tatbestand der Körperverletzung allein in den ersten neun Monaten des Jahres 1993 um 19 Prozent zu. Im selben Zeitraum gab es beispielsweise in Magdeburg 4,7 Morde auf 100 000 Einwohner; das ist der bundesdeutsche Spitzenwert.

Andererseits hat Lawrence Keeley von der Universität Illinois ermittelt, daß der gewaltsame Tod vor 650 Jahren fünfzigmal häufiger war als heute. Zahlen erhellen dabei nicht viel, aber in Zeiten vieler Kriege kamen 0,5 Prozent der Bevölkerungen dadurch um, während in der sehr gewalttätigen Gesellschaft der USA zur Zeit „lediglich“ 0,01 Prozent durch Aggressionen sterben. Keeleys Analysen münden jedenfalls in die These ein: „Je komplexer eine Gesellschaft wird, desto weniger Gewalt geschieht. Politik ist es, die Kriege verhindert.“

Politik scheint also das beste Mittel gegen Gewalt zu sein. Und wie sieht es mit der Pädagogik aus? Es muß schon eine Hemmschwelle überwunden werden, um einen anderen Menschen zu schlagen bzw. zu töten. Bei jeder höheren Tierart gibt es ja so etwas wie eine „Beißhemmung“. Zwar hat der Mensch einen Teil seiner arterhaltenden Instinkte verloren und durch entscheidungsfreies Handeln ersetzt, das erziehungsgesteuert beeinflußt wird; aber in der Regel weiß er durch die um ihn herum wirkenden Normen ganz genau, daß man eigentlich nicht schlagen und schon gar nicht töten darf. Das Wissen um die Tabugrenze in bezug auf Respektieren der körperlichen Unversehrtheit des anderen ist jedenfalls in fast jedem vorhanden, der dennoch verletzende Gewalt gegen Menschen einsetzt.

Offenbar gibt es also Gründe, das Tabu zu übersehen, die normative bzw. gesetzliche Grenze zu überschreiten. Einer dieser Gründe ist die innere Not, die vermeintliche Ausweglosigkeit, die kommunikative Hilflosigkeit, das Gefühl, selbst zuvor Opfer von Ungerechtigkeiten gewesen zu sein, bevor man den anderen im Rahmen einer direkten Racheaktion oder indirekt als Stellvertreter für alles Böse zum Opfer werden läßt.

In Amerika saß der Colt ja schon immer relativ locker, Selbstjustiz war im „Wilden Westen" ein anerkannter Wert, das Leben des einzelnen spielte in einer Zeit und in einer Region, wo Überleben äußerst schwierig war, keine so große Rolle. Wer selbst enorm zu leiden hat, versteht nicht unbedingt, warum er sich darüber hinaus noch in das Leiden des anderen hineinfühlen soll.

Egozentrik ist also eine Ursache für das Herabsetzen der Hemmschwelle beim Gewalteinsatz; die Unfähigkeit, sich in die Gefühle des anderen hineinzuversetzen, ist eine andere; fehlendes Unrechts- bzw. Schuldbewußtsein, wenn man sich selbst ungerecht behandelt fühlt, ist eine dritte; und die Ablenkung von der Eigenschuld durch den Trost, daß andere ebenso verfahren und daß man selbst schon oft so behandelt wurde, ist eine vierte.

Kinder, die von ihren Eltern viel geschlagen wurden, neigen dazu, auch andere Menschen und später ihre eigenen Kinder zu schlagen. Kinder, die in einem Slum, Ghetto oder überhaupt in soziokulturell benachteiligenden Milieus leben, in denen Gewalt gegen Menschen überall sichtbar wird, haben wenig Skrupel, auch ihrerseits Gewalt gegen andere einzusetzen.

Kinder, die mehr als neun Stunden täglich vor dem Bildschirm Gewalt konsumieren, glauben, daß die Welt nun einmal so gewalttätig ist, daß man seine Probleme genauso zuschlagend oder zutretend lösen kann wie die Fernsehhelden. Kinder, die es kaum oder gar nicht schaffen, sich selbst zu mögen und mit sich selbst mitzufühlen, schaffen soziale Wärme und Einfühlungsvermögen gegenüber anderen erst recht nicht. Egoisten haben ein verkümmertes Schuldbewußtsein und unterscheiden zwischen Unrecht ihnen selbst gegenüber, das sie für schlimm halten, und Unrecht anderen gegenüber, das sie kaum berührt. Und wenn die Solidarität und die familienersetzende Gruppeneinbindung höhere Werte sind, als daß man für sich allein in der eigenen inneren Werteskala Gewalt ablehnt, dann setzt man sich über den untergeordneten Wert hinweg und „heult mit den Wölfen", sprich, man ist dann durchaus bereit, nachts Molotow-Cocktails auf Asylbewerberheime zu werfen, in denen kleine Kinder schlafen. Gegen das egozentrische Weltbild, die Unfähigkeit, sich in andere hineinzufühlen, und den Zugzwang der Gruppennormen hilft am besten, was aktuell in der Kriminalpädagogik „Täter-Opfer-Ausgleich" genannt wird. Die Täter werden dabei gezwungen, mit den Opfern mitzufühlen, indem sie an das Krankenbett des Opfers geschleppt werden, um dessen Schmerzen, dessen Stöhnen, dessen Wunden und dessen dauerhafte Entstellungen oder Behinderungen sowie das Leiden der Angehörigen direkt miterleben zu müssen.

Oft wächst auf diese Weise sehr rasch Einfühlungsvermögen, jedenfalls eher als nach entsprechenden Bildschirmereignissen, die ästhetisch sauber, also ohne viel Blut, vor allem aber ohne die Spätfolgen für Biographie und soziales Umfeld beschönigt oder neutralisiert werden.

Die Bereitschaft zur Körperverletzung wird bei kleinen Kindern besonders durch Comic-Hefte, Comic-Bücher und Comic-Filme gefördert, in denen, wie bei „Tom und Jerry", vor allem ein naturwissenschaftlich unstimmiges Weltbild vermittelt wird. Ständig fallen dort Wesen aus hundert Metern Höhe auf die Erde und dann noch zwei Meter tief hinein, sie werden plattgewalzt oder von riesigen Kanonenkugeln getroffen und laufen stets kurz danach völlig unversehrt weiter. Kinder lernen daraus, daß mechanische Einwirkungen auf den Körper des Menschen ohne Schäden ausgehen, daß es sich also gar nicht lohnt, sich in den anderen hineinzuversetzen oder mit ihm mitzufühlen, denn am Ende bleibt alles ohne gesundheitliche – und im übrigen auch ohne finanzielle – Folgen.

Kleine Kinder, die zeitlich umfangreich Comic-Welten konsumieren, sind eher veranlaßt, diese für die wirkliche Welt zu halten, als Kinder, die vor allem in der wirklichen Welt leben und nur selten Comics lesen oder sehen.

Fenstersturze kleiner Kinder, die tödlich ausgehen, sind wahrscheinlich oft ebenfalls auf das unrealistische Comic-Weltbild zurückzuführen. Vierjährige Comic-Konsumenten wollen in seltenen Fällen eben nur schnell die erhöhte Aufmerksamkeit ihrer Mutter erheischen, indem sie aus dem Fenster springen; sie vermuten, daß es mit ihnen genauso glimpflich abgeht wie mit ihren gezeichneten Helden; sie wollen eigentlich nach dem Sturz das Treppenhaus wieder hinauflaufen, klingeln und der Mutter in die Arme fallen, also mehr Liebe bekommen ...

Es gibt aber noch eine andere Schiene, die zum Einsatz körperlicher Gewalt gegen Menschen führt: Kleine Kinder, die sprachlich unterversorgt werden, die deshalb in ihrer sprachlichen Entwicklung mit einem geringeren Wortschatz weit zurück sind, also einen restringierten Sprachcode haben, versuchen zunächst streßgeplagten und problembelasteten Eltern gegenüber mit ihren geringen verbalen Mitteln möglichst schnell zu sprechen, um in möglichst kurzer Zeit möglichst viele Botschaften in den Kopf von Mutter oder Vater, die keine Zeit haben, zu befördern. Weil ihnen das aber nur unzureichend gelingt, fangen sie an zu stottern oder zu poltern, sich also in der Stimme zu überschlagen. Um diesen geringen Erfolg zu kompensieren, weichen sie früher als andere Kinder mit elaboriertem Sprachcode auf kürzere und deftigere Botschaften aus, also auf Einwortsätze der Fäkaliensprache wie beispielsweise: „Arsch", „Wichser", „Sau", „Scheiße", ... Sie wissen zwar oft noch nicht, was diese Wörter eigentlich bedeuten, sie haben aber gelernt, daß sie den anderen eher betroffen machen als komplizierte oder umständliche Sätze. Sie erhalten dadurch eine erhöhte Aufmerksamkeit, so daß sie verleitet werden, diese erfolgsversprechenden Mittel öfter einzusetzen; schließlich gewöhnen sie sich daran.

Weil die verbale Kommunikationskompetenz aber dennoch dürftig bleibt, entwickeln sie gleichzeitig stärker als andere Kinder nonverbale Möglichkeiten der Verständigung, also Mimik und Gestik, wozu Schlagen und Treten, aber auch Spucken gehören.

Verbal optimal sozialisierte Kinder zeigen übrigens immer ein geringeres Mienenspiel als sprachlich zurückgebliebene, was Außenstehende nicht immer richtig einordnen; sie finden das letztlich aus

Not entstandene reiche Mienenspiel der verbal behinderten Kinder als niedlich und unterstützen damit noch ihr Ausweichen auf die Körpersprache.

Defizite in der verbalen Kommunikationsfähigkeit begünstigen demnach die Entwicklung der Körpersprache, die, wenn sie zu Erfolgen führt, immer weiter perfektioniert wird. Schließlich gewöhnt sich das Kind an Schlagen und Treten, um sich durchzusetzen, zu behaupten oder in der Rangordnung der Kindergartengruppe nach oben zu kommen. Da gerade in Kindergärten viele solcher Kinder zusammenkommen – denn benachteiligte Kinder finden dort eher Aufnahme als Kinder aus „besseren Kreisen" –, sind sie Brutstätten von körperlicher Gewalt in bezug auf Interaktion. Kinder, die verbal schon weit entwickelt sind und nicht soviel Anlaß hatten, ihre Körpersprache stark zu „kultivieren", müssen sich bald an die vorherrschenden gewaltreichen Kommunikationsweisen anpassen, wenn sie nicht immer wieder Opfer werden wollen. Mit ihrer höheren Verbalkompetenz bleiben sie sonst eher unterlegen als die Kinder mit den roheren Umgangsformen, die im Aufmerksamkeits-, Anerkennungs- und Machtgerangel gewöhnlich obsiegen.

Schlagen, Treten, Spucken, nicht aber ein an sich charmantes Mienenspiel, sollten also schon von Anfang an durch Eltern und Kindergärtnerinnen durch deutliche und konsequent eingehaltene Grenzsetzungen verpönt werden. Liebevolle, emotionale Botschaften und Zärtlichkeiten müssen dagegengesetzt werden, und die verbale Kompetenz muß durch viel Vorlesen und Erzählen, durch häufige Ansprache und durch mußevolles geduldiges Zuhören sowie durch reichliche Sprechanlässe erhöht werden; nur so lassen sich sprachliche Defizite in einem Ausmaß kompensieren, das ein Ausweichen auf mißliche Gewaltformen der Körpersprache und die Gewöhnung an sie verhindert.

Je später man damit beginnt, desto geringer sind allerdings die Erfolgsaussichten, denn was im Alter von zwei bis fünf Jahren an Sprachentwicklung versäumt wird, läßt sich auch mit den besten Methoden nur noch in geringer Weise nachholen, wie wir aus den Biographien von autistischen, von „Wolfskindern", von Kaspar-Hauser-Schicksalen und überhaupt von vernachlässigten oder verwahrlosten Kindern aller Art wissen.

5. Sachbeschädigung und Graffiti

Gewaltaktionen gegen Sachen, gegen die Umwelt, gegen Pflanzen und Tiere sind oft kanalisierte Aggressionen, die bewußt nicht gegen den Körper anderer Menschen und auch nicht gegen sich selbst gerichtet werden. Das Körperverletzungstabu wird dabei respektiert, und die Entladung des Frustes nach außen schont die eigene Seele und den eigenen Körper. Gewalt gegen Sachen wird durchweg für harmloser gehalten als die Verletzung von Menschen, und sie ist in der Tat auch eher geeignet, das psychische Gleichgewicht wiederherzustellen, als Autoaggressionen es sind.

Die Bandbreite reicht dabei vom Bekritzeln von Wänden, vom Beschmieren von Telefonzellen, Brief- und Schaltkästen sowie Parkbänken über das Verbiegen von Garderobenhaken, das Zerstechen von Autoreifen, das Inbrandsetzen von Papierkörben, über das Klauen und das Gegen-eine-Mauer-Setzen von Autos, wie es die Crash-Kids tun, das Bombenlegen in Schulen, in denen sich niemand mehr aufhält, bis hin zum Airbagging, bei dem zwei Luxuskarossen frontal aufeinander zurasen, während die beiden jugendlichen Fahrer auf das Funktionieren der Airbags vertrauen.

Für mehr als 200 Millionen Mark jährlich richten Schüler Sachschäden in Schulgebäuden an, weil sie Widerstand gegen ihre Langeweile, gegen Überforderungen, gegen Anonymität und Lieblosigkeit großer Schulsysteme oder gegen ihr Verlierergefühl anmelden wollen. Sie treten Türen ein, brechen Schränke auf, zerstören Stühle und Tische, bemalen Wände mit „tags“ und Graffiti, lassen physikalische Meßgeräte durchbrennen, vernichten Schülerbögen oder zerstechen Volleybälle.

Sie glauben dabei häufig, daß sie niemandem konkret Schaden zufügen, so wie sie auch Kaufhauskonzerne beklauen. Einige machen Unterschiede zwischen Sachen, die jemandem persönlich zu eigen sind, und öffentlichem Besitz.

Sie schonen Privateigentum, wehren sich aber mit Staats- und Systemverdrossenheit gegen dasjenige, was allen gehört. Für ihre „doppelte Moral“ finden sie durchaus Vorbilder, wenn Politiker Bäume abholzen lassen, um eine Betonstraße zu verbreitern, wenn Minister sich auf Kosten der öffentlichen Hand privat bereichern, wenn Regierungen, die um den Zusammenhang von Abgasen und Ozonschichtzerstörung genau wissen, sich in der Antinomie von

Ökologie und Ökonomie für Ökonomie entscheiden, wenn kriegerische Banden in Bosnien sinnlos Häuser zerbomben, wenn Filmhelden teure Chevrolets bei Verfolgungsjagden leichtfertig zu Schrott werden lassen und wenn der Vater beim Einparken ein Verkehrsschild umfährt und danach in Gegenwart des Kindes Fahrerflucht begeht oder wenn er Sperrmüll mit Hilfe seines Sohnes im Naturschutzgebiet entsorgt.

Sachen haben im Moment nicht sehr viel Wert, eine Folge der Wohlstands- und Überflußgesellschaft, von Kinderzimmern, die mit Spielzeug überfrachtet sind, von gedankenlosem Umgang mit Rohstoffen, Abfall und Nahrung, aber auch von jahrelanger kostenfreier Überversorgung mit Schulbüchern und anderen Lehr- und Lernmitteln. Wenn Schüler bzw. Eltern Schulbücher, Hefte und Verbrauchsmaterial wieder selbst bezahlen müssen, wächst sicher auch das Gefühl für den Wert von Sachen.

Gewalt gegen Sachen ist ein dinglich abgeleiteter Protest gegen Unbehagen. Allerdings muß dabei differenziert werden, denn nicht jedes Graffito auf einer trostlosen grauen Betonwand oder an einer öden dunkelroten Mauer entlang einem Bahndamm ist in den Augen eines jeden Bürgers Sachbeschädigung oder Erregung öffentlichen Ärgernisses.

Außerhalb von juristischen Eindeutigkeiten hängt es von den konkreten Ordnungsvorstellungen des einzelnen Bürgers ab, ob er eine rundum kunstvoll besprühte S-Bahn als bunte Bereicherung einer eher tristen Umwelt empfindet oder ob er der Meinung ist, daß die auf jedem der sechs Waggons wiederholte öde Werbung „Trink Darboven-Kaffee!“, die lediglich Konsum und Verkehrsverbundeinnahmen fördert, die legitimere Lösung ist.

Wenn Schüler die Wände ihres Klassenraumes bunt bemalen, fühlen sie sich meist atmosphärisch wohler, während der Hausmeister oft nur die Sachbeschädigung dabei diagnostiziert. Und wenn betongraue Trabantenstädte, Plattenbausiedlungen und Hochhausghettos, die architektonisch gesehen für die in ihnen wohnenden Menschen eine Zumutung sind, von Kids mit Graffiti aufgelockert werden, dann geschieht das entweder unter dem verständlichen Motto „Ich muß zerstören, was mich krank macht“, oder es steckt dahinter das aufbegehrende Bemühen um ästhetische Anreicherung einer sterilen Uniformität. Kinder und Jugendliche sehen eine für Erwachsene funktional gemachte Welt, aus der überdies noch allerorten Sparpolitik hervorschimmert, mit anderen Augen. Sie haben einen total anderen Zugang zu ihr, eine romantischere und auf Verbesserungen ihrer Situation zielende Perspektive; sie machen mit ihren Sprühwerken und Zerstörungen darauf aufmerksam, daß man sie weitgehend bei der Planung und Verwirklichung von Wohnwelt und Nachbarschaft vergessen hat.

Am Beispiel der Jugendkultnische der Graffiti-Sprüher läßt sich ganz gut analysieren, welche verschiedenartigen Motivkonstellationen zwischen Zerstörung und Kunst miteinander rivalisieren können und wie höchst unterschiedlich Gewalt gegen Sachen interpretiert werden kann. Mit Gewalt gegen Sachen begehren sie beispielsweise auch gegen die beiden vorherrschenden Leitwerte unserer Gesellschaft nach dem Zweiten Weltkrieg, nämlich Materialismus und Konsum, auf, die dazu geführt haben, daß die Bundesbürger bis 1993 354 Milliarden Mark Privatschulden, das sind 16 Milliarden Mark mehr als 1992, angehäuft haben. Sie haben verstanden, daß beides nicht sehr weit trägt, sie sind mit ihren verbotenen, abenteuerreichen Aktionen auch auf der Suche nach Identität, nach Bindung an Weltbild, Religion, Ideologie, Esoterik oder Subkultur, wenn sie ihre innere Leere, die vermutete Sinnlosigkeit ihres Lebens mit Schriftzug und Farbe ausfüllen und überhöhen wollen.

Mit „Eiffe war hier" fing es in Hamburg Ende der 60er Jahre an: Seine Sprüche mit Filzstift zierten öffentliche Toiletten, Werbetafeln, Telefonzellen, Briefkästen und Bushaltestellen.

Harald Naegeli „beglückte" danach ganz Zürich mit seinen Strichmännchen; die mit Markern gemalten „smileys" schlossen sich weltweit auf Wänden, Parkbänken und Verkehrszeichen an. Dann kamen die „tags" der „writer", Schriftzüge, mit denen Gangs ihre Reviere abgrenzten, meist nur für Eingeweihte lesbare Buchstabenkombinationen. Es folgten politische Parolen einerseits und Bilder, „pieces" genannt, andererseits. 1976 wurde die erste New Yorker U-Bahn ringsherum verziert, ein „whole train" (elf Waggons, drei Sprüher, die Arbeit einer ganzen Nacht). Der erste europäische „whole train" fuhr 1984 in Wien, 1985 hatte München bereits fünfzig rundum besprühte Züge, und 1988 richtete die Hamburger Bahnpolizei die erste „Soko Graffiti" ein, eine Sonderkommission aus vier Zivilfahndern mit einem Extrabudget; sie sollte die Verursacher der „Sachbeschädigung" ermitteln und auch S-Bahn-

Surfer stellen. Um werbende Effekte zu vermeiden, zieht der Hamburger Verkehrsverbund stets besprühte Bahnen und Busse sofort aus dem Verkehr, dokumentiert die Werke fotografisch für spätere Schadensersatzforderungen, speichert die „tags“ im Computer und entfernt sie mit einem Aufwand von mehr als vier Millionen Mark im Jahr.

New York und Los Angeles sind immer noch Spitze, was die Graffiti-Szene anbelangt, in Europa führt Paris, in Deutschland liegen Dortmund, München und Berlin vorn; aber auch in Hamburg boomt die farbenprächtige Subkultur zur Zeit gewaltig. Immer mehr Werke entstehen an Wänden und Brücken, vor allem entlang den S-Bahn-Trassen. Rund um den Bahnhof Rübenkamp, in Steilshoop und Bramfeld, in Rothenburgsort, Altona, Bahrenfeld, Groß-Flottbek, Schenefeld und Bergedorf empfinden viele Menschen das Kolorit auf trostlosem Beton und ödem Backstein als Bereicherung und teilweise auch als Kunst, andere sehen darin mit ihren Ordnungsvorstellungen nur Schmierereien und verunstaltende Belästigungen.

Beides wollen die 11- bis 19jährigen Sprüher, sie wollen protestieren gegen die „spießige“ Erwachsenenwelt, von deren Privilegien sie sich ausgegrenzt wähnen, sie wollen gegen ihre Verlierergefühle provozieren, sie wollen aber auch in den Augen der Gleichgesinnten ihrer Jugendkultnische Spuren hinterlassen, auf sich aufmerksam machen, einen „fame“, also einen guten Ruf, durch Menge und Qualität der Werke aufbauen und mit kunstvollen Werken eine von ihnen in ihrer Biographie noch nie erlebte Anerkennung gewinnen. Der Maßstab des Geschmacks liegt in ihrer Nische selbst, schlechte „pieces“ werden von ihnen „toys“ genannt.

Über 100 „posses“ (Gruppen), bestehend aus 3 bis 18 Mitgliedern, sind zur Zeit nachts in Hamburg unterwegs, um zu sprühen oder mit „Filzern“ zu malen. Dazu kommen noch viele Einzelkämpfer. Sie haben abenteuerliche Namen wie die „Bösen Farbwesen“, die „Dioxin-Flash-Kids“, „Die Line-Vandalisten“, die „Ghetto-Kingz“ oder die „Running-City-Kids“, ihre „tags“ (die größeren Schriftzüge werden „styles“ genannt) sind KER, WOP, RCK, DLV oder DFK. Abenteuerlust, der Reiz des Prickelnden, das Verbotene zu tun, sind ihre Motive. Legales Sprühen auf eigens dafür zur Verfügung gestellte Wände und Mauern „ist Scheiße“, sagen sie, und nur die wenigen wirklich guten Sprüher nehmen für viel Geld solche „zivilen“ Aufträge an.

Das Verbotene zu tun richtet sich gegen Busfahrgäste, die beschmierte und zerschlitzte Sitze vorfinden, gegen Hausbesitzer, gegen die Polizei, gegen die „soziale Kälte", gegen trostlose Betonarchitektur, gegen die Schule, gegen Langeweile, gegen andere Sprühergruppen, mit denen man rivalisiert, gegen die Eltern, die oft gar nicht merken, daß ihre Kinder sich nachts um 1.30 Uhr aus dem Haus schleichen und um 5 Uhr nach Erstellung eines Werkes zurückkehren; es richtet sich aber auch gegen den chronischen Geldmangel junger Menschen, denn etwa 50 Mark braucht ein Sprüher pro Woche für die Lacksprühdosen, „cans" genannt, und die „caps", die Sprühköpfe; die übersteigen in der Regel seine Taschengeld- und auch Jobeinkünfte, so daß er die Utensilien im Baumarkt klauen muß. Diebstahls- und Sachbeschädigungsanzeigen sind vielfach rasch die Folge, und das nunmehr kriminalisierte Leben verstärkt oft das Abdriften in den subkulturellen Untergrund. Mehr als 500 Anzeigen gegen Graffiti-Sprayer gab es im vergangenen Jahr in Hamburg.

18 000 bis 100 000 Mark Schulden und mehrere Vorstrafen sind keine Seltenheit bei jugendlichen Sprühern, ein hoher Preis für Protest, Widerstand und Aufmerksamkeits- sowie Anerkennungserheischung und eine schwere Bürde auf dem Weg des Erwachsenwerdens und der beruflichen Etablierung. Strafrechtlich geht es oft glimpflich mit Verwarnungen und Arbeitsauflagen ab, aber zivilrechtlich geht es den Sprayern und ihren Eltern über Schadensersatzsummen oft gewaltig an den Kragen.

Innerhalb der Graffiti-Szene gibt es feste Regeln. Man übersprüht nur schlechtere Werke, bessere werden respektiert, man hat Maßstäbe für Anerkennung und Rangordnungsbildung (Qualität des „pieces", spektakuläre Flächen, Häufigkeit der „tags" und Bilder), man hat eigene Sprachcodes, die nur innerhalb der Nische verstanden werden, man bevorzugt bestimmte Kleidungsstücke und Schuhe, man liebt HipHop, also Breakdance und Rap-Musik, und variiert zwischen Old-School-Geschmack, englischsprachiger Musik oder deutscher HipHop-Bewegung (MC René, Torch, The Absolute Beginners), und man frönt dem familienersetzenden Kult auf „jams", also die ganze Nacht währenden Konzerten beispielsweise in der Hamburger Markthalle oder in der HipHop-Hochburg Köln.

Die Graffiti-Nische ist in sich stimmig, und sie ist auch harmloser als S-Bahn-Surfen, Drogenkult, Skinheadbewegung und Hooliganismus. Beruhigt das aber die Hausbesitzer, die ihre frisch weißgetünchte Wand eines Morgens schwarz, silber oder bunt bemalt vorfinden? Bestimmt haben sie überhaupt kein Verständnis, wenn 10jährige Nachwuchssprüher darauf ihre ersten schlechten Versuche gewagt haben!

6. Autoaggressionen, Sucht und Rauschbedürfnis

Immer mehr Menschen richten Gewalt gegen sich selbst, weil sie erziehungsbedingt akzeptieren, daß man nichts zerstört und niemanden schlägt. Sie wählen diese dritte Variante, weil sie nicht kriminalisiert ist.

Autoaggressionen, mit denen man sich im wahrsten Sinne des Wortes den Frust in sich hineinfrißt, so daß es zu langanhaltenden Störungen kommt, sind besonders häufig bei sensibleren und intelligenteren Menschen, also beispielsweise bei Gymnasiasten. Sie reichen von Bettnässen, Stottern und Nägelkauen über nervöse Tics, Asthma, Allergien und Neurodermitis, über Bulimie, Eß- und Magersucht, negative psychosomatische Erkrankungen, Nikotin, Alkohol, Tabletten- und Drogenabusus bis zum Einschließen, Ausreißen, zu Depressionen, zur Todessehnsucht und zum Suizidversuch. Manche Schüler ritzen sich mit Rasierklingen oder Messern an, weil sie sich selbst ablehnen. Oft haben sie dabei das negative Bild, das ihre Umwelt von ihnen zeichnet, über Zuschreibungs- bzw. Stigmatisierungsprozesse für sich selbst übernommen und erfüllen damit die Fremderwartung eines nicht liebenswerten bzw. nicht allseits akzeptablen Menschen.

Wenn kleine Kinder, die noch kaum materielle Interessen haben, von erschöpften, streßgeplagten oder problembeladenen Eltern anstelle der eigentlich gemeinten Zuwendungsformen Zeit, Liebe, Nähe, Ansprache, Zuhören, Spiel und Körperkontakt statt dessen Nahrung, Spielzeug und später Geld bekommen, dann lernen sie, daß das eigentlich Gemeinte auch stofflich substituiert werden kann. Sie weichen dann schließlich bei jedem Problem auf Ersatzbefriedigungen aus; und vielleicht erst wenn sie 15 oder 16 Jahre alt sind, erinnern sie sich nach jahrelanger Anpassung an die elterlichen Erwartungen unbewußt an die schon früh eingeübte Weichenstellung: Sie lösen nicht mehr ihre Probleme, sondern sie weichen mit Essen, Zigaretten, Alkohol, Medikamenten oder Drogen aus. Sucht ist eine Form der Autoaggression, Rausch ein seliger Zustand anstelle eines erfüllenden Lebens. Von Abhängigkeit sprechen wir übrigens, wenn es bei der gleichbleibenden Dosis eines Rauschmittels bleibt, von Sucht, wenn eine permanente Dosissteigerung erforderlich ist.

Nägelkauer nagen sich selbst an; asthmatische Jungen leiden häufig unter überstrengen und kalt überfordernden Vätern; Allergiker fühlen sich in ihrer Haut nicht wohl und zeigen ihr Unbehagen daher direkt mit der Haut, z. B. auch in Form von Warzen; Masochisten halten es für gerechtfertigt, daß man sie schlägt, und Eßsüchtige holen sich ihre Portion Liebe aus dem Kühlschrank.

Die meisten Kinder sind heute entweder über- oder unterernährt, sie gehen autoaggressiv mit ihren Eß-, Trink- und auch Sexualtrieben um. Sie verlieren dabei nach und nach das Gefühl, den Instinkt für ausgewogene, abwechslungsreiche, mineralstoffvariierende und wohldosierte Flüssigkeits- und Ballaststoffzufuhr. Anfangs spüren sie noch, wenn sie zuviel oder zuwenig Salz, Zucker, Obst, Kartoffeln oder Brot zu sich genommen haben, schließlich wird die überhöhte oder die zu geringe Dosierung zum Maßstab von Zuwendung an sich. Alltäglich ganz viel Cola, ganz viel Schokolade, ganz viel Pommes frites, ganz viel Marmelade, das braucht der Körper eben nicht; die Vielzahl der Hamburger, Cheeseburger, Schokoriegel und Chips wird jedoch direkt mit der Menge von Ersatzliebe gleichgesetzt; und wer magersüchtig ist, will sich in ähnlicher Weise mit Askese selbst bestrafen oder einfach nicht erwachsen werden, weil er sich dafür nicht würdig, nicht reif, nicht selbständig, nicht akzeptiert genug wähnt. Über- und Unterdosierung von Nahrung und Suchtmittel sind also negative Verstärker eines geringwertigen Selbstkonzepts, eines unterentwickelten Selbstwertgefühls, eines schlechten Umgangs mit sich selbst, der die Folge großer innerer Not ist. Dazu gehört auch, daß mittlerweile 15 Prozent aller deutschen Schüler zur Schule kommen, ohne gefrühstückt zu haben; selbst in der Grundschule sind es schon 11 Prozent.

Die Nahrungszufuhr eines Menschen muß wohldosiert abgestimmt sein auf seine Bewegungsaktivitäten. So brauchen Kinder mindestens dreimal wöchentlich eine Bewegungsmenge, die etwa je 20 Minuten Laufens oder Fahrradfahrens entspricht. Mehr als 90 Prozent der 10- bis 16jährigen Jungen und Mädchen bleiben aber heutzutage unter dieser Mindestnorm, weil sie zuviel sitzen und gleichzeitig zuviel essen, obwohl sie heute ein Sechstel weniger Nahrung aufnehmen als vor 60 Jahren; damals haben sie sich aber im Schnitt viermal soviel bewegt. Jedes dritte deutsche Schulkind hat Übergewicht, jedes fünfte gilt als fettsüchtig. Die Zahl der deutschen Schüler mit mindestens 30 Prozent Übergewicht ist jedenfalls seit 1980 um 45 Prozent gestiegen. Magersucht und Bulimie (Eß-Brech-Attacken) haben vor allem bei 15- bis 24jährigen Mädchen und Frauen zugenommen.

Magersüchtige Patientinnen überschätzen ihren Körperumfang und halten sich trotz Untergewichts für zu dick, aber auch für zu erwachsen. Sie betrachten dabei besonders Bauch, Oberschenkel, Hüften, nicht so sehr aber Kopf oder Schultern. Die Patienten fasten, essen gar nichts oder führen ein Erbrechen selbst herbei. Außerdem besteht ein übermäßiger Bewegungsdrang, mit zum Teil übertriebenen sportlichen Betätigungen. So fuhr ein 15jähriges Mädchen den fünf Kilometer langen Schulweg auf dem Fahrrad jeden Morgen immer mit angezogener Handbremse. Viele Betroffene sind depressiv verstimmt, aber sehr ehrgeizig.

Bulimieerkrankte Mädchen beschäftigen sich pausenlos mit Essen und Heißhungerattacken, bei denen große Mengen Nahrung in kurzer Zeit konsumiert werden. Sie haben paradoxerweise eine krankhafte Furcht, dick zu werden, waren häufig schon einmal magersüchtig und versuchen, dem dickmachenden Effekt des Essens durch selbstherbeigeführtes Erbrechen oder Diäten entgegenzusteuern.

Anfällig für eine Eßstörung sind Mädchen in der Pubertät, die einem Druck in bezug auf das „Schlanksein“ (Fotomodelle, Leistungssportler, Ballettschülerinnen) oder einem hohen Leistungsdruck unterworfen sind (beispielsweise Medizinstudentinnen). Sie haben oft nur mangelnde Fähigkeiten, den eigenen Gefühlszustand wahrzunehmen, leiden unter familiären Konfliktsituationen und zu engen Beziehungen. Besonders gefährdet sind Mädchen, die früh pubertieren. Die körperlichen Folgen der Magersucht reichen von Haarausfall und Karies (durch ständigen Säurekontakt beim Erbrechen) über Minderwuchs bis hin zum Tod.

Die Therapie der beiden Erkrankungen kann je nach Schweregrad (Gewichtsverlust, Suizidgefahr) ambulant oder stationär erfolgen. In der Therapie wird das Körpergewicht allmählich erhöht, gleichzeitig wird psychotherapeutische Hilfe angeboten. Wird die Familie in die Therapie miteinbezogen, steigen die Erfolgsaussichten. Mehr und mehr wird den Betroffenen dann die Selbststeuerung der Nahrungsaufnahme überlassen.

Nach einer Studie Klaus Hurrelmanns von der Universität Bielefeld leiden 34 Prozent aller 13- bis 15jährigen Jugendlichen in Deutschland an allergischen Symptomen wie Hautausschlag, Neurodermitis, Ekzemen, Heuschnupfen, Asthma oder Nahrungsmittelunverträglichkeiten; und die sind nicht nur umweltbedingt, sondern gerade auch psychosozial verursacht, wie man daran erkennt, daß emotionale oder soziale Veränderungen im Leben der jungen Menschen bei gleichbleibender stofflicher Umwelt durchweg zu einer erheblichen Verbesserung führen.

Die Zahlen autoaggressiver Störungen in Deutschland sind erschreckend:

- Etwa 1,5 Millionen deutsche Kinder bis zu 15 Jahren leiden unter chronischen Hautreizungen wie Allergien; ihre Zahl wächst ständig.
- Schon Grundschullehrer konstatieren mit Schrecken die Zunahme an nägelkauenden, warzentragenden, allergiekranken und medikamentenabhängigen Jungen und Mädchen.
- Die Universität Bielefeld hat 1994 mit einer Studie „Jugend und Gesundheit“ festgestellt, daß nur 28 Prozent aller 12- bis 16jährigen Schüler im Laufe eines Jahres gesundheitlich beschwerdefrei waren, 25 Prozent klagten über Rückenschmerzen, Schwindelgefühle und Magenbeschwerden, 33 Prozent litten unter Kopfschmerzen, innerer Unruhe und Konzentrationsstörungen, 30 Prozent unter chronischen Erkrankungen (1988 waren es nur 10 Prozent).
- Immer mehr Schüler leiden nach dieser Studie unter Depressionen, Ängsten oder Hyperaktivität, weil sie mit ihrer Lebensbewältigung oder dem schulischen Leistungsdruck nicht klarkommen, weil sie Sorge um einen anschließenden Arbeits-, Ausbildungs- oder Studienplatz haben oder weil der Streß in ihrer Familie an ihnen nagt.
- Bereits 3 Prozent der 11- und 12jährigen trinken praktisch täg-

lich Alkohol, 6 Prozent der Jungen und 7 Prozent der Mädchen rauchen schon mit 13 Jahren regelmäßig. Rauchen ist in den Industrienationen die Todesursache Nummer eins. Jährlich sterben drei Millionen Menschen an den Folgen der Nikotinsucht. Im Jahre 2020 werden es zehn Millionen sein.

– Das sogenannte Einstiegsalter, in dem Kinder erstmals zu legalen Drogen greifen, ist binnen weniger Jahre dramatisch gesunken; dennoch sehen sich viele Lehrer außerstande, im Unterricht auf Suchtgefahren einzugehen; das ist ein Fazit neuer Drogenstudien aus Nordrhein-Westfalen und Schleswig-Holstein. Nach Untersuchungen des Jugendforschers Klaus Hurrelmann ist das Alter, in dem Kinder zu Zigaretten greifen, seit 1984 von 12 auf 9 Jahre gesunken. Mit dem Trinken fangen viele Kinder bereits im Alter von 11 Jahren an, mit dem Haschen mit 13. Laut einer Studie der Kieler Koordinationsstelle Schulische Suchtvorbeugung bereitet lediglich jede fünfte Schule in Schleswig-Holstein Kinder auf Suchtgefahren vor. Nur 1,5 Prozent der 20000 Lehrerinnen und Lehrer in diesem Land klären Schüler über Suchtprobleme auf, in der Regel eine bis zwei Stunden pro Jahr. Die meisten dieser Lehrer fühlen sich überfordert; nur eine Minderheit von ihnen nutzt Fortbildungs- und Literaturangebote.

– Weibliche Föten werden vom Nikotinkonsum ihrer Mütter offenbar wesentlich stärker beeinflußt als männliche. Das geht aus einer Studie hervor, die an der Universität von Columbia in den USA ausgeführt wurde und deren Ergebnisse von der Zeitschrift „American Journal of Public Health“ veröffentlicht wurden. Danach ist die Wahrscheinlichkeit, daß Töchter rauchender Mütter in der Jugend zu rauchen beginnen, viermal höher als bei Töchtern von Frauen, die in der Schwangerschaft nicht geraucht haben. „Was sich hier zeigt, könnten feinste Einflüsse des Nikotins auf die Gehirnfunktion sein, die erst im Alter ab 13 Jahren offensichtlich werden“, sagte die an der Untersuchung beteiligte Forscherin Denise Kandel. Das Nikotin dringe in die Plazenta ein und verursache dort offenbar eine erste Prägung des Fötus. Dieses Risiko scheine es bei Jungen nicht zu geben, fügte Kandel hinzu, ohne jedoch eine Erklärung für diese Beobachtung anführen zu können. Möglicherweise würden männliche Föten durch ihre Hormone vor einer Prägung durch das Nikotin geschützt.

- 1,4 Millionen Deutsche sind tablettenabhängig.
- Die Zahl der stotternden und polternden (sich in der Sprache überschlagenden) Kinder hat in den letzten Jahren in der Bundesrepublik sprunghaft zugenommen. Das Dilemma bei dieser Autoaggression ist, daß nur ein Drittel von ihnen geheilt und daß bei einem weiteren Drittel eine Verbesserung erreicht werden kann, daß aber ein Drittel trotz intensiver Therapien weiterhin unverändert mit dieser Störung leben muß.
- In Deutschland werden jährlich etwa 2500 Kinder geboren, die durch den Alkoholkonsum der Mutter während der Schwangerschaft schwer geschädigt sind.
- Drei Millionen Kinder leiden in der Bundesrepublik unter ihren alkoholkranken Eltern, schätzt der Fachverband Freier Einrichtungen in der Suchtarbeit. Alkoholismus wird offenbar sozial vererbt, denn die Hälfte aller Süchtigen hat alkoholkranke Eltern.
- Hamburg hat 1,7 Millionen Einwohner, davon sind 422 000 Raucher, 170 000 Menschen mit krankhaften Eßstörungen (Eß-, Magersucht, Bulimie), 60 000 Alkoholiker, 16 000 Tablettenabhängige und 10 000 Heroinabhängige; 2500 Kinder werden in der Hansestadt von drogenabhängigen Eltern aufgezogen.
- Angst- und Zwangsstörungen gehören zu den häufigsten psychischen Beeinträchtigungen: Etwa 15 Prozent aller Bundesbürger sind mindestens einmal in ihrem Leben davon betroffen, Frauen häufiger als Männer. Viele von ihnen werden nie oder erst nach langer Odyssee von Arzt zu Arzt behandelt. Denn die Symptome sind meist diffus, seelische und körperliche Beschwerden mischen sich, und aus Scham schweigen viele Betroffene. Der Hausarzt, der meist erste Anlaufstelle ist, ist häufig mit der Diagnose überfordert.
- In ganz Deutschland sind etwa 100 000 Menschen rauschgiftsüchtig. Die Zahl der Erstkonsumenten von Kokain ist in einem Jahr von 1992 auf 1993 um 24,4 Prozent gestiegen, der von synthetischen Drogen wie Amphetaminen um 15 Prozent. 1992 gab es 2099 Drogentote.
- In Gymnasien und Gesamtschulen hat sich Haschisch als Droge so weit durchgesetzt, daß es praktisch keine Schule dieser Art mehr in Deutschland gibt, die ohne Drogenproblem ist. Etwa

500 000 Menschen in der Bundesrepublik nehmen regelmäßig Cannabis-Produkte (Haschisch und Marihuana) ein.

- Depressionen haben weltweit ein alarmierendes Ausmaß angenommen. 18 Prozent aller Menschen erkranken nach Angaben der Weltgesundheitsorganisation (WHO) einmal in ihrem Leben an einer Form der Depression. Erschreckend ist besonders die steigende Zahl jugendlicher Schwermütiger in den letzten zehn Jahren: Die Erkrankungsrate erreicht heute bei unter 25jährigen vier- bis fünfmal so hohe Werte wie bei über 55jährigen.
- 16 Prozent der 14- bis 16jährigen Mädchen leiden in Deutschland unter schweren Depressionen. Sie beginnen in der Regel im Alter von 10 bis 13 Jahren bei 8 bis 10 Prozent aller Kinder; diese Quote erhöht sich mit dem Älterwerden bei Jungen kaum, während sie sich bei Mädchen auf dem Höhepunkt der Pubertät nahezu verdoppelt. Depressionen gehen bei jungen Menschen einher mit gereizter Stimmung, mit verringertem Interesse an allem, mit Gewichtsverlust oder -zunahme, mit Schlaflosigkeit oder ungewöhnlich starkem Schlafbedürfnis, mit motorischer Unruhe oder Trägheit, mit Kraftlosigkeit, mit dem Gefühl der eigenen Wertlosigkeit, mit Unentschlossenheit, verminderter Konzentrations- und Merkfähigkeit und mit häufigen Gedanken an Tod oder Suizid.
- In Deutschland nehmen sich jährlich etwa 700 Kinder und Jugendliche das Leben, davon 70 unter 15 Jahren, etwa 6000 unter 20 Jahren unternehmen einen Suizidversuch. Junge Menschen, die auf Probleme zugehen, um sie aktiv zu lösen, sind eigentlich nie von Todessehnsucht befallen; während Kinder und Jugendliche, die gelernt haben, Problemen mit Ersatzbefriedigungen auszuweichen, und solche, die passiv abwarten, wie andere das Problem vielleicht lösen, stark suizidgefährdet sind. 1993 haben sich übrigens 12 700 Menschen in Deutschland das Leben genommen, etwa so viele wie auch in den Jahren zuvor.
- Fast 6 Millionen Amerikaner nehmen Crack, ungeachtet der Tatsache, daß dieses höllische Gemisch aus Kokain und Backpulver schon nach dem ersten Genuß abhängig macht und zum Teil irreparable Gesundheitsschäden anrichtet: Verfolgungswahn ist noch die harmloseste Folge dieser Droge, die aus den amerikanischen Großstädten nicht mehr wegzudenken ist. 18 Prozent der

Abhängigen begehen Selbstmord, andere ersticken qualvoll oder sterben nach plötzlichem Herzrasen. Was Crack aber auch so gefährlich macht, ist seine kinderleichte Herstellung. Die teuerste Zutat ist Kokain, dem Backpulver und Wasser beigemischt werden. Fertig ist die Fertigmachdroge, gebraut in den eigenen vier Wänden. Crack wird geraucht und verspricht schon nach dem ersten Zug ein erregendes High, einen Kick, der aber nach wenigen Sekunden schon wieder vorbei ist. Das erfordert Nachschub, so daß Cracksüchtige mit 20 bis 30 Kicks pro Tag keine Seltenheit sind. Crack hat mittlerweile auch in die Drogenszenen von Frankfurt am Main und Hamburg Einzug gehalten.

– In der Bundesrepublik sind etwa 10 Millionen Menschen suchtkrank, es gibt 2,5 Millionen registrierte Alkoholabhängige, 1 Million Medikamentenabhängige, 500 000 Bulimikerinnen, 400 000 Eßsüchtige, 600 000 Magersüchtige, 6 Millionen Nikotinabhängige, dazu Hasch- und Marihuanaabhängige, Schnüffler und Spielsüchtige; Workaholics – also Arbeitssüchtige –, Sexsüchtige und exzessive Sammler sind dabei gar nicht einmal mitgerechnet. Außergewöhnliche Sammelleidenschaft wird übrigens auf einen Mangel an Geborgenheit in der frühen Kindheit zurückgeführt; die Sammelobjekte stehen für Ersatz von Liebe, Nähe, Anerkennung und Selbstwert; die Sehnsucht nach ihnen wird, wenn sie auch nach Jahren nicht erfüllt wird, schlichtweg vergegenständlicht. Das Sammeln selbst ist übrigens nicht als autoaggressives Verhalten einzustufen, allenfalls, wenn es, wie beim Spielsüchtigen, zu Verschuldung, Konkurs, Beziehungsverlust und zum „Versilbern von Haus und Hof" führt.

Erschreckend ist aber vor allem, daß die amerikanische und europäische Jugend im Moment einem gewaltigen Rauschbedürfnis erlegen ist. Je komplizierter unsere Welt wird, je rezessiver sich die Wirtschaft entwickelt, je größer die Umweltprobleme und je zahlreicher die Kriege werden, je schwieriger es wird, einen angestrebten Ausbildungs-, Studienplatz oder Beruf zu erreichen, je mühseliger der soziale Aufstieg erscheint, je unzulänglicher, weil unzeitgemäß, die Erziehungsstrukturen in Familie und Schule sind, je mehr die Beziehungen der Eltern brüchig werden, je saugender die Trends der Jugendkultnischen fast jeden jungen Menschen erfassen und je mehr religiöse, ideologische oder sonstwie weltanschauliche Bindungen nicht mehr greifen, desto stärker wird der Wunsch, wenigstens vorübergehend aus dieser „mörderischen" Welt auszusteigen, ihr partiell im Rauschzustand zu entfliehen. Bereits 1993 gab es in Paris mehr als 1000 Crackabhängige; schwedische Jugendliche finden es nur noch sturzbesoffen schön, in England wird immer öfter die synthetische Droge Ecstasy mit der rauschfördernden Tekkno-Musik kombiniert und in Italien mit nächtlichem Motorradfahren, und in Deutschland ist auf Jugendpartys freitags und samstags abends sowohl Kampfrauchen als auch exzessives Saufen und Kiffen im Trend, ergänzt durch den Rausch der Musik und des Sexes, und das bereits häufig vom 13. Lebensjahr an. Konfliktbewältigende Kompetenzen im jungen Menschen aufzubauen und Alternativen zum zunehmenden und immer mehr junge Menschen erfassenden Rauschbedürfnis, das begrenzt anthropologisch normal ist, aufzuzeigen, ist also die zur Zeit bedeutsamste pädagogische Herausforderung. Denn das einzelne Rauschmittel ist für sich allein gar nicht so sehr das Problem; problematisch ist die Kumulation vieler Rauschmittel an einem Tag im Leben junger Menschen: sie nehmen Kaffee, Zigaretten, Alkohol, Hasch und Kopfschmerztabletten nacheinander, um den Tag bzw. den Alltag irgendwie zu bewältigen. Das Dilemma der Haschischfreigabe wäre also weniger eines der Frage der Schädlichkeit gerade dieser Droge, sondern daß mit ihr eine zusätzliche Droge legalisiert und dann auch genutzt wird.

In der Drogen- und Jugendszene Deutschlands machen sich aber bereits neue gefährliche Rauschmittel breit. Der Drogenbeauftragte der Bundesregierung, Eduard Lintner (CSU), warnt deshalb vor „Partys mit bunten Pillen und Kapseln, die tödlich enden können". Vor allem in Diskotheken und in der Tekkno-Szene seien die sogenannten Designer-Drogen Ecstasy und Speed bedenklich auf dem Vormarsch.

Nach Angaben von Lintner, der parlamentarischer Staatssekretär im Bundesinnenministerium ist, ist die Zahl der bis Ende August 1994 erfaßten Erstkonsumenten gegenüber dem gleichen Zeitraum des Vorjahres stark gestiegen: bei Kokain um 35, bei Amphetaminen um 16 und bei Party-Drogen, die Amphetamin-Derivate sind, um 30 Prozent. Amphetamin-Dealer, die den deutschen Markt beliefern, sitzen „vor allem in den Niederlanden und in Polen".

Beschaffungskriminalität bei Designer-Drogen gibt es laut Lintner „im Gegensatz zum Heroin eher weniger, weil die Leute, die diese Sachen nehmen, sie sich zumeist leisten können". Deshalb fallen die farbigen Aufputschmittel „nicht in die Kategorie Armuts- oder Verelendungsdrogen". Wer gute Chemiekenntnisse und ein Heimlabor besitze, sei „mit frei verkäuflichen Substanzen durchaus in der Lage, solche Drogen zu produzieren". Sie putschen den Körper auf und sollen ein physisches Durchhalten ermöglichen. Sie führen aber zu Überanstrengungen, einem Anstieg der Körpertemperatur auf bis zu 41 Grad und zum Zusammenbruch. Lintner: „Ein Stoff, der im Bereich von zehn oder 15 Milligramm nicht so gefährlich ist, kann bei einer mehrfachen Menge ein tödliches Risiko sein." Es soll sogar schon Todesfälle gegeben haben.

Ein Experte des Bundeskriminalamtes in Wiesbaden nennt die chemischen Substanzen der Party-Drogen: Piperonylmethylketon, Methylamin, Ammoniumformat, Salzsäure, Ether, Acetonitril, Safrol und Isopropanol. In der entsprechenden Mischung ergebe dies „den Stimmungsmacher, der Euphorie wie Depression verstärkt und nicht körperlich, aber geistig abhängig macht".

Entsprechende chemische Produkte mit dem Kürzel MDA sind bereits seit 1914 bekannt. Sie waren früher sogar im Handel – als Appetitzügler. Nachdem ihre verheerende Wirkung bei übermäßiger Einnahme offenkundig geworden war, wurden MDA-Produkte trotz mehrfacher Abwandlung unter das Betäubungsmittelgesetz gestellt. Der Bonner Drogenbeauftragte bezeichnet die psychische Abhängigkeit, in die der Konsument bei langfristigem Gebrauch dieser Aufputschmittel gerät, als „schlimm".

Laut Lintner ist der Besitz von Ecstasy nach dem Betäubungsmittelgesetz strafbar. Der Drogenbeauftragte meint dazu: „Jede Freigabe von Party-Pillen, Haschisch oder Heroin setzt ein falsches Signal der Harmlosigkeit. Außerdem ist es kontraproduktiv, wenn jedes Bundesland seine eigenen Drogen-Richtlinien schafft. Das erschwert die Umsetzung der Auflagen des Bundesverfassungsgerichts und die dringend gebotene Prävention."

7. Strukturelle Gewalt

„Wer Wind sät, wird Sturm ernten“ ist eine alte Volksweisheit. Die gesellschaftlichen Strukturen, die Familienstrukturen, die Schulstrukturen, die Medienstrukturen und die Gleichaltrigkeitsszenerie säen momentan mehr Wind, als an Sturm dabei herauskommt. Einige Kinder werden gar überhaupt nicht auffällig gewaltig, weder aggressiv noch autoaggressiv, obwohl sie mehrere gewalttätige Strukturfaktoren um sich herum haben.

Niemand wird Gewalttäter, wenn er nicht zuvor selbst Opfer von Gewalt war, ist eine These, die vor allem auf die Auswirkungen struktureller Gewalt hinweist. Neue Armut, soziale Kälte, Korruption und Lobbyismus von Politikern, Familienzerfall, elterliche Übererwartungen, Wertevielfalt, Wertewandel, Werteverlust und Wertekollisionen, Mediengewalt, fehlende Kindergarten- und Kindertagesheimplätze oder der Umstand, daß es sie überhaupt anstelle von Familienleben gibt, der Mangel an Freizeiteinrichtungen vor Ort und eine unzeitgemäße inhumane Schule sowie Sprachverrohung und „coole“ Trends der Gleichaltrigen sind Begriffe, die für Strukturgewalt unserer Gesellschaft stehen.

Die Saat der Gewalt wirkt sich zunächst im einzelnen jungen Menschen als Angst und Frust aus, sie entlädt sich dann oft durch Strategien in Form von Behauptungs- bzw. Widerstandsversuchen, und wenn die scheitern, aggressiv oder autoaggressiv, oft auch in beidem. Die Verrohung junger Menschen ist immer eine Folge der Vernachlässigung ihrer Grundbedürfnisse nach Harmonie, Geborgenheit, Orientierung, Sinnhaftigkeit, Verhaltenssicherheit, Anerkennung, Leistungsvermögen und Erfolg.

Erwachsene nehmen jungen Menschen nicht nur ihre Bewegungs- und Bewährungsspielräume, sie rauben ihnen duch Überforderungen und allenfalls erwachsenengerechte Wohnbedingungen auch ihre Kindheit, sie zwingen sie zu Verfrühungen, zu materialistischen Werten, zum Ertragen von Versagenserlebnissen, zum Aushalten von Familienauflösung und zur Anpassung an eine gewaltreiche und konsumgeleitete Bildschirmwelt. Außerdem zwingen sie sie in familienersetzende Nischen von Gleichaltrigen jenseits der bürgerlichen Welt, weil sie selbst zu selten umfassende Bezugspersonen sein wollen.

Am schlimmsten ist es mit der Schule bestellt. Sie ist eben nicht

Schonraum, Glasglocke oder pädagogische Provinz, sie ist vielmehr Vergrößerungsglas für alle gesellschaftlichen Mängel:

- Überforderte, gestreßte, vergreiste, unter einem schlechten Ansehen in der Öffentlichkeit leidende und völlig unzureichend für die aktuellen Herausforderungen ausgebildete Lehrer sind nur selten zur Übernahme des Erziehungsauftrags, zum Zusammenleben mit ihren Schülern über das Unterrichten hinaus und zur umfassenden, auch emotionalen Fürsorge ihren Schülern und deren Familien gegenüber bereit.
- In den Schulen wird noch drastischer als in anderen Gesellschaftsbereichen gespart, es werden zu wenige junge und zeitgemäß ausgebildete Lehrer eingestellt, es wird auf Instandhaltung, Renovierung und aktuelle Anpassung der Schulgebäude und ihres Inventars verzichtet; Lehr- und Lernmitteletats werden bis zur Ineffektivität zusammengestrichen, Klassenfrequenzen werden erhöht und die Lehrerunterrichtsverpflichtung heraufgesetzt. Besondere Gelder gibt es nur noch für öffentlichkeitswirksame Einzelprojekte, die im Regelbereich eingespart werden und in Modelle hinein umverteilt werden, von denen nur ganz wenige Schüler einen Nutzen haben.
- Sozialprestige-, Karrieren- sowie Ellenbogengerangel und Berechtigungswesen mit allen mißlichen Selektionsfolgen spiegelt die Gesamtgesellschaft in ihren Schulen wider: Sitzenbleiber, Rückläufer, Hauptschüler, Zeugnisverwarnungen, Fünfen und Sechsen, Leistungskursdifferenzierungsverlierer und Schulverweise stehen für ein gewalttätiges Schulsystem, das viele Schüler krank oder aggressiv macht. Deutsche Schüler erleben ihre Schule „überwiegend als dauernde Überprüfungs- und Zensierungsinstitution“, stellen Kurt Czerwenka und Hans Schmidt von der Universität Lüneburg nach Befragung von 12000 Jungen und Mädchen fest. Das selektive und zu höchst verschiedenwertigen Abschlußniveaus führende deutsche Schulsystem wird als wesentlich belastender empfunden, als schwedische, englische oder amerikanische Schüler das ihrige erleben. In der Bundesrepublik verfehlen pro Jahr 400000 Schüler das Klassenziel; etwa doppelt so viele stehen alljährlich mit enormen Ängsten und reichlich Streß und Verdruß auf der Kippe. Nach wie vor werden 90 Prozent aller Unterrichtsstunden im eintönigen Frontalunterricht, ohne große methodische Mühe durch die Lehrer,

im alltagspädagogischen Trott ohne Vorbereitungen und die Schüler – selbst kleinere – zur sitzenden Lebensweise in 45-Minuten-Takten erziehend erteilt.

– Die Lehrer nutzen dabei nicht die vielfältigen Möglichkeiten zur motivierenden Variation aus, die sie erlernt haben und die sie beherrschen. Alle bedeutsamen schulreformerischen Impulse dieses Jahrhunderts, die in die Geschichte der Pädagogik eingegangen sind, minimalisieren sich auf Dauer immer wieder im Schulalltag bis zur Unkenntlichkeit. Das Buch, das Heft, die Tafel, das Wort des Lehrers, die Noten, die Klassenarbeiten und die Hausaufgaben sind neben einem Frage-Antwort-Geplänkel das nahezu ausschließliche Instrumentarium von Stundengebern.

– Am schlechtesten können Lehrer mit Störungen umgehen; sie beziehen sie stets in der Ursachenanalyse lediglich auf den Schüler, fast nie auf ihre eigene Person oder Methode, sie verknüpfen sie mit Schuldzuweisungen, und sie sind außerstande, sie als notwendige kreative und ihren Unterricht korrigierende Impulse zu akzeptieren. Partnerarbeit, Gruppenunterricht, Offener Unterricht, Projektmethode und schülerzentriertes Vorgehen sind nun einmal ohne Unruhe nicht denkbar. Ruhe an sich ist jedenfalls noch kein Wert. Der Baseler Verhaltensgestörtenpädagoge Wilfried Schley fast das in dem Satz zusammen: „Störungen sind sperrig, inspirieren, verführen zum Nach-Denken und bringen Leben in die Bude“, also auch Schulleben. Wenn Schüler stören, ist noch lange nicht sicher, daß sie gestört sind. Maßstab für den Grad ihres Störens sind immer die Empfänger, also die Lehrer oder die Mitschüler, die sich subjektiv gestört fühlen, ohne daß der Sender der Störung objektiv verhaltensgestört sein muß.

– Eltern verstärken die strukturelle Gewalt der Schule, indem sie nicht für das Gymnasium empfohlene Schüler dennoch zum Gymnasium melden, indem sie die Bildungskarriere ihres Kindes bereits vorweg verplanen, indem sie an ihren Übererwartungen durch Nachhilfestunden, Hausaufgabenterror, Internatsaufenthalte und zeitweilige „Verschleppungen“ ihrer 15- bis 18-jährigen Kinder zu Sprachaufenthalten nach England oder in die USA festhalten. 55 Prozent der deutschen Eltern erwarten für ihr Kind eigentlich das Abitur als formale Berechtigung; am inhaltlichen Bildungsprogramm der jeweiligen Schule sind sie nicht so stark interessiert; 40 Prozent der Viertkläßler werden in deutschen Großstädten und Ballungsgebieten mittlerweile schon zum Gymnasium gemeldet, ein Drittel davon ohne eine entsprechende Grundschul-, Beobachtungsstufen-, Förderstufen- oder Orientierungsstufenempfehlung; das ist ein Indiz für das hohe Maß an struktureller Gewalt gegenüber abiturungeeigneten Jungen und Mädchen. Ein Drittel der deutschen Elternschaft ist nach einer Umfrage des Dortmunder Erziehungswissenschaftlers Reinhard Voß bereit, ihren Kindern bei Schul- bzw. Lernstörungen Medikamente zu verabreichen, ein erschreckender Beleg für die Verknüpfung von schulischer und familiärer Strukturgewalt.

Diejenigen strukturellen Gewaltfaktoren, die darüber hinaus durch das tägliche Schulbusfahren über viele Stunden und Kilometer hinweg in die Schule der nächsten oder übernächsten Stadt entstehen, die sich durch übergroße Schulzentren, Mittelpunktschulen und Gesamtschulen ereignen, die vom einzelnen Schüler, der keineswegs Schulen von mehr als 800 Schülern erträgt, nicht mehr überblickt werden können, die durch ein übertriebenes Tutoren-, Fachlehrer- und Kursprinzip bei gleichzeitigem „Abholzen" der Bezugsperson des Klassenlehrers vorhanden sind, die durch unkindgemäße Kaufhausarchitektur oder lüftungsfeindliche Klimaanlagen gegeben sind, die durch eine totale Koedukation auch im Sport- und Informatikunterricht auftauchen, sollen hier nur der Vollständigkeit halber erwähnt werden.

8. Gewalt gegenüber unerwünschten und störenden Kindern

Etwa 22000 Neugeborene sind 1993 in amerikanischen Krankenhäusern von ihren Eltern nicht angenommen worden, wie eine Statistik des US-Gesundheitsministeriums belegt.

Auch in Deutschland sind immer mehr Kinder schon vor ihrer Geburt unerwünscht:

- Nur 47 Prozent der deutschen Babys sind Wunschkinder, 20 Prozent der Frauen, die einen Schwangerschaftsabbruch begehren, wollen lieber auf ihr Baby als auf ihre Freizeit verzichten, be-

richtet Stefan Flachowski 1994 auf dem Gynäkologenkongreß in München.
- Es gibt Mütter, die nur schwanger sein wollen, sich aber nicht auf das Kind nach der Geburt freuen.
- Es gibt Kinder, auf die sich die Mutter freut, nicht aber der Vater.
- Es gibt Kinder, die zwar geplant sind, aber durch Veränderungen der Lebensumstände der Eltern während der Schwangerschaft plötzlich nicht mehr in deren Lebenszusammenhang passen.
- Es gibt minderjährige Mütter, die die gesamte Schwangerschaft über mit der Angst vor der Reaktion ihrer Eltern auf die Tatsache hin leben, daß sie ein Kind bekommen werden.
- Es gibt Mütter, die trotz ihrer Schwangerschaft weiterhin stark rauchen, Alkohol trinken, für das Kind ungünstige Medikamente einnehmen, Drogen konsumieren oder sich völlig falsch ernähren, die den Berufsstreß nicht unterbinden und sich weiterhin mit ihrem Partner streiten oder auch schlagen. Alles, was an seelischen Eindrücken auf die Mutter wirkt – also auch an Unfällen, Krankheit und Krieg –, überträgt sich auf das noch ungeborene Kind, und zwar viel stärker als nach der Geburt, vor allem aber viel stärker, als man allgemeinhin glaubt.

Die Minimalisierung der Gewalt gegenüber Kindern beginnt mit der Organisation des Tagesablaufs, der Gestaltung der sozialen Atmosphäre ringsherum, dem Umgang mit Entspannungs- und Ruhephasen und mit der bewußten Ernährung der schwangeren Mutter. Ihre Einstellung zum werdenden Kind ist entscheidend für das spätere Gelingen der Geburt und für das Schicksal des Kindes. Kinder, die unerwünscht sind oder die parallel mit langandauernden Abtreibungsgedanken der Mutter reifen, haben ein hohes Risiko, späterhin verhaltensgestört, süchtig, psychisch krank und von geringem Selbstwertgefühl zu geraten.

Manchmal freuen sich zwar Eltern auf ihr Kind, aber nach der Geburt stellt es sich sogleich oder erst späterhin als störend heraus:
- Die Eltern haben sich das Kleinkindalter nicht so anstrengend vorgestellt.
- Das Kind hat nicht das erwünschte Geschlecht oder sieht nicht so wie erhofft aus, oder es kommt behindert zur Welt. Im indischen Bombay beispielsweise befindet sich unter 8000 abgetriebenen Kindern nur ein Junge.

- Das Kind nervt die erschöpften Eltern durch die Notwendigkeit des Windelwechselns oder durch ständiges Schreien, insbesondere nachts, und dadurch, daß sie nicht mit der langwierigen Sauberkeitserziehung gerechnet haben.
- Das Kind ist hochbegabt und hat deshalb späterhin ein deutlich geringeres Schlafbedürfnis als die Eltern, die deshalb zunehmend gereizter werden und sich immer mehr überfordert fühlen.
- Die Mutter genießt zwar das Vorhandensein ihres Kindes; der Vater oder der neue Freund der Mutter wollen aber eigentlich nur mit der Mutter zusammen sein und empfinden das Kind als lästig.
- Das Kind beeinträchtigt die berufliche Karriere, den Geldbeutel und die Freizeitinteressen der Eltern in einer Weise, daß sie seine Existenz bereuen und es gern zur Adoption freigeben würden.
- Das Kind entwickelt mit dem Älterwerden Interessen oder Angewohnheiten, die die Motivation der Eltern ihrem Nachwuchs gegenüber erlahmen und einer resignativen Einstellung weichen lassen, so daß sie schließlich nicht einmal mehr zu schulischen Elternabenden gehen und nicht mehr wissen wollen, wo sich das Kind herumtreibt.
- Die Ehe der Eltern geht kaputt, sie erleben finanzielle oder berufliche Pleiten, werden arbeitslos, verlieren ihre Wohnung oder werden krank, so daß sie keine Zeit oder keine Kraft mehr für ihre Kinder haben.
- Die Eltern planen schon mit der Geburt des Kindes das Abitur und den Aufstieg in der Sozialkarriere; das Kind erfüllt aber ihre Erwartungen keineswegs und landet trotz seiner Verplanung und der Übererwartungen in der Hauptschule, in einer gewalttätigen Skinheadgruppe, in einem Homosexuellenzirkel, im Heim oder im Jugendstrafvollzug. Mit Rücksicht auf die Außenwirkung gegenüber Nachbarn und Verwandtschaft trennen sich seine Eltern vielleicht innerlich und oft auch äußerlich von ihm, beispielsweise indem sie es in ein Internat weggeben. Die innere Abnabelung ereignet sich manchmal auch dadurch, daß die Tochter einen nicht für die Eltern akzeptablen oder einen nicht „standesgemäßen“ Freund findet oder heiraten möchte, oder dadurch, daß der früher so geliebte Sohn in eine sexuelle, politische oder religiöse Richtung driftet, die sie nicht gutheißen, oder ein Dro-

genkonsum- bzw. Bekleidungs-, Frisur- und Musikgeschmacksverhalten an den Tag legt, das sie nicht hinnehmen wollen.

Wenn solche unerwünschten oder störenden Kinder dann schließlich besonders aggressiv oder autoaggressiv werden, gilt die These, daß zunächst sie Opfer von schlimmer elterlicher Gewalt wurden, bevor sie selbst zu Gewalttätern wurden.

Jährlich sterben auf der Welt 1,5 Millionen Mädchen, weil Eltern Söhne bevorzugen und Töchter vernachlässigen. In vielen Entwicklungsländern ist die Sterblichkeit bei Mädchen wesentlich höher als bei Jungen, obwohl Mädchen von Natur aus in den ersten Lebensjahren widerstandsfähiger sind. Ursache für diese hohe Mädchensterblichkeit ist nach dem Kinderhilfswerk UNICEF eindeutig deren Benachteiligung gegenüber den Jungen. Sie werden kürzer gestillt, seltener geimpft, erhalten weniger zu essen und müssen sehr viel mehr zur täglichen Hausarbeit beitragen.

Nicht selten ist das Leben der Mädchen schon vor der Geburt bedroht. Vor allem in Südasien werden gezielt weibliche Föten abgetrieben und Tausende von Neugeborenen umgebracht, weil der gesellschaftliche Status der Frauen gering ist und die Eltern bei der Heirat ihrer Tochter hohe Mitgiftzahlungen leisten müssen, die sie nicht aufbringen können.

In 25 Ländern Afrikas und des Mittleren Ostens werden jährlich 2 Millionen Mädchen beschnitten und dadurch gesundheitlich gefährdet. Mehr als 1 Million Mädchen leben als Prostituierte. 125 000 Mädchen sterben in den Entwicklungsländern an den Folgen zu früher Schwangerschaften.

Knapp 900 000 Kinder und Jugendliche hierzulande beziehen Sozialhilfe, so daß jedes siebte Kind in Deutschland in Armut lebt. Rund 500 000 Kinder sind in unzumutbaren Wohnverhältnissen untergebracht. Ebenso groß ist die Zahl der Kinder, die trotz der gesetzlichen Verbote gewerbsmäßig arbeiten.

9. Die kinderfeindliche Gesellschaft

Deutschland ist eines der reichsten Länder der Welt, könnte also auch hinreichender als andere in Kinder als gesellschaftliche Zukunftsfaktoren investieren. Ein derartiger gedanklicher Ansatz ist aber schon kinderfeindlich, weil junge Menschen selbstverständlich nicht vorrangig als wirtschaftsstrukturelle Elemente gesehen werden dürfen, sondern weil sie um ihrer selbst willen geliebt werden müssen.

Schon einmal, nämlich in den 60er Jahren, ist eine pädagogische Reform- und Investitionswelle entstanden, um nach dem „Sputnikschock" das vermeintliche Technologiedefizit des Westens im ideologischen Wettkampf zwischen Ost und West mit Schlagwörtern wie „Chancengleichheit", „Aufschließen von Begabungsreserven bei Frauen, Arbeiterkindern, Landbevölkerung und Katholiken" und „mehr Wissenschaftsorientierung" der Schulen überwinden zu können. Auch damals standen auf staatlicher Seite im Unterschied zu den Motiven der „Studentenbewegung" der Jahre nach 1968 ökonomische Interessen im Vordergrund, als es um die Verbesserung des Erziehungs- und Schulwesens ging.

Unsere Gesellschaft stellt sich gemessen an den Ausgabenanteilen des Bruttosozialprodukts für junge Menschen als besonders kinderfeindlich dar. Maßstab für die staatliche Fürsorge gegenüber Kindern ist vor allem die Wahlwirksamkeit, und mit Themen wie Kindheit, Jugend und Schule werden im Moment weder Wahlen gewonnen noch verloren, so daß in den Bereichen Familien- und Sozialpolitik, Erziehungswesen und Bildung genauso linear gespart werden kann wie in den Bereichen Verkehr, Verteidigung und Verwaltung. Eltern sind aber Wähler, und wenn sie eine kinderfeindliche Sparpolitik widerstandslos hinnehmen, verhalten sie sich ebenso kinderfeindlich wie Parlamentarier und Regierungsangehörige.

Deutschland liegt mit seiner Einstellung Kindern gegenüber im internationalen Trend, Skandinavien einmal ausgenommen:

Etwa 80 Millionen Kinder leben weltweit auf der Straße, wie das Kinderhilfswerk der Vereinten Nationen berechnet hat; ein Drittel der obdachlosen Kinder zwischen 5 und 15 Jahren leben völlig auf sich allein gestellt; ihr Leben wird begleitet von Hunger, Armut, Prostitution, Drogen, Krieg, Kriminalität und Krankheiten bis hin zu Aids. Selbst in Deutschland gibt es mittlerweile ein Straßenkinderphänomen, oft um Bahnhöfe herum, oft in Form einer partiellen Obdachlosigkeit, die mit dem Schicksal verknüpft ist, ein Kind der öffentlichen Erziehung, also eines der rund 100 000 Pflegefamilien- oder Heimkinder zu sein. 100 000 junge Menschen leben in der Bundesrepublik schon auf der Straße, und diese Zahl steigt alljährlich. Wesentlich größer wäre sie, nämlich um die 500000, würde man die Kinder und Jugendlichen als „De-facto-Obdachlose“ hinzuzählen, die zwar noch irgendwie eine Familie haben, deren eigentliches Zuhause aber die Clique oder die Jugendbande ist.

Nach Einschätzung des Deutschen Kinderschutzbundes leben etwa 10 Prozent aller Jungen und Mädchen in Familien, in denen sie vernachlässigt werden, in denen sie weder verstanden noch versorgt oder unterstützt werden. In 90 Prozent dieser Fälle sind diese Familien übrigens verarmt. Nach Auskunft der Kinderkommission des Deutschen Bundestages leben etwa 1 Million Kinder in Deutschland mit der „neuen Armut“, also in Familien mit einem Einkommen an der Sozialhilfegrenze. 16,2 Prozent aller westdeutschen und 45,5 Prozent aller ostdeutschen Familien mit drei oder mehr Kindern leben zur Zeit unterhalb der Armutsschwelle.

Etwa 1 Million deutsche Kinder werden alljährlich von ihren Eltern mit Gegenständen schwer geschlagen, beklagt der Deutsche Kinderschutzbund. Noch schlimmer sieht es mit der emotionalen Vernachlässigung von Kindern und Jugendlichen in den Familien, in den Schulen und in den Heimen aus.

Eltern, die ihre Kinder emotional vernachlässigen, sind selbst oft in ihrer eigenen Kindheit vernachlässigt worden, sie sind vielfach zu jung, sind bindungsunfähig und haben häufig gravierende Partnerschafts-, Sucht- und Perspektivprobleme. Kinder solcher Eltern leiden vermehrt unter Angstzuständen, Aggressionen, Autoaggressionen, Entwicklungsstörungen und Anpassungsschwierigkeiten.

Lehrer sind hilflos im Umgang mit Emotionen, sie sind für angemessene Zuwendungsweisen nicht ausgebildet und haben eine Arbeitsplatzbeschreibung, die ein liebevolles Zusammenleben mit ihren Schülern nicht zuläßt, auch weil Schule an sich ein gegenüber Schülern viel zu gewalttätiges System ist.

Und die Erzieher, Sozialpädagogen und anderen Fachkräfte der öffentlichen Erziehung schließlich sind mit ihrem Einsatz im Schichtdienst und dem ihnen vorgegebenen Primat der bloßen Verwaltung von Kindern durch Addition von Betreuungspersonen zu einer partiellen oder – seltener – ganzen „Rund-um-die-Uhr“-Fürsorge zur emotionalen Enthaltsamkeit gegenüber den ihnen anvertrauten Jungen und Mädchen verdonnert. Sie dürfen Kinder nicht ohne weiteres anfassen, in den Arm nehmen oder mit ihnen schmusen; der Einsatz des für eine normale kindliche Entwicklung erforderlichen Körperkontaktes ist ihnen untersagt, oder wenn sie ihn wagen, setzen sie sich dem Verdacht aus, Kinder sexuell zu mißbrauchen. Die emotionale Bilanz von jungen Menschen in Heimen, in Jugend- und Außenwohngruppen bleibt daher im Unterschied zu der in Kinderdörfern unausgeglichen, so daß sie Gefahr laufen, Opfer sexueller Fehlentwicklungen zu werden, sich der Prostitution zu verschreiben oder selbst Sexualstraftäter zu werden. Die Biographie von Jürgen Bartsch steht für eine solche Entwicklung.

Viele Eltern verlieren das Interesse an ihren Kindern. Gleichgültigkeit und Gedankenlosigkeit sind oft an die Stelle von Liebe und Fürsorge getreten, so daß die seelische Not der Kinder wächst. Die Folgen – etwa Hospitalismus oder Aggressivität – zeigen sich schon im Kindergarten. Hamburger Erzieherinnen beispielsweise beklagen, daß ihre Arbeit sie vor immer unlösbarere Aufgaben stelle. Einerseits brauchen die Kinder mehr Zuwendung denn je, andererseits stecken Personal- und Raumnot dafür enge Grenzen.

Zum aktuellen deutschen Kindergartenalltag gehört folgendes:

Ein 2 Jahre alter Junge wird in die Tagesstätte gebracht. Es ist bitterkalt. Aber der Kleine trägt weder Unterhosen noch Strümpfe. Beides hatte die Mutter „vergessen". Ein anderes Mal wird ein Mädchen nicht abgeholt. Die Erzieherin nimmt es mit nach Hause. Spätabends endlich melden sich die Eltern: Sie hatten nicht mehr an die Kleine gedacht. Sie werde am nächsten Morgen abgeholt, bestimmt ... Bezeichnend auch dies: Viele der Kinder bekommen erst in der Tagesstätte Frühstück. Erzieherinnen des Deutschen Roten Kreuzes erzählen von Kindern, die sich freitags abends den Bauch vollschlagen, weil sie am Wochenende mit Fast food abgespeist werden. Viele würden erst im Kindergarten Obst und Gemüse kennenlernen. Fisch mochten sie gar nicht: „Den kannten sie nur als Stäbchen."

Der häusliche Liebesentzug hat erschreckende Folgen: Es gibt Kinder, die pausenlos herumgetragen werden wollen. Andere erzwingen Aufmerksamkeit, indem sie auf Spielgefährten eindreschen oder fünfmal am Tag in die Hose machen.

Aber auch das gibt es: Ein 5 Jahre altes Mädchen ist seit dem zweiten Lebensjahr weder gewachsen, noch hat es seinen Wortschatz erweitert, was als Schrei nach Liebe zu interpretieren ist. Doch die Eltern, die darauf angesprochen werden, wiegeln ab: Zu

Hause sei das Kind „ganz unauffällig". Die Kindergärtnerinnen sind sicher, daß die meisten Eltern nichts von den Nöten der Kleinen merken, weil sie sich mit ihnen gar nicht erst beschäftigen.

Am schlimmsten ist es montags. Vom pausenlosen Fernsehgucken und Gameboy-Spielen sind die Kinder total aufgedreht. Ohnehin ist die Erlebniswelt der Kleinen meist auf Fernsehgröße zusammengeschmolzen. Am Ende können sie nicht mehr unterscheiden, was sie im Film gesehen oder tatsächlich erlebt haben. Sie glauben wirklich, sie seien in Disney-World gewesen, wenn das über die Mattscheibe lief. Klar, daß sie die nicht mehr für eine Hafenrundfahrt begeistern können.

Wulf Rauer, Vorsitzender des Hamburger Kinderschutzbundes, spricht von „eklatantem Beziehungsmangel in der Überflußgesellschaft". Die größten Sorgen machen sich deutsche Kinder über das „Aussterben der Tiere" und die „immer schlimmer werdende Luftverschmutzung". Das geht aus einer repräsentativen Studie des Münchener Instituts für Jugendforschung hervor, das 1994 insgesamt 1046 Kinder im Alter zwischen 6 und 14 Jahren über ihre ganz persönlichen Ängste befragte.

Die Analyse zeigt, daß Fragen der Umweltbelastung in der kindlichen Psyche sogar eine noch größere Rolle spielen als die ebenfalls stark vorhandene Angst vor einem Krieg, in den Deutschland verwickelt werden könnte. Inmitten der „Hierarchie der ökologischen Ängste" rangiert die Kriegsangst an dritter Stelle, direkt gefolgt von der Sorge über „nicht mehr zu bewältigende Müllberge".

Nach Auffassung der Forscher haben die Kriege am Golf und auf dem Balkan „deutliche Narben" in der kindlichen Seele hinterlassen. Die Nachwirkungen dieser Kriege seien bei Kindern ganz besonders intensiv und hätten bei ihnen das Bewußtsein eines „jederzeit möglichen Krieges gefestigt". Durch die aufregende Darstellung der Kriege in den Medien, in Filmen und sogar in Videospielen werde bei den Kindern eine unterschwellige Angstbereitschaft geweckt, heißt es in der Studie.

Die Befragung macht ferner deutlich, daß die kindliche Gefühlswelt noch im wesentlichen frei von Ausländerfeindlichkeit ist. Probleme mit Menschen aus anderen Ländern befürchten die Schüler kaum. Obwohl in unterschiedlichen politischen Systemen herangewachsen, gleichen sich die Sorgen der Kinder in Ost und West. Damit unterscheiden sie sich von ihren Eltern, deren „Angstprofil" noch deutliche Unterschiede zwischen Ost- und Westbefindlichkeit aufweist.

Im Mittelfeld der kindlichen Sorgen rangieren die Ängste vor einem Unfall im Straßenverkehr, vor zunehmender Gewalt in der Schule, vor Bedrohung oder Erpressung durch ältere Kinder und vor einer schweren Erkrankung. Aber auch berufliche Existenzfragen spielen eine erstaunlich große Rolle, insbesondere die Angst, daß immer mehr Menschen arbeitslos werden und kein Geld mehr haben.

Der Deutsche Kinderschutzbund empfiehlt Eltern und Lehrern, die möglichen Ängste ihrer Kinder auf jeden Fall ernst zu nehmen. Abwiegelnde Äußerungen wie „Stell dich nicht so an!" könnten angstverstärkend wirken. Die Kinder fühlten sich dann alleingelassen. „Eltern müssen vielmehr lernen, die Angst ihrer Kinder nicht wegreden zu wollen, sondern sie wahrzunehmen und zuzulassen." Erst dann sollten die Erwachsenen versuchen, die Ängste gemeinsam mit den Kindern konstruktiv abzubauen, beispielsweise durch handelndes Engagement und die Organisierung von Erfolgserlebnissen.

Jenny ist 12 Jahre alt und ein Berliner Bahnhofskind. In ihrer Welt gibt es drei Sorten von Erwachsenen: „Arschlöcher", gegen die man sich wehren muß; „harmlose Idioten", die auf ihre Geldbörse nicht achten und sich prima eignen für einen „korrekten Abzug"; und dann noch ein paar „okaye" Typen, denen sie vielleicht trauen kann. Allerdings hält sie auch bei denen besser einen Sicherheitsabstand ein. „Du weißt nie, ob sie dich morgen nicht doch bescheißen."

Jennys Lebenshaltung: „Sei immer auf dem Sprung! Nimm, was du kriegen kannst! Leb so schnell, wie du kannst!"

In ihrer alten Welt war sie „schwer abgenervt": vom häuslichen Muff, von der tristen Routine aus Aufstehen, Arbeiten, Essen, Glotzen, die ihre Eltern mürrisch absolvierten. Das „kackbraun" gestrichene Treppenhaus und die kleingemusterten Tapeten kotzten Jenny genauso an wie die dickblättrigen Topfpflanzen, das ständig schlechtgelüftete und düstere Wohnzimmer, das stumme Starren in den lärmenden Fernsehapparat, Abend für Abend. Jenny ist eines der jüngsten unter den Straßenkindern, deren Zahl bundesweit auf rund 100 000 geschätzt wird. Wie viele es wirklich sind, weiß niemand. Die Vermißtenstatistiken sind unvollständig, denn viele Eltern empfinden wenig Bedauern, wenn ihr Kind verschwindet, und erstatten keine Anzeige.

Für Sozialarbeiter und Streetworker ist die Anzahl unerheblich. „Es darf keine obdachlosen Kinder geben, die nachts auf Parkbänken schlafen; eines davon ist schon zuviel", sagt Hilde Röcker vom Frankfurter Verein Arbeits- und Erziehungshilfe.

Einen Grund für die steigende Zahl jugendlicher Ausreißer sieht sie darin, daß in Frankfurt längst amerikanische Verhältnisse herrschten; immer mehr Eltern gibt es, die beide arbeiten und bis zu zwei Dritteln ihres Gehaltes für Miete ausgeben müssen. „Die Leute glauben immer, die Kinder fielen aus der Familie raus. Das ist falsch", erklärt Hilde Röcker, „da ist nämlich gar keine Familie mehr."

Immer jünger werden die Straßenkinder in Deutschland, und an entsprechenden Einrichtungen für sie fehlt es überall. Notschlafstellen, sogenannte Sleep-Ins oder Go-Ins für Kinder und Jugendliche, wie es sie neuerdings in Leipzig, Frankfurt und Berlin gibt, oder Treffpunkte wie das „Mac-Up" in Köln, das jungen Ausreißerinnen tagsüber nicht nur etwas zu essen bietet, sondern auch Räume zum Duschen, Waschen, Nähen sowie anonyme Beratungen – solche Anlaufpunkte richten Städte erst ein, wenn sich das Elend nicht mehr übersehen läßt.

Sie flüchten vor gewalttätigen, hilflosen Eltern oder aus Heimen, wo sie mehr verwaltet als betreut werden. Viele entstammen wohlhabenden Familien, lebten in Reihenhäusern von sauberer Eintönigkeit; manche verwahrlosten in prachtvollen Villen.

Sie kommen aus den alten und den neuen Bundesländern und pendeln häufig zwischen Berlin, Frankfurt, Köln und Hamburg hin und her. Ihr Gepäck tragen sie im Rucksack, der Rest liegt in einem Schließfach im Bahnhof.

Ohne Straftaten zu begehen, können solche Straßenkinder nicht überleben. Schnappt man sie, werden sie – sofern sie 14 Jahre alt und damit strafmündig sind – weggeschlossen wie Schwerverbrecher. Rund 30000 Jugendliche sitzen zur Zeit in Arrest oder Untersuchungshaft; der erwünschte heilsame Schock und die Läuterung stellen sich nur sehr selten ein.

Das Leben zu Hause erscheint den meisten Streunern im Rückblick wie ein schlimmer Fluch. „Kinder, die mit zehn, elf Jahren auf Trebe gehen", weiß Gisela Chenitir, Diplompsychologin beim Berliner Notdienst für Kinder unter 14, „leiden alle unter Beziehungsarmut."

Sie flüchten vor Beziehungen, die brüchig wie morsche Stege waren; Beziehungen, in denen sie immer wieder abgestürzt sind, belogen wurden, beschimpft, enttäuscht, mißhandelt, gedemütigt, ausgenutzt und herumgeschubst, Beziehungen, in denen sich oft die Rollen auf fatale Weise umkehrten: Die Kinder umsorgten ihre Eltern, trösteten sie, machten ihnen Mut, kauften ein, kochten, betreuten die kleinen Geschwister. Viele Mädchen mußten als Sexualobjekt stillhalten. Sie haben so wenig liebevolle Nähe in ihrem Leben gehabt, daß sie schließlich keine Nähe mehr ertragen, weil sie sie nicht kennen und deshalb mit ihr nicht umgehen können. Überdies haben sie sich so stark an die grenzenlose „Freiheit" gewöhnt, daß sie nur noch mit riesigem Aufwand wieder in gesellschaftliche Grenzen hinein eingefangen werden können; sie sind oft nach furchtbaren Jahren des steten Wechsels von vermeintlichen Bezugspersonen vollends beziehungs- bzw. bindungsunfähig geworden.

Helfen können also nur Menschen, die sich ihnen rund um die Uhr zur Verfügung stellen, ohne sich ihnen aufzudrängen, die ihnen Räume anbieten, ohne sie mit einem Tagesprogramm oder mit der sofortigen Perspektive des nachträglichen Erwerbs eines Hauptschulabschlusses zu überfordern. Erwachsene an sich haben gegenüber Straßenkindern oft in einem Ausmaß verspielt, daß sie ihre kleinen mißlichen Ersatzfamilien des Bahnhofs-, Drogen-, Crash-Kid- oder Strichjungen- und Strichmädchen-Milieus allen anderen vom Staat angepriesenen Alternativen vorziehen.

Dennoch ist es über Jahre hinweg möglich, auch solche Kinder an Erwachsene, an Nähe, an Körperkontakt, an Grenzen und Forderungen zu gewöhnen, indem man ihnen auch über ihre Krisen hinweg beweist, daß man es mit ihnen durchhält, daß man sie nie enttäuscht, daß man um ihrer selbst willen immer für sie da ist, daß man ihre Würde und ihren Selbstwert respektiert, daß man sie für liebenswert hält und ihnen Erfolg zutraut.

Die Antipädagogen um Hubertus von Schoenebeck haben eine neue Blickrichtung in den Umgang mit Kindern eingebracht. Sie halten Erziehung für Gewalt, weil schon im Begriff das Ziehen am Kind und eine entwürdigende Behandlung von oben herab steckt; sie sagen, daß Kinder zwar lebensnotwendig Autoritäten um sich herum brauchen, daß letztere aber die Einstellung haben müssen, unterstützend und auch fördernd mit ihnen zusammenzuleben, statt sie erziehend führen zu wollen. „Unterstützen statt erziehen" heißt deshalb das Hauptwerk von Hubertus von Schoenebeck, mit dem er schildert, wie man Kinder gewaltlos und würdevoll aufwachsen läßt und wie sie dabei besser gelingen und weniger gewalttätig geraten als andere.

10. Sprachgewalt

Die Gewalt der Kinder fängt mit der Sprache an. Sie stellt sich in zwei Formen dar, die sich gegenseitig bedingen:

- Viele Kinder wachsen sprachlich unterversorgt auf. Mit ihnen wird zu wenig gesprochen, so daß ihre Sprachentwicklung, ihr Wortschatz zurückbleibt. Neben unzureichender Ansprache mangelt es am Zuhören der streßgeplagten oder problembeladenen Eltern, so daß es an Resonanz, an Antworten fehlt. Überdies wird Kindern immer weniger erzählt und vorgelesen, so daß sie auf die optische Überdosierung der Reize des Fernsehens ausweichen, dessen Sprachanteile sie nur kaum wahrnehmen und verstehen, so daß sie von der Fernsehsprache auch nach Jahren noch weitgehend ausgeschlossen bleiben.
- Wegen ihrer verbalen Defizite weichen solche Kinder früh auf Körpersprache aus, also auf Mimik und Gestik, wozu auch Schlagen und Treten sowie Rangeln gehören, aber auch die nonverbalen Aspekte von Sprache: Weinen, Schreien, Stottern, Poltern und deftige Einwortsätze der Fäkaliensprache; mit alledem versuchen sie, größere Aufmerksamkeit der Eltern zu gewinnen und trotz ihrer inneren Not dennoch Botschaften in den Kopf von Vater oder Mutter zu transportieren. Auf die Deftigkeit kommt es an, wenn sie „Scheiße", „Arsch", „Sau", „Pisser" oder „Wichser" sagen; sie haben von anderen gelernt, daß das funktioniert, auch wenn sie um den ursprünglichen Wortsinn dieser Kraftausdrücke noch gar nicht wissen. Vor allem aber gewöhnen sie sich rasch durch Erfolg an diese nonverbale und verbale Sprachgewalt, so daß sie sie immer häufiger einsetzen und schließlich ausbauen. Mit Körpersprache und Kraftausdrücken bewältigen sie ihre Kommunikations- und Interaktionsbedürf-

nisse, auch weil sie ihnen oft von den Eltern vorgelebt werden. Und eine ebenso deftige Sprachgewaltantwort ihrer Eltern ist ihnen schließlich lieber als gar keine. Auf diese Weise werden kleine Masochisten erzogen, die auch mit Bettnässen, mit Zerstören ihres Spielzeugs, mit Asthma oder mit anderen Krankheiten Aufmerksamkeit zu erheischen lernen.

Der Vorsitzende des Bayerischen Schulrektorenverbandes, Anton Stiersdorfer, hat im November 1993 beklagt, daß zur Zeit vor allem Grundschüler ständig größer werdende Sprachentwicklungsdefizite zeigen, daß also ihre Sprachentwicklung ihrem Alter hinterherhinkt.

Eine Untersuchung durch Achtkläßler der Hamburger Gesamtschule Bergedorf hat ergeben, daß Schimpfwörter unter Schülern immer schlimmer, immer menschenverachtender werden. „Idiot" oder „Ziege" kommen kaum noch vor, „Arschficker" oder „Mösenstecher" sind mittlerweile eher harmlos. 86 Prozent der Fünftkläßler gaben an, daß sie täglich mit krassen Schimpfwörtern bedacht werden, 58 Prozent der Sechstkläßler sind bereits verbal drastisch und auch sexuell am Telefon belästigt worden; übrigens wurden 14 Prozent von ihnen schon direkt in der Schule sexuell angemacht, was ja auch eine körpersprachliche Kommunikationsweise ist.

Mit eigenen sprachlichen Wortschöpfungen versuchen immer mehr Kids, sich von der Erwachsenenwelt abzugrenzen. Sie wählen Sprachcodes, die nur in ihren Jugendkultnischen verstanden werden sollen, die also zur Binnenorientierung und zur Abschottung nach außen kreiert und gepflegt werden, und die sind häufig sehr gewaltträchtig: „Asys abklatschen", „Schwule aufklatschen" (Asylbewerber und Homosexuelle niedermachen bzw. zusammenschlagen), „Gehwegpanzer" (dickes Mädchen), „Fascho-Torte" (Freundin eines Neonazis), „megadef" (tolle Leistung), „Putenrennen" (Damenwahl in der Disco), „Fischkopf" (unfähiger oder häßlicher Mensch), „Super-Spasti" (unbeholfener Mensch), „Totlacher" (abwegiges Gerede), „Gotting" (wertloser Mensch), „abkacken" (Frust rauslassen) oder „Tasse" (Mädchen ohne Begleiter).

11. Gewalt als Folge von Sinnesschwächen

Immer mehr Kinder wachsen mit gewaltfördernden Sinnesschwächen auf. Ihre Fernsinne Hören und Sehen sind geschwächt, weil sie oft, wie in Hamburg-Horn, schon als 5- und 6jährige mehr als neun Stunden täglich vor der „Glotze" sitzen und weil nur noch hohe Dosen von audiovisuellen Reizen die Schwelle ihrer Aufmerksamkeit überwinden. Da solche Kinder von Freitagmittag bis Sonntagabend auf bis zu 30 Stunden Bildschirmkonsum kommen (Fernsehen, Video und Computerspiele), können sie nicht mehr ohne weiteres am Montagmorgen auf das Wort des Lehrers umschalten. Wir sprechen bei solchen Jungen und Mädchen vom „Montags-Syndrom", zu dem außer der Wahrnehmungsschwäche in bezug auf Akustisches und Optisches auch noch gehört, daß sie die vielen gewaltreichen und angstfördernden Bildschirmerlebnisse überhaupt nicht verarbeitet haben.

Wegen ihres ständigen lediglich passiven Konsumierens von Fernsehereignissen mangelt es ihnen gleichzeitig an Bewegungs-, Koordinations- und Spielerfahrungen, so daß ihr Gleichgewichtssinn, ihr Hautsinn und ihre Muskelsinne verkümmert sind und sie auch mit einem Mangel an Sozialerfahrungen aufwachsen, vor allem wenn sie Einzelkinder sind und keinen Vater haben.

Solche Kinder können heutzutage, wie der Deutsche Verkehrssicherheitsrat konstatiert, nicht mehr ohne weiteres Fahrradfahren lernen und auch nicht Rollschuhlaufen. Sie bekommen die Balance nicht mehr hin und verunglücken oft, auch weil sie Entfernungen, Geschwindigkeiten und Kräfte nicht richtig einschätzen können. Sie überspringen für sie wichtige Spielstufen, so daß sich ganz unangemessene Verfrühungen auf dem Wege zum erwachsenen Menschen einstellen.

Deutsche Kinder konnten um die Jahrhundertwende noch etwa 100 verschiedene Spiele draußen spielen, heute sind das gerade noch fünf, und die werden auch noch sehr viel seltener gespielt. Spiele wie Kippel-Kappel sind deshalb bereits ausgestorben. Neil Postman spricht in diesem Zusammenhang vom „Verschwinden der Kindheit", und er meint damit das Überspringen der wichtigen Mobilitäts-, Spiel- und Bewegungserfahrungsstufen, indem Kleinkinder direkt zu Jugendlichen werden, die dann Werbung, „action" und Gewalt ebenso wie die „Bravo" konsumieren, die bei McDonald's essen gehen, sich schminken und beim Shopping auf teure Markenklamotten aus sind. Reinhard Kahl nennt das das neue Phänomen des „Kind-Erwachsenen“, hinter dem das die ganze Gesellschaft erfassende bzw. umfassende Ideal der Jugend steht: Kleine Kinder wollen immer früher wie Jugendliche leben, sich kleiden, konsumieren, lesen und fernsehen, und auch die Erwachsenen wollen möglichst noch lange wie Jugendliche aussehen und ihre Freizeit verbringen.

Weil moderne Kinder – vor allem in Großstädten und in sozial benachteiligenden Trabantenstädten sowie Gebieten des sozialen Wohnungsbaus – nicht mehr ausreichend Erfahrungen mit Klettern, Schaukeln, Rutschen, Hüpfen, Balancieren, Matschen und Rückwärtsgehen machen, können sie teilweise auch gar nicht mehr rückwärts gehen, so daß sie auch außerstande sind, rückwärts zu zählen. Die Rechenschwäche, auch Dyskalkulie genannt, hat deshalb stark zugenommen und in manchen Regionen schon die Legasthenie, also die Lese-Rechtschreib-Schwäche, überholt. Kinder, die zu wenige Erfahrungen mit Bewegungen, mit Koordination, mit Zahligkeiten, mit verschiedenen Materialien (Glas, Metall, Holz, Stein, Schlamm, Matsch, Lehm, Wasser) gemacht haben, die zu selten mit anderen Jungen und Mädchen gespielt, gerangelt, getobt und gebastelt haben, müssen heute die nicht gehabten Sinneserfahrungen künstlich in der Schule nachholen, und zwar in der Turnhalle durch das, was wir „psychomotorisches Extraturnen“ nennen. Schaukeln, Rutschen, Balancieren, Klettern, Rollen und soziale Körperkontakte werden dort nachgereicht, und zwar durch Therapeuten, wie sie das Hamburger Institut für Kinderentwicklung der Kinderärztin Inge Flehmig anbietet. Psychomotorisches Extraturnen wird bereits an einigen Schulen in den Stundenplan hineingemogelt, vor allem montags, und über Krankenschein abgerechnet.

Die Zunahme von Sinnesschwächen und damit von Verhaltens- und Schulleistungsstörungen bei Kindern kann man allein schon daran ablesen, daß das Institut für Kindesentwicklung mittlerweile mehrere Außenstellen mit über 100 Mitarbeitern hat, die etwa 1000 Kinder betreuen; noch mehr Kinder stehen auf Wartelisten.

Inge Flehmig faßt den Zustand der sinnesgeschwächten Kinder wie folgt zusammen:

„Vielen Kindern fehlt heutzutage die körperliche Reife für die

Schule. Sie klettern nicht mehr auf Bäume und matschen nicht mehr im Dreck. Das Zusammenspiel der Sinne, also auch das von Körper und Intellekt bzw. von Kopf, Herz und Hand, ist oft so sehr aus dem Gleichgewicht geraten, daß abstrakte Inhalte wie in der Mathematik nicht mehr begriffen werden."

Mütter, die, in gewisser Weise nachvollziehbar, in der für Kinder gefährlichen Umwelt jedes Risiko zu vermeiden trachten, fördern noch die Sinnes-, Bewegungs- und Koordinationsschwächen ihrer Kinder; sie lassen ihre Kinder nicht mehr so gern draußen spielen, wo sie schnell Opfer von Jugendgewalt, von sexuellen Übergriffen, von „Mitschnackern" und von rasenden Autos werden können.

Sie sind ganz froh, wenn ihr Sohn oder ihre Tochter „vor der Glotze sitzen", anstatt zwischen Autoblech zu spielen. Kinder müssen aber gewagt werden, um über Gefahren lernen zu können. Es ist falsch, jedes Klettern und Matschen mit der Angst vor Unfällen oder vor Schmutzigmachen zu unterbinden; denn wer die vielen kleinen Risiken des Lebens verhindern will, fördert, daß das Kind eines Tages Opfer eines großen Risikos wird. Wer Kindern jeden Stein aus dem Weg räumt und wer ihre Stürze vermeiden will, sorgt dafür, daß sie nicht lernen, geschickt zu fallen, sich mit den Armen abzustützen oder ihr Fahrrad im Notfall auch mit einer Hand zu lenken.

Noch vor acht Jahren konnten kleine Kinder im Schnitt hundert Meter weiter laufen als heute, und sie hatten wesentlich mehr Sprungkraft als jetzt; damals konnten sie müheloser über einen umgestürzten Baum klettern und auch geschickt mit Bällen und Hämmern umgehen. Zur Zeit explodieren die Unfallzahlen bei Kindern; sie werden zappeliger, also hyperaktiver, weil sie so selten angeregt werden oder Anlaß haben, ihre motorischen Bedürfnisse sinnvoll zur Entfaltung ihrer Kräfte zu kanalisieren. Kinder müssen schon früh herausgefordert werden, geschickter, schneller und stärker zu werden, sie müssen früh an den Umgang mit Gefahren, aber auch an Nähe und Hautsinneserfahrungen gewöhnt werden; es muß ihr bloßes Zuhörenkönnen durch viel Vorlesen und Erzählen sowie durch zahlreiche Gespräche gefördert werden, damit sie das Wort nicht nur in Kombination mit dem Bild wahrzunehmen vermögen.

Unsinnigerweise fördert der Schulsport durchweg die bewegungs- und koordinationskompetenteren Schüler und koppelt diejenigen mit den Bewegungsdefiziten ab. Gerade die sportlich Schwächeren haben aber eine intensive Bewegungserziehung besonders nötig; moderner Sportunterricht sollte daher weniger Spitzensport als Breitensport sein, nur dann kann er kompensatorisch etwas bewirken. Viele Schulen haben das schon erkannt, und sie haben deshalb die Vorbereitung auf die sommerlichen und winterlichen Bundesjugendspiele durch psychomotorisches Spezialturnen ersetzt, das letztendlich auch gegen Rechen- und Lese-Rechtschreib-Schwäche wirkt.

Wenn Grundschüler im Mathematikunterricht unruhig werden oder gähnen, dann liegt das einerseits an ihrer falschen, zuckerreichen Ernährung bzw. daran, daß sie „ungefrühstückt" zur Schule kommen, andererseits aber auch daran, daß sie mittlerweile sowohl zu Hause als auch in der Schule vor allem sitzend konsumieren. Bewegungsspiele, die den Rechenunterricht für zehn Minuten unterbrechen, sind daher ein gutes Mittel, Wahrnehmungs- und Konzentrationsfähigkeit wiederherzustellen und durch Koordinationsschwächen bedingte Schülergewalt zu reduzieren.

Denn eine Ursachenkonstellation für Gewalt ist, daß kleine Kinder, die mit einem Mangel an Bewegungserfahrungen aufgewachsen sind, Kräfte, Geschwindigkeiten und Zielrichtungen ihrer Handbewegungen nicht angemessen einschätzen können, so daß ihr Klaps auf den Arm des anderen Kindes zu einem allzu starken Schlag auf das Ohr mißlingt, mit dem das Opfer dann strauchelt, auf die Tischkante schlägt und schließlich am Kopf blutet. Spätestens, wenn dem Opfer solches fünfmal widerfahren ist, beginnt es, sich ebenso deutlich zu wehren, so daß die schlagfertige Interaktion in der Kindergartengruppe zu einem alltäglichen Behauptungs-, Durchsetzungs- und schließlich Kommunikationsmittel wird. Über Gewöhnung an drastische Interaktionen schraubt sich somit nach und nach die „Spirale der Gewalt" nach oben; sie setzt sich dann in der Grundschule fort und mündet schließlich als rangordnungsbildendes Mittel in mißliche Jugendkultnischen und in die Gesamtgesellschaft ein.

12. Gewalt durch Körpersprache

Im Grunde ist jede Art von Gewalt eine übersteigerte, unter kultivierten Menschen nicht erforderliche Art von Sprache. Wenn das Verbale nicht ausreicht, um sich verständlich zu machen, zu überzeugen oder seine Ziele durchzusetzen, dann wird Nonverbales hinzugefügt; dazu gehören alle körpersprachlichen Weisen wie

- Schreien, Schweigen, Ignorieren, drohende Variationen in der Stimmführung und gekränkter Rückzug,
- Ironie, Sarkasmus oder direkt beleidigende bzw. verletzende Kraftausdrücke, die in Kurzform Enttäuschung, Betroffenheit, Resignation oder Aggressionsstau verdeutlichen sollen, indem sie nicht wörtlich gemeint sind, sondern nur eine Funktion haben („Ficker“, „Schlange“, „Dummkopf“, „für'n Arsch“ ...),
- selbstzerstörerischer Protest bzw. Widerstand („kann ich nicht“, „mich hat doch keiner lieb“, „weiß ich nicht“, „such Dir 'nen anderen Neger!“),
- drohende Mimik und einschüchternde Gestik (wie der „Fuck-Finger“ oder die geballte Faust),
- pantomimische Beleidigungen (wie das Zeigen des „Vogels“),
- das Schlagen, Treten, Würgen und Spucken sowie der sexuelle Übergriff als körperliche Gewaltformen,
- das Einschüchtern und das Abpressen durch das verbale Ankündigen von Gewalt,
- das Bedrohen mit und das Benutzen von Waffen als höchste Stufe des denkbaren Einsatzes von Gewalt gegen Menschen (aus Rache, zur Bereicherung, zur sexuellen Triebbefriedigung),
- Psychoterror als Gewalt gegen die Seele, um das Gegenüber durch den Aufbau von Ängsten fertigzumachen,
- und die Gewalt gegen Sachen, die im Sinne eines Kompromisses zwar Gesundheit und Leben anderer respektiert, andererseits aber dennoch Aggressionen nach außen freisetzt; die Sachen haben dabei oft eine Stellvertreterfunktion, denn eigentlich ist der Mensch selbst als Aggressionsopfer gemeint (Zerbiegen von Kleiderhaken, Hauen auf den Tisch, Werfen mit Tellern, Besprühen und Bekritzeln von Wänden, Zerstören von Telefonzellen, Aufschlitzen von Sitzen in Bahnen und Bussen, Sprengsätze gegen Schulgebäude).

- Wenn neben dem Tabu der Körperverletzung erziehungsbedingt auch noch das Tabu der Sachbeschädigung im Täter greift, richtet er im Sinne von Autoaggressionen die Gewalt gegen sich selbst, obwohl er einen anderen Menschen oder ein System meint (Beleidigtsein, Weglaufen, Sich-Einschließen, psychosomatische bzw. vegetative Erkrankungen, Nägelkauen, Bettnässen, Asthma, Selbstverletzungen mit Rasierklingen, Suizidversuch, Alkoholabusus).

Körpersprache ist die Ergänzung oder Erhöhung von Verbalverhalten; sie wird aus Hilflosigkeit oder Verzweiflung und aus Gewöhnung durch Erfolge mit ihr eingesetzt; ihr Gewaltanteil entspricht dem Maß der inneren Not des Senders dieser Aggressionen.

Wir bejahen den Ergänzungscharakter der Körpersprache bei positiven Entäußerungen wie Lächeln, Zärtlichkeiten, Weinen, Umarmungen, mutmachendem Klopfen auf die Schulter, Trösten oder Jubeln.

Wir beklagen die „feine englische Art" mit „Pokerface", bei der Kommunikation allein auf das kultivierte Sprachverhalten vertraut, bei der der Körper vollständig zur Enthaltsamkeit in bezug auf alle denkbaren Regungen gezwungen wird; wir bedauern die emotionslosen, fast toten Gesichter, die morgens im dichten Gedräge von öffentlichen Verkehrsmitteln ins Nichts starren. Wir sollten also akzeptieren, daß das ganze denkbare Spektrum von Körpersprache im Hinblick auf Deutlichkeit situationsangemessen zum Tragen kommen darf, daß also Männer auch weinen dürfen, wenn ihnen danach ist, daß Lehrer lachen dürfen und daß kleine Kinder auch einmal vor Wut auf den Boden stampfen oder vor Verzweiflung am Rock der Mutter zerren dürfen.

Körpersprache an sich ist nicht zu verpönen; Mimik und Gestik bereichern die Kommunikation; auch Charme ist Kindern als Kampfmittel zur Durchsetzung von Interessen zu gestatten.

Wenn Körpersprache aber über die Aspekte kommunikative Bereicherung und Verdeutlichung hinausgeht, wenn sie mit Gewalt zerstört oder verletzt, muß sie pädagogisch verhindert werden, durch Grenzsetzungen, durch Sanktionen, durch Täter-Opfer-Ausgleich, durch Zurückweisungen, durch alternative Vorbilder, vor allem aber durch eine Verbesserung der Verbalkompetenz. Je besser Kinder mit Sprache umgehen können, desto eher sind sie bereit, auf den Einsatz körperlicher Gewalt zu verzichten, weil sie lernen, daß sie auch mit Argumenten und – im Notfall – mit dem Wort als Waffe sich wehren, sich behaupten und ihre Ziele durchsetzen können, sofern ihr Ansinnen nicht unsittlich ist.

13. Gewalt in Familien und die gewaltfördernde Rolle der Väter

In der Familie als Primärinstitution für die Sozialisation des Kindes beginnt die Gewalt. Sie kann sich höchst unterschiedlich und mit variierenden Faktorenkonstellationen darstellen:

- Viele Kinder werden unerwünscht geboren oder stellen sich nach der Geburt als störend, also als nicht in den Lebenszusammenhang der Eltern passend dar.
- Bei Erstgeborenen machen die Eltern oft noch viele Erziehungsfehler, die bei den folgenden Kindern vermieden werden.
- Mittlere Kinder in einer Geschwisterkette werden vielfach gegenüber den Erstgeborenen, die die Kronprinzen- oder Erbenrolle haben, und den letztgeborenen „Nesthäkchen“ benachteiligt.
- Jungen werden gelegentlich vor Mädchen bevorzugt, ihnen bleibt die Mithilfe im Haushalt erspart, sie bekommen eine höhere Bildung, oder die Mädchen sind als pflegeleichter erwünschter.
- Verplante Kinder, für die schon bei der Geburt feststeht, daß sie einmal Abitur machen und studieren sollen, daß sie Klavier, Violine, Hockey, Tennis oder Reiten lernen sollen, die mit Auslands- und Eliteinternatsaufenthalten drangsaliert werden, die statt mit der elterlichen Liebe mit der einer Gouvernante versorgt werden, leiden häufig unter den Übererwartungen der Eltern, unter asketischen Bildungsidealen und unter damit verbundenen Versagenserlebnissen, weil sie nicht unbedingt zu dem altsprachlich-humanistischen Profil und den hohen Anforderungen passen, die den Eltern vorschweben.
- Einzelkinder leiden manchmal unter dem Fehlen von sie von Familienproblemen entlastenden und gemeinsames Spielen ermöglichenden Geschwistern. Sie müssen allzuoft ein Stück weit Partnerersatz für ihre alleinerziehenden Mütter sein.
- Scheidungskinder leiden meist nicht so sehr unter der Zeit nach der Scheidung als vielmehr unter den schlimmen Streitereien der

Eltern vor der Scheidung. Wenn es mit der Scheidung der Eltern nicht zu einem gemeinsamen Sorgerecht kommt, erweisen sich Besuchsregelungen mit dem nicht mehr in der Familie vorhandenen Elternteil durchweg als mißlich, weil sie meist starr durchgesetzt werden, selbst dann wenn das Kind keine Lust oder Zeit hat.

- Wenn bei geschiedenen Eltern der Vater die Kinder beispielsweise jedes zweite Wochenende sehen darf, repräsentiert er oft die „Rosinenseiten" der erzieherischen Aufgabenteilung mit dem Besuch von Freizeitparks, Restaurants und Kinos sowie lustbetontem oder gemütlichem Spielen, Fernsehen oder Sporttreiben, während die Mutter den Alltagsärger mit Ordnung, Pünktlichkeit, Hausaufgaben und Sauberkeitserziehung zu tragen hat. Die Bedeutung der elterlichen Rollen verschiebt sich dadurch in den Augen des Kindes.
- Wenn die Väter noch in der Familie vorhanden sind, entziehen sie sich vielfach ihren Fürsorge- und Erziehungsaufgaben, oder sie reichen in Kurzform überdosiert aus einem schlechten Gewissen heraus Erziehung bei ihrer seltenen Anwesenheit zu Hause oder beim Abendessen nach, so daß sie bloß als nörgelnde, Grenzfaktoren repräsentierende, kalte und deshalb angsteinflößende Erzeuger, nicht aber als liebevolle Väter in Erscheinung treten. Söhne solcher Väter vermissen oft eine angenehme väterliche Identifikationsfigur, die als Vorbild ihre Orientierung auf dem Weg nach einer positiven Männlichkeitsrolle erleichtern könnte.
- „Macho"-Väter – wie es sie gelegentlich in deutschen, vor allem aber in türkischen, arabischen, indischen sowie Roma- und Sinti-Familien gibt –, die ihre Ehefrauen als Haustiere und ihre Kinder als Sklaven verstehen, sorgen dafür, daß in ihren Söhnen ein Zuviel an brutaler Männlichkeit, aber ein Zuwenig an liebevoller Väterlichkeit wächst; sie tragen zur Reproduktion und zur Tradierung mißlicher, weil gewaltreicher Männlichkeitsideale bei.
- Die Zahl der „Schlüsselkinder", die von ihren Eltern überwiegend alleingelassen werden, steigt rapide. Allein für Hamburg wird ihr Anteil auf 50000 bis 80000 geschätzt. Eltern von Schlüsselkindern können meist keinen Kindergarten- oder Kindertagesheimplatz bezahlen, haben keine Tagesmutter finden

können und haben es nicht geschafft, ihren Sohn oder ihre Tochter an einer Ganztagsschule oder in einem Hort unterzubringen.

- Etwa 1 Million Kinder werden jährlich schwer mit Gegenständen durch ihre Eltern geprügelt, hundert kommen dadurch zu Tode. 300000 werden so geschlagen, daß sie bleibende Schäden davontragen. Nach einer aktuellen Umfrage sind immer noch 70 Prozent aller Eltern bereit, ihre Kinder zu schlagen. Noch schlimmer sieht es in England aus; dort schlagen 91 Prozent aller Eltern ihre Kinder, 20 Prozent sogar schon vor Vollendung des ersten Lebensjahres. 50 Prozent der englischen Eltern haben zwar beim Züchtigen ihrer Kinder Gewissensbisse, halten aber solche Strafen dennoch für unverzichtbar. In Deutschland sind es „nur" 16 Prozent aller Familien, in denen Kinder geschlagen werden, bevorzugt übrigens mit der Hand, dem Stock oder dem Gürtel.
- Viele Kinder werden emotional mißhandelt, und zwar durch Liebes- oder Beziehungsverlust, durch Aussperren oder durch Ironie, Sarkasmus oder Nervenkrieg im Sinne von Psychoterror. Oft sind diese emotionalen Gewalttaten der Eltern schwerwiegender in den Folgen als körperliche Schläge, denn sie führen zu langwierigen psychischen Störungen, zu schweren Neurosen oder zu psychosomatischen Störungen im Sinne von Autoaggressionen, manchmal auch zu manisch-depressiven oder schizophrenen Erkrankungen.
- Nach Einschätzung der Bundesärztekammer werden 21 Prozent aller Mädchen in Deutschland unter 16 Jahren und 6 Prozent aller Jungen sexuell mißbraucht. Laut einer Übersicht des Bundeskriminalamtes kamen 1992 ungefähr 50000 Fälle zur Anzeige, die Dunkelziffer liegt jedoch fünfmal höher. Die Täter kommen zu 70 Prozent aus dem familiären Umfeld, meist ist es der Vater oder der Bruder, nur sehr selten ist es die Mutter.
- Weil Väter sich in der Erzieherrolle oft für belächelt halten, weil sie ihnen lästig ist, weil sie sie für unwürdig halten oder weil sie sie im Sinne einer elterlichen Arbeitsteilung bewußt der Mutter zuspielen wollen, verstecken sie sich gern hinter ihren beruflichen, politischen, verbands- oder vereinsmäßigen Aufgaben, also im Büro, in der Partei, im Clubhaus, auf Tagungen, Kongressen und Messen oder hinter der Rolle des Haushaltsvor-

standes, der das Geld herbeischafft. Sie gehen lieber zu Herrenabenden statt zu Elternabenden.

- Frauen haben es mit den beiden Emanzipationsbewegungen Ende des letzten Jahrhunderts und nach 1968 mittlerweile ganz gut verstanden, ihre klassische Mutterrolle als gebärendes, kochendes, einkaufendes, waschendes, Kinder großziehendes und seinem Mann zu Diensten stehendes „Hausmütterchen" um die herkömmlichen männlichen Rollenanteile zu erweitern. Erzieherinnen, Lehrerinnen und Mütter können immer häufiger auch väterlich, fordernd, in die Zukunft und in die weite Welt hineinführend und in der beruflichen oder politischen Karriere erfolgreich sein. Ihnen gelingt daher das Erzieherische objektiv gesehen durchweg besser als den Männern. Nur subjektiv aus der Sicht des Kindes gesehen nützt das häufig nichts. Denn auch wenn die Mütter, Erzieherinnen und Lehrerinnen fast alles richtig machen, hat der kleine Junge, der mit einer Mutter, einer Schwester, einer Großmutter und nacheinander mit mehreren Lehrerinnen aufwächst, das Gefühl, daß ihm eine Vaterfigur als Bezugsperson fehlt. Wenn sie sich ihm aber in seinem Lebenszusammenhang nicht konkret anbietet, muß er auf Vaterfiguren auf dem Bildschirm oder in den Jugendgruppen seiner Nachbarschaft zurückgreifen, um sich in bezug auf Männlichkeitsideale orientieren zu können. Was ihm da aber angeboten wird, ist meist äußerst mißlich, so daß ein solcher Junge mit einem Zuviel an brutalen Männlichkeitsidealen aus Wrestling-Sendungen, auch coltreichen Western, aus Krimis, Action-, Söldner-, Ninja-, Kung-fu- oder Karatefilmen und aus gewaltreichen Jugendkultnischen versorgt und eventuell auch geprägt wird.
- Die Männer haben dagegen nicht in gleicher Weise ihre Rolle um klassisch mütterliche Anteile erweitert, und sie können es im Moment tragischerweise auch gar nicht. Im Zuge der Gewaltdiskussion, in der es ja auch um sexuelle Übergriffe gegenüber Kindern geht, sind sie mehrheitlich auf dem Rückzug, was Emotionalität und liebevollen Körperkontakt zu ihrem Kind anbelangt. Aus Angst davor, als schwul, pädophil oder zu weich interpretiert zu werden, halten sie sich lieber ganz zurück, so daß bei immer mehr Kindern die emotionale Zuwendungsbilanz nicht mehr stimmt. Nur die kraftstrotzenden, fordernden und Grenzen setzenden Anteile von „coolem" Männlichkeitsverhalten kommen

in ihrer erzieherischen Zuwendung noch zum Tragen, und die wirken sich indirekt als gewaltfördernd aus. Männliche Lehrerstudenten sind beispielsweise im Rahmen von Sozialpraktika, in denen sie in Heimen, in Ferienlagern oder auf Klassenfahrten tätig sind, bei weitem nicht mehr so zum Körperkontakt bereit wie noch vor zehn oder fünfzehn Jahren.

Väter, Erzieher und Lehrer müssen also dringend ermuntert werden, auch ihre emotionalen Persönlichkeitsanteile wieder in die Erziehung einzubringen, sie müssen zu positiven Formen des Körperkontaktes, also zum Trösten, Schmusen, In-den-Arm-Nehmen, Balgen, Küssen und auch Kuscheln animiert werden, wenn der „Spirale der Gewalt“ Einhalt geboten werden soll. Aber auch die Öffentlichkeit muß zur Differenzierung fähig gemacht werden, zwischen den schlimmen, die Persönlichkeit des Kindes nachhaltig schädigenden sexuellen Mißhandlungen und den für eine gewaltminimalisierende Sozialisation so unverzichtbar wichtigen Zärtlichkeiten zu unterscheiden.

Alle genannten Spielarten von familiärer Gewalt, zu denen noch die von Geschwistern und die durch den übertriebenen Bildschirmkonsum, der in der Familie üblich ist, ausgehende Gewalt ergänzt werden muß, bekommt die Familie meist vom Kind zurück, und zwar indem es kaum noch zu Hause sein mag, indem es vorzeitig auszieht, indem es sich verfrüht an einen Freund oder eine Freundin bindet, indem es, noch zu jung, schon sexuelle Kontakte außerhalb der Familie pflegt oder gar auf den Strich geht, indem es in Rauschbedürfnisse abdriftet, indem es suchtkrank, neurotisch oder psychisch krank wird, indem es in der Schule oder in der Ausbildung versagt, indem es in die Kriminalität abdriftet oder indem es sich innerlich so stark vom Elternhaus löst, daß es nach seinem Verlassen in eine andere Stadt oder in ein anderes Land geht und fortan jeden Kontakt zu Vater und Mutter meidet, oft für immer.

Einige Eltern bekommen ihren Terror, ihre Hilflosigkeit, ihren Zeitmangel, ihre Lieblosigkeit, ihr Problembelastetsein oder ihre Unstetigkeit bzw. Inkonsequenz, ihren Verzicht auf den Aufbau von Normen und Werten oder ihren Mangel an Grenzsetzungen jedoch schon sehr früh zurück. Sie werden von ihren Kindern geschlagen, belogen, beklaut oder erpreßt, sie werden mit Schreikrämpfen, Faustströßen, geworfenen Tellern, mit absichtlich umgekippten vollen Gläsern, mit Essen, das durch das Wohnzimmer geschleudert wird, und mit permanenter trotziger Verweigerung bekämpft, manchmal auch mit Anspucken, schweren Tritten und Feuerlegen oder gar – in besonders horrorgeplagten Familien – mit Suizid- oder Mordversuchen.

Familiäre Gewalt gegenüber Kindern hat auch eine juristische Dimension, die das Bundesjustizministerium verändern will:

Bundesjustizministerin Sabine Leutheusser-Schnarrenberger will die Rechte nichtehelich geborener Kinder und ihrer Eltern stärken. Auch sollen ein gemeinschaftliches Sorgerecht der Eltern und ein besseres Umgangsrecht für Väter gesetzlich verankert werden. Zudem soll die Mutter eines nichtehelichen Kindes vom Vater künftig drei Jahre lang statt bisher ein Jahr lang Betreuungsunterhalt erhalten.

In der angestrebten Reform des Kindschaftsrechts sind für eine Gleichbehandlung der Kinder 4000 Vorschriften zu prüfen.

Hintergrund ist, daß im Jahr 1992 in den alten Bundesländern von rund 720 800 Kindern etwa 83 500 (das sind knapp zwölf Prozent) nichtehelich geboren wurden. In den neuen Bundesländern waren von 88 300 Geburten 36 900 und damit etwa 41 Prozent nichtehelich.

Im einzelnen sollen folgende Rechtsbereiche neu geregelt werden:

– Abstammungsrecht: Wird ein Kind nach einer rechtskräftigen Scheidung geboren, soll nicht mehr automatisch unterstellt werden, daß der geschiedene Ehemann auch der Vater des Kindes ist. Ihm soll dafür die Möglichkeit gegeben werden, seine eigene Vaterschaft anzuerkennen. Auch die Mutter soll künftig berechtigt sein, eine Vaterschaft anzufechten. Kindern wird ein erweitertes Recht eingeräumt, ihre wahre Abstammung zu erfahren.
– Sorgerecht: Angesichts von etwa 100 000 „Scheidungskindern“ pro Jahr soll das gemeinschaftliche Sorgerecht die Regel sein, falls nicht ausdrücklich ein Antrag auf Alleinsorge gestellt wird. In „Angelegenheiten des täglichen Lebens“ entscheidet allerdings nur der Elternteil, bei dem sich das Kind „rechtmäßig“ aufhält.
– Umgangsrecht: Den Vätern ehelicher wie nichtehelicher Kinder soll ein generelles Umgangsrecht mit ihren Kindern eingeräumt werden. Es kann nur eingeschränkt werden, wenn dies zum

Wohl des Kindes erforderlich ist. Eventuell sollen auch Groß-, Stief- und ehemalige Pflegeeltern einbezogen werden.
- Unterhaltsrecht: Die Mutter eines nichtehelich geborenen Kindes soll künftig vom Vater drei Jahre lang einen Betreuungsunterhalt verlangen dürfen. Die Höhe der Unterhaltsansprüche nichtehelicher Kinder soll denen ehelich geborener Kinder gleichgestellt werden.
- Anwalt des Kindes: Auch Bezugspersonen oder Kinderpsychologen sollen künftig bei Vormundschafts- und Familiengerichten die besonderen Belange des Kindeswohls vertreten können und nicht unbedingt nur geschulte Rechtsanwälte.

14. Gewalt durch Geschwisterlosigkeit

Kinder brauchen verschiedene Arten von Bezugspersonen. Herman Nohl hat Anfang der 30er Jahre einmal zusammengestellt, daß Kinder das Mütterliche, das Väterliche, das Großmütterliche, das Großväterliche und das Freundschaftliche benötigen, um zu gedeihen. Er hat dabei diese Kategorien formal und nicht wörtlich gemeint, wie man daran sieht, daß er Johann Heinrich Pestalozzi als den typisch mütterlichen Erzieher bezeichnet hat. Im übrigen ist es möglich, daß mehrere dieser Rollen in einer Person, also beispielsweise in der Mutter vereinigt sein können:
- Mit dem Mütterlichen meinte er das an der leiblichen Versorgung des Kindes Orientierte, das es Beschützende, und zwar in der Wohnstubenatmosphäre, und das das Kind eher jünger, als es ist, Behandelnde.
- Das Väterliche steht für das in die weite Welt und in seine Zukunft Führende, für das Fordernde, für Grenzerfahrungen, aber auch für das das Kind eher älter, als es ist, Nehmende.
- Das Großmütterliche repräsentiert das Einführen in Normen und Werte, in das Religiöse, in Sitten und Bräuche, beispielsweise über das Erzählen von Märchen oder das Vorlesen aus der Bibel.
- Das Großväterliche meint das Hinführen zur Lebenstüchtigkeit, zum taktischen Verhalten und zur Weisheit durch Berichten von ausgestorbenen Handwerken wie dem des Hufschmiedes oder von Kriegserlebnissen.

– Das Freundschaftliche schließlich steht für das Bedürfnis nach gleichaltrigen Bezugspersonen, die aber nur in ihrer Einstellung zum Kind „gleichaltrig", also Gleichberechtigung repräsentierend, sind; das können demnach auch Lehrer sein.

Neuerdings müssen zwei Bezugspersonenbedürfnisse von Kindern ergänzt werden, die zu Zeiten Nohls noch nicht so bedeutsam waren:

- Jeder junge Mensch braucht auch den Fachmann für besondere Interessen, Fähigkeiten oder Sportarten, also den Computer- bzw. Informatikspezialisten, den Surf- oder Skateboard-Trainer oder den Karatelehrer.
- Zu Beginn dieses Jahrhunderts hatte eigentlich jedes Kind Geschwister; heute wachsen dagegen viele Kinder geschwisterlos, also als Einzelkinder auf, so daß es ihnen an Spiel- und Gesprächskameraden, an entlastenden Bezugspersonen, mit denen sie ihr Leid teilen können, wenn die Eltern sich streiten, mangelt, so daß sie aber auch überfordert werden, wenn sie als partieller Partnerersatz einer alleinerziehenden Mutter im Rahmen einer Kleinstfamilie herhalten müssen.

Geschwisterlosigkeit kann sich als Gewaltfaktor auswirken, wie Job Metsemakers von der niederländischen Universität Limburg ausgezählt hat. Er untersuchte 5943 Familien, die bei 47 Allgemeinärzten in Behandlung waren. 50 Prozent der Gesundheitsprobleme traten bei Einzelkindern auf und nur 10 Prozent bei Familien mit drei und mehr Kindern.

Und eine dänische Studie belegt, daß Einzelkinder häufiger unter Übergewicht, also unter Autoaggressionen, leiden als Geschwisterkinder.

15. Gewalt im Kindergartenalter

Deutschlands Kindergärtnerinnen klagen, die 3- und 4jährigen würden immer aggressiver; brutale Schläge und Quälereien erschwerten die erzieherische Arbeit. Auf der Suche nach den Ursachen taucht die altbekannte These auf, daß niemand Täter wird, der nicht Opfer war:

Viele Kinder werden unerwünscht geboren oder stellen sich als störend heraus – für die Mutter oder den Vater oder für den Freund der Mutter.

Bei Mangel an Liebe, Zeit, Ansprache, Körperkontakt, Zuhören und gemeinsamem Spiel versuchen kleine Kinder zunächst, mit ihren noch dürftigen sprachlichen Mitteln besonders schnell zu reden, um in möglichst kurzer Zeit möglichst viel Aufmerksamkeit und Zuwendung zu gewinnen; darin liegt eine Ursache des Stotterns.

Da sie damit aber bei streßgeplagten, unzufriedenen und erschöpften Eltern kaum Erfolg haben, weichen sie rasch auf deftige Ein-Wort-Sätze, angereichert mit Floskeln aus der Fäkaliensprache, auf Schreien und Weinen sowie auf Körpersprache aus, zu der dann auch Spucken, Schlagen und Treten gehören. Mit Mimik, Gestik und Kraft erreichen sie eher etwas, so daß sie sich bald an diese Art der Kommunikation gewöhnen, die sie dann als bewährtes Instrument zur Durchsetzung und zur Behauptung in den Kindergarten mitbringen.

Dort treffen sie immer häufiger auf Kinder, die ebenfalls gelernt haben, daß Körpersprache Lebenstüchtigkeit erhöhen kann, so daß sie in der Spielgruppe schließlich zu einem hochanerkannten und rangordnungsbildenden Interaktionsmittel wird.

Immer mehr Kinder wachsen mit einem Mangel an Geschwistern und Spielgefährten auf, sie parken viel zu oft und zu lange als einsame Kinder vor dem Bildschirm, wo ihre Fernsinne Hören und Sehen überfordert werden.

Sie leiden unter Bewegungsdefiziten, es fehlen ihnen Erfahrungen mit Klettern, Schaukeln, Rutschen, Hüpfen, Balancieren und dem Umgang mit unterschiedlichen Materialien, so daß sie sinnesgeschwächt und koordinationsgestört sind. Sie vermögen Entfernungen und Geschwindigkeiten nicht richtig einzuschätzen und den Einsatz ihrer Kräfte nicht angemessen zu dosieren.

Sie können daher nicht mehr so ohne weiteres wie früher Rollschuhlaufen oder Fahrradfahren lernen, aber auch nicht einschätzen, wie stark ein Schlag oder ein Tritt wirkt. So verletzen sie andere zunächst immer wieder ungewollt, bis diese sich schließlich ebenso heftig wehren; auf solche Weise entwickeln sich rauhe Umgangsformen zur alltäglichen Kommunikation.

Kleine Kinder sehen gern Comic-Filme, in denen naturwissenschaftliche Gesetze weitgehend außer Kraft gesetzt sind: Ständig fallen dort wie bei „Road Runner“, den „Ninja-Turtles“ oder bei „Paulchen Panther“ Wesen aus 100 Meter Höhe zwei Meter tief in die Erde hinein, werden plattgewalzt und laufen sogleich danach unversehrt und lustig weiter. Gewalt bleibt in Comic-Serien durchweg ohne Folgen, so daß kleine Kinder mit ihnen ein völlig unstimmiges Weltbild vermittelt bekommen. Es setzt sie außerstande, sich in Opfer hineinzufühlen, geschweige denn ein Schuld- oder Unrechtsbewußtsein aufzubauen.

Der Gewalt sollten von Anfang an mit Deutlichkeit und mit Konsequenz Grenzen gesetzt werden. Sie muß stets verpönt werden. Vor allem sind ihr aber Alternativen des Sich-Wehrens vorbildhaft entgegenzusetzen, und das funktioniert am besten mit Hilfe von in Liebe eingebetteter, argumentierender Sprache.

Immer mehr Kinder wachsen mit einem Defizit an positiven Haut- bzw. Körperkontakten auf; vor allem Väter halten sich dabei allzusehr zurück. Eltern mit einem harten, kalten, emotionsarmen und stets nur fordernden Führungsstil voller Übererwartungen erziehen insbesondere Jungen zu aggressiven Wesen mit einem Übermaß an brutalen Männlichkeitsidealen.

Denn gerade Jungen bis zu etwa 10 Jahren brauchen besonders viel emotionale Zuwendung; sie benötigen für ihr Wohlbefinden und für ihre Orientierung an der Rolle des Mannes ein hohes Maß an liebevoller Väterlichkeit. Väter müssen zum Kuscheln, zum In-den-Arm-Nehmen, zum Trösten und zum Streicheln ihrer Kinder ermuntert werden.

In vielen Familien sind Materialismus, Besitz und Konsum zu überhöhten Werten geworden. Wer aus Streß, Erschöpfung oder Sorgen heraus kleine Kinder, die auf der Suche nach Geborgenheit, Wärme, Zuspruch und Zeit des Zusammenseins sind, statt dessen mit Nahrung, Spielzeug oder Geld abspeist, bringt ihnen schon früh bei, daß das eigentlich Gemeinte auch stofflich ersetzt werden kann; er begünstigt damit ein späteres ersatzbefriedigendes Rauschbedürfnis und Suchtverhalten bis hin zur Eß- oder Kaufsucht, zum Alkoholismus und zur Tabletten- sowie Drogenabhängigkeit.

Geschenke an Kinder müssen Liebe verdeutlichen, sie dürfen jedoch nie anstelle von Liebe gemacht werden.

Eines ist jedenfalls sicher: Kinder, die weder mit zuwenig noch mit zuviel Liebe, Körperkontakt, Zeit, Ansprache, Zuhören, Spiel, Forderungen und Grenzen aufwachsen, geraten im allgemeinen weniger gewalttätig als andere.

Leiterinnen von Kindergärten stellen fest: „Die Kinder sind sehr viel aggressiver als früher und tragen ihre Konflikte immer brutaler aus." – „Das hat nichts mehr mit den Kloppereien von früher zu tun. Es hat Ausmaße angenommen, die nicht mehr normal sind."

Klaus Hurrelmann von der Universität Bielefeld hat ausgezählt, daß bundesweit bereits 5 Prozent der 3- bis 6jährigen gewalttätig sind, in Ballungsgebieten und Problemstadtteilen liegt die Quote oft sogar schon über 20 Prozent. Deshalb hängen zur Zeit immer mehr Kindergärtnerinnen aus Hilflosigkeit dem neuen Phänomen gegenüber ihren Beruf an den Nagel. Und 63 Prozent der vorhandenen Kindergärtnerinnen und Erzieher erwägen diese „Lösung", weil sie für die neuen Herausforderungen auch noch besonders schlecht bezahlt werden und weil die Kindergartengruppen unzeitgemäß groß sind. Mindestens 36000 Stellen für Kindergärtnerinnen müssen nach Berechnungen des Deutschen Städtetages zu den 365000 vorhandenen noch neu geschaffen werden, um die „Überlastfrequenz", die zur Zeit herrscht, wenigstens halbwegs abbauen zu können.

Nach einer Studie von Johann Peter Gleich von der Katholischen Fachhochschule Köln liegt eine Begründung für die Aggressionseskalation in Kindergärten in dem umfangreichen Gewaltkonsum der Kleinen per Bildschirm. Bereits 5jährige sehen bis zu 70 Morde am Tag und bis zu 2700 Gewaltszenen pro Woche über die „Glotze", die für sie oft Weltersatz ist, so daß sie ohne innere Distanz beim Zugucken die Bildschirmwelt für das wirkliche Leben halten, an dem sie ihr Verhalten ausrichten, bis sie schließlich wie „kleine Kampfmaschinen " wirken, wie eine Erzieherin aus Rheinland-Pfalz die Auswirkungen von Wrestling-Sendungen, von Turtles-, He-Man-, Reality-Show-, Bud-Spencer- und Terence-Hill-Konsum beschreibt. Erfahrungen aus zweiter Hand aus der Video-, Fernseh- und Computerspielwelt ersetzen allzuoft das eigene Erleben und werden deshalb Anlaß für Imitationslernen; die Helden der Filme sind die Modelle für das eigene Handeln in Konfliktsituationen geworden. Über Gewöhnung an solche Interaktionsmuster wächst dann die Gewaltspirale schon viel zu früh, denn auch die Opfer von Spucken, Treten, Schlagen und Würgen müssen die von ihnen erlebten rauhen Kommunikationsweisen pflegen, um sich auf Dauer wehren und behaupten zu können und um in der Rangordnung der Gruppe nach oben kommen zu können. Schließlich bringen sie dann ihr Gewaltpotential in die Grundschule mit, und wenn deren Lehrer dann etwas dagegen tun wollen, ist es entweder schon zu spät, oder es muß ein mehrfach größerer Reparaturaufwand betrieben werden, als würden alle Eltern, Kindergärtnerinnen, Erzieher und Vorschulpädagogen mit hoher Präventionskompetenz sämtliche Anzeichen von Gewalt schon im Keime ersticken und verpönen.

16. Gewaltreiches Spielen

Spiel ist für Kinder Ernst. Mit ihren Spielen reproduzieren sie die Erwachsenenwelt, wie sie sie wahrnehmen und verstehen; sie erproben damit wie Hundewelpen ihre Möglichkeiten und Grenzen, sie variieren Situationen und testen Alternativen aus. Im Spiel können Kinder die Anteile von Leistung, Streß, Sozialverhalten und Muße selbst bestimmen, sie können wie beim Modelleisenbahn-, Auto- oder Puppenspielen um Ordnung, um Altruismus bemüht sein, aber auch um Zerstörung und Chaos.

Manche Kinder können gut allein spielen, manche besser mit anderen Jungen und Mädchen; viele haben das aktive Spielen ganz verlernt, weil sie nur noch passives Konsumieren von Bildschirmereignissen oder elterlichen Animationen gewöhnt sind.

Kinder spielen in unterschiedlichen Trendphasen Unterschiedliches gern. Die Spielzeugindustrie und die Werbeblöcke in Unterhaltungssendungen für Kinder des Fernsehens steuern ihre Spielwünsche dabei entscheidend mit.

Mal ist es technisch perfektes Gerät, das kaum noch Möglichkeiten der Entfaltung der eigenen Kreativität zuläßt, dann sind es wieder Bauklötze, Stabilbaukästen oder Lego-Steine, die die Phantasie herausfordern, mal sind es Alf-Puppen, dann wieder Barbie-Puppen oder Dinos, dann Computerspiele, die durchaus nicht ausschließlich schlimm sind, sondern gelegentlich auch die positiven Merkmale von Spielgeräten haben und Kreativität sowie Phantasie herausfordern.

Kriegsspielzeug, Zinnsoldaten, Spielzeugpistolen und ähnliches sind bei vielen Eltern und Pädagogen aus friedenserzieherischen Gründen verpönt, weil sie meinen, so etwas wie Lust auf kriegerische Lösungen von Konflikten werde dadurch gefördert. Man müßte mit dieser Argumentation dann auch das Kaufen von Spielzeugautos untersagen, denn auch sie könnten zum Rasen, zum Überfahren und zum Mißachten der Straßenverkehrsordnung verleiten. Mit Spielzeuggewehren allein werden allerdings keine Mörder erzogen, und die gewaltsame Lösung von Konflikten kann auch mit Stöckern, mit „Räuber und Gendarm" und mit Indianerspielen geprobt werden.

Im Moment sind große Plastikgewehre „in", die einen riesigen Wasserspeicher haben, aus dem langandauernd und mit großer Energie ein starker und relativ genau treffender großer Wasserstrahl auf Menschen gerichtet werden kann. Bundesinnenminister Manfred Kanther will gerade die bei vielen Kindern und Jugendlichen beliebten „Todesspiele" in „Laserdromen" verbieten lassen, weil er sie für „pervers" hält. Bei diesem Gerät können die Kontrahenten mit Laserpistolen aufeinander schießen, um den Gegner möglichst realistisch zu „töten": sie sind computerähnlich gebaut und geben dem Schützen ein Feed-back, also Informationen über den Schießerfolg.

Die moralischen Schäden dieses Spielwerkzeugs sind jedoch wesentlich geringer einzustufen als diejenigen, die beim Sehen von Wrestling-Shows, von Comic-Filmen, Horror-Videos und Söldner-Filmen sowie beim Gucken von Nachrichtensendungen mit verheerenden Szenen aus dem Bosnien-Krieg, aus den Hungergebieten Somalias oder den Flüchtlingslagern in Ruanda entstehen.

Merkwürdig ist übrigens, daß Kinder immer gerne das spielen, worunter sie besonders stark leiden. Das Spiel ist für sie offenbar eine Möglichkeit, starke Eindrücke, Angst und Trauer zu verarbeiten. So haben Kinder in Sarajevo und in Somalia während der schlimmsten Kriegsexzesse am häufigsten selbst Krieg gespielt; und sexuell von ihren Vätern mißbrauchte Kinder spielen bei der Gestaltung von Familiensituationen im Rahmen von „Szeno-Tests", wie sie ihnen in psychologischen, kinderärztlichen oder spielpädagogischen Beratungsstellen angeboten werden, häufig den erlebten, aber verdrängten Mißbrauch nach. Mädchen, die unter dem ewigen Streit ihrer Eltern leiden, spielen mit ihren Puppen vorzugsweise solche Streitsituationen nach, und Jungen, die von älteren Jugendlichen brutal drangsaliert worden sind, bevorzugen in ihren Spielen auch brutale Gewalt.

Kein Wunder ist also, daß das Spielen der Kinder immer ein Spiegelbild ihrer Umwelt, vorzugsweise der Erwachsenenwelt darstellt. Je mehr unsere Welt „aus den Fugen gerät", je mehr sich die „Spirale der Gewalt" hochschraubt, desto gewalttätiger wird auch das Spielen der Kinder. So haben in Liverpool zwei 10jährige Jungen den 2jährigen James Bulger entführt, gequält, auf die Bahngleise gelegt, überfahren lassen und vergraben, und weil er sich immer noch bewegte, haben sie noch mit Ziegelsteinen auf seinen Kopf geschlagen. Sie kamen vor Gericht, wurden mit Gefängnis bestraft, und die gesamte internationale Öffentlichkeit stand fassungslos vor diesem Grad an Brutalität, an fehlendem Einfühlungsvermögen sowie an mangelndem Unrechts- und Schuldbewußtsein. Aber diese beiden armseligen Kinder sind in einer unglaublich gewalttätigen Familien-, Nachbarschafts- und Bildschirmwelt aufgewachsen, sie haben Entführung, Folter und Mord „gespielt" und waren nur nicht in der Lage, zwischen Ernst und Spiel zu unterscheiden. Man hätte nicht sie verurteilen dürfen, sondern die Gesellschaft, ihre Eltern, die Politiker und die Medienmacher strafen müssen.

Gewalt hat für viele Kinder einen erotisierenden Effekt. 5- bis 7jährige konsumieren Wrestling-Shows wie Pornos. Kein Wunder ist also, daß besonders aggressive Jungen, die zu gewalttätigen Jugendgruppen gehören, keine Freundin haben; sie befriedigen ihre sexuellen Bedürfnisse stellvertretend mit Gewalt, von der sie erotisiert fasziniert sind.

17. Comics und Gewalt als Folge unstimmiger Weltbilder

Die Gewalt in Spiel- und Action-Filmen wirkt sich auf kleine Kinder nicht so katastrophal aus, wie es die Comics tun. In ihnen gelten die Naturgesetze nicht, in ihnen bleiben mechanische Einwirkungen auf den menschlichen Körper folgenlos. Wenn die Comic-Figuren hundert Meter tief fallen, wenn sie von heftigen Explosionen oder von gewaltigen Felsbrocken getroffen werden, wenn sie überfahren oder geschlagen werden, werden sie dennoch nie verletzt, nicht einmal wenn sie plattgewalzt werden. Kleine Kinder lernen daraus, daß es sich nicht lohnt, sich in Gewaltopfer hineinzuversetzen; in ihnen wird kein Mitgefühl aufgebaut, sie können kein

Unrechts- oder Schuldbewußtsein über die Identifikation mit ihren gezeichneten Helden entwickeln, weil diese in einem justizlosen Raum leben. Zwar kommen in Comics oft Rache, Widerstand und auch das Böse vor, aber das Gute siegt meist automatisch. Und Donald Duck, der eigentlich immer verliert, kommt stets wieder auf die Beine, kann auch nach noch so heftigen Unglücken sein Leben im Haus und in der Familie so fortsetzen, als wäre ihm nie etwas Schlimmes widerfahren.

Die unkritischen und undistanziert mit Comics aufwachsenden Kinder erhalten auf diese Weise ein völlig unstimmiges Weltbild mit unrealistischen Normen und Werten; sie leben mit ihren Helden in einer Traum- bzw. Scheinwelt, die ein Zurechtfinden in der wirklichen Welt erschwert. Und werden die Comic-Figuren zu Orientierungspersonen, dann sind sie auch Modelle für skrupellosen Gewalteinsatz.

Kleine und nicht so intelligente Kinder, die viele Comics konsumieren, die in der Comicwelt und -sprache leben, sind stark unfallgefährdet und über Imitationslernen verleitet, mit ihren Spielkameraden ebenso umzugehen, wie sie es gesehen oder gelesen haben. Ältere und intelligentere Kinder, die nur selten Comics mitbekommen, wissen dagegen eigentlich immer ganz genau, daß das Gezeichnete nichts mit dem wirklichen Leben zu tun hat; sie lachen über die Unstimmigkeiten der Naturgesetze in ihnen und sie entlasten sich allenfalls vorübergehend mit ihnen von den Bedrängnissen ihrer wirklichen Alltagswelt. Sie können sich mit Comics entspannen, ohne daß sie im Sinne von Modellernen irgendwie gefährdet wären.

In Comics kommt der Tod so gut wie gar nicht vor. Die Comic-Helden sterben nie, haben ein ewiges, zumindest aber sieben Leben, so daß der Tod im Aufbau des kindlichen Weltbildes oft keine Rolle spielt. Comic-Kinder halten den Tod auch für sich selbst nicht für möglich, so daß sie eventuell schon bereit sind, aus dem Fenster zu springen, um die Mutter zu enttäuschen und um in der Folge ein höheres Maß an Liebe, Zeit und Aufmerksamkeit von ihr zu bekommen; bestenfalls halten sie den Tod für vorübergehend, wie sie es von Tom und Jerry, Pluto, Onkel Dagobert oder den Schlümpfen gelernt haben.

In die gleiche Richtung wirkt Wrestling, das Show-Catchen in den Abend- und Nachtprogrammen von RTL 2, Eurosport und

DSF. Die Kämpfer springen unglaublich gewalttätig miteinander herum und aufeinander, sie schlagen und würgen sich brutal, ohne daß es je zu einer Verletzung kommt. Besonders Drei- bis Achtjährige lieben es, diese körperliche Gewalt stundenlang anzusehen, und freuen sich über die scheinbar ernstgemeinten, tief betroffenen Kommentare. Auch hierbei werden sie verleitet, Gewalt gegen Menschen für folgenlos und Mitgefühl für überflüssig zu halten, zumal Regelverstöße beim Wrestling durchweg ungeahndet bleiben, so daß ein anfänglich noch entstehendes Unrechtsbewußtsein beim Zuschauer auf Dauer verkümmern muß. Wrestling verniedlicht Gewalt, macht sie hoffähig und erzielt nicht die realistischen Effekte von miterlebten Boxkämpfen, bei denen ein schwerer Hieb zu Blutungen, zu Schwellungen, zu Schmerzen und zur Bewußtlosigkeit zu führen vermag, so daß Mitgefühl bzw. Mitleiden wächst, und bei denen Regelverstöße stets sofort geahndet werden.

Comics und Show-Catchen sorgen dafür, daß bei jungen Gewalttätern später so etwas wie ein Täter-Opfer-Ausgleich initiiert werden muß; Gewalttäter werden dabei gezwungen, das Opfer nach der Tat zu besuchen, seine Schmerzen, Verletzungen, Entstellungen und bleibenden Schäden mitanzusehen und die Tränen und den Kummer der Angehörigen mitzuerleben. Ihr Weltbild wandelt sich dadurch oft schlagartig, ihr Schuldgefühl wächst mit dem sichtbar werdenden Leid, und ihr plötzlich entstehendes Mitgefühl läßt sie fast oder auch ganz zusammenbrechen. Stimmige Weltbilder liegen eben nur dann vor, wenn Taten auch Folgen haben, wenn Gewalt gegen Menschen dazu führt, daß seelische oder leibliche Verletzungen sichtbar werden, und wenn auch bemerkt werden kann, daß die Angehörigen und Freunde des Opfers zu Mitopfern werden. Denn letztlich wird Gewalt nur dann wirklichkeitsnah für Kinder dargestellt, wenn auch der Täter zum Opfer seiner eigenen Tat wird.

18. Gewalt in Medien

1994 befragte das Meinungsforschungsinstitut Emnid 2035 junge Menschen zwischen 14 und 29 Jahren, ob es zuviel Gewalt im Fernsehen und im Kino gebe. 71 Prozent meinten ja, 4 Prozent nein, nur 25 Prozent sagten, es sei gerade richtig so; 49 Prozent finden Gewaltszenen in Filmen abstoßend, 14 Prozent schauen weg, und nur 36 Prozent halten sie für spannend.

Nach Angaben des Bundesministeriums für Jugend enthält fast die Hälfte aller Fernsehsendungen aggressive oder bedrohliche Szenen. Alle Passagen mit körperlicher Gewalt aus einer Woche aneinandergereiht ergäben einen Film von etwa 25 Stunden Länge. In den Kinderzimmern von deutschen Grundschülern, also von 6- bis 11jährigen, sieht es medienmäßig wie folgt aus: 70 Prozent haben einen Radiorecorder, 60 Prozent einen Walkman, 33 Prozent einen Gameboy, ein Sega-Gerät o. ä., 30 Prozent ein Fernsehgerät, 30 Prozent einen Computer, 22 Prozent eine Stereoanlage und 15 Prozent einen Videorecorder.

Viele Kinder können also durch ihre Eltern unkontrolliert auch nachts fernsehen oder Videofilme sehen; sie haben meist keinen Gesprächspartner zur Reduktion von Ängsten, zur Relativierung von horror- oder gewaltträchtigen Szenen bei sich, wenn sie Aggressionen, Action, Schrecken oder Pornographisches konsumieren.

Kinder bis zum 14. Lebensjahr verbringen etwa 14000 Stunden in der Schule, aber etwa 18000 Stunden vor dem Bildschirm, der mit seiner audiovisuellen Kombination die Reizschwelle für tiefe Wahrnehmungen leichter überwindet als das Wort des Lehrers im Unterricht. Kinder lernen also über das Fernsehen mehr als in der Schule, was auch immer das ist, zunächst einmal ohne Bewertung.

Über Tiersendungen beispielsweise bekommen sie durchweg in kürzerer Zeit mehr Informationen als im Biologieunterricht der Schule; sie lernen aber auch per Bildschirm vieles, was weder für sie gedacht noch verkraftbar ist. Schon 20 Prozent der 6- bis 8jährigen sitzen pro Woche 40 Stunden und mehr vor der „Glotze", 35 Prozent bis zu 30 Stunden; 25 Prozent der deutschen Kinder sehen gelegentlich bis Mitternacht fern, und was dann an Gewalt und Pornographie geboten wird, läßt sie bestimmt nicht unbeeinflußt.

An sich bereichern die Fernsehprogramme unser Leben; schlimm ist also nicht, daß es sie gibt. Wichtig ist nur wie bei allen anderen lebensbereichernden Aspekten auch, wie man mit ihnen umgeht: Für fernsehende Kinder sind die Auswahl, die zeitliche Dosierung von Fernsehkonsum und die Gesprächsbegleitung wichtig. Auch an Büchern kann man Schaden nehmen, wenn man die falschen liest oder wenn man täglich rund um die Uhr liest. Deshalb hatten die Altvorderen größte Bedenken, als die ersten Bücher geschaffen und auch Kindern zugänglich wurden, und die heiße Diskussion um „Schundliteratur" in den 20er Jahren ist unserer augenblicklichen Fernsehgewaltdiskussion durchaus vergleichbar. Heute wird das Buch für positiver gehalten als der Fernseher, und sicher wird es demnächst einmal Zeiten geben, in denen Eltern, Pädagogen und Politiker froh sind, wenn die Kinder mehr fernsehen würden als etwas anderes Schreckliches zu tun, das wir uns heute noch gar nicht vorstellen können.

Denn rechtsradikale Gewalttäter, Neonazis und Mitglieder von brutalen Jugendbanden sehen schon jetzt auffällig wenig fern; bei ihnen wäre man gewiß froh, wenn sie es häufiger täten.

73 Prozent der Kinder, die täglich mehr als vier Stunden vor dem Fernseher sitzen, sind übrigens Lesemuffel; sie greifen fast nie mehr zu einem Buch. Und es sind eben diese Kinder, die schon als Neunjährige für sie indizierte Filme wie „Frankenstein", „Poltergeist", „Harte Ziele", „Natural Born Killers" oder „Rambo III", in dem es allein 123 Morde gibt, noch unmittelbar vor dem Einschlafen sehen, anstatt eine Gute-Nacht-Geschichte von ihrem Vater zu hören. 47 Prozent aller Kinder, die solche Filme gesehen haben, können danach nicht einschlafen, 21,5 Prozent von ihnen schreien oder weinen nachts sogar.

In den USA ist der kindliche Konsum von Mediengewalt noch höher. Bis zu seinem 18. Lebensjahr sieht der junge Mensch dort durchschnittlich 200 000 Gewalttaten auf dem Bildschirm, davon 25 000 Morde.

So wie das Buch in der kindlichen Lebenswelt immer mehr stirbt, so geht mittlerweile auch der Fernsehkonsum von Kindern meßbar wieder zurück. Seit 1987 ist diese Wende in den USA deutlich zu registrieren. Warum das? Interessanterweise wollen Kinder wegen der Gewalt auf dem Bildschirm und wegen der vielen Werbung nicht mehr so gern fernsehen. Sie konsumieren also offenbar Gewalt als sekundär wichtigen Reiz; lieber sind ihnen Kuscheltiere, Tierfilme und Komödien, lieber ist ihnen übrigens auch das Spielen mit anderen Kindern oder mit dem Vater, wie alle Umfragen zeigen. Gewaltreiche Fernsehfilme werden demnach im Sinne eines geringeren Übels geguckt, also anstelle von Langeweile.

Totale Fernsehlosigkeit ist jedoch auch nicht gut. Kinder, die zu Hause keinen Fernseher haben, können auf dem Schulhof nicht mitreden, sie werden daher leicht Außenseiter; vor allem aber bekommt Fernsehen für sie einen unangemessenen hohen Reiz, so daß sie bei jeder sich bietenden Gelegenheit Bildschirmerfahrungen exzessiv nachholen, beispielsweise wenn sie bei einem Freund oder einer Freundin übernachten. Überdies zeigen sie häufig noch Sprachentwicklungs-, Wortschatz- und Informationsdefizite, denn sie bleiben weitgehend von der durchaus wirkenden Sprachanbindungskraft des Fernsehens und von seinem hohen Informationspotential abgekoppelt. 1,5 Millionen Deutsche leben ohne Fernsehgerät, meist aus Selbstschutzgründen oder „der Kinder wegen".

Seit dem 1. August 1994 gelten für die deutschen Fernsehsender strengere Jugendschutzregeln. Sie müssen alle Jugendschutzbeauftragte berufen, sie müssen mit hohen Bußgeldern rechnen, wenn sie gegen die gesetzlichen Vorgaben verstoßen, und Sendungen, in denen sterbende oder schwer leidende Menschen „in einer würdeverletzenden Weise" dargestellt werden, dürfen nicht mehr gezeigt werden.

Ansonsten ist höchst umstritten, wie Fernsehgewalt auf Kinder wirkt:

- Ein Experiment der Universität Mannheim mit 500 Testpersonen zwischen 12 und 72 Jahren hat ergeben, daß Bildschirmgewalt nicht zu einer Erhöhung der Aggressionsbereitschaft führt, vielmehr gebe es, so sagen die Autoren, empirische Belege dafür, daß gewaltreiche Filme „zumindest kurzfristig eine Aggressionsminderung" bewirken; es stelle sich sogar eine „Delegitimierung von Gewalt" ein, sagt Jürgen Grimm, der das Untersuchungsteam geleitet hat: „Zuschauer reagieren auf Gewaltdarstellungen nicht in erster Linie mit der Nachahmung der Täter, sondern sie stellen stärker als gemeinhin angenommen auch die Wirkung am Opfer in Rechnung." Allerdings werde die Bereitschaft zu Aggressionen durch „ästhetische Gewaltausführung", wie sie mit Karate- oder Kickboxen suggeriert wird, gefördert.
- Medien wirken durchweg anders, als man denkt, und zwar differenzierter als pauschalisierende Studien vortäuschen. Die Statistiken der „Leichenzähler" geben eben oft nicht wieder, daß jüngere, nicht so intelligente und besonders viel fernsehende Kinder, die ohne Distanz in der Bildschirmwelt leben, eher in Richtung Imitations- bzw. Modellernen durch Gewalt gefährdet sind als ältere, intelligente und wenigfernsehende Kinder, die

immer in kritischer Distanz zum Gesehenen bleiben und die immer wissen, „daß das nur ein Film ist", der nur wenig mit dem wirklichen Lebensalltag zu tun hat. Letztere können sich wie Erwachsene geradezu entspannen, wenn sie in einem Western sehen, wie binnen 30 Sekunden 200 Indianer vom Pferd geschossen werden; sie sehen so etwas oft unter dem Motto: „Ich habe zwar eine frustrierende Woche hinter mir, aber denen im Film geht es ja noch schlechter, so daß es mir jetzt ruhig etwas bessergehen kann." Die Medienpädagogen nennen das die „Katharsis-Theorie" und meinen damit, daß das bloße Sehen von Aggressionen auch zur Beruhigung, zur Entlastung, zur Frustrationsminderung des Zuschauers führen kann.

– Während in Japan bereits 1- bis 3jährige täglich mehr als zwei Stunden vor dem Bildschirm sitzen, kommen deutsche Kinder aller Altersstufen bis zu 13 Jahren nur auf durchschnittlich 50 bis 70 Minuten täglich. Zum Vergleich: Erwachsene sehen im Schnitt täglich 156 Minuten fern. In Haushalten, die nur öffentlich-rechtliche Sender empfangen können, wird von der ganzen Familie täglich etwa 233 Minuten lang ferngesehen, bei fünf Programmen sind es 260 Minuten, und in verkabelten Haushalten mit 28 Programmen sind es 282 Minuten. Das Münchener Institut Jugend Film Fernsehen (JFF) kommt in diesem Zusammenhang, was Kinder und Gewalt im Fernsehen anbelangt, zu folgenden Schlüssen: Kinder identifizieren sich stark über Technik mit den TV-Helden. Wer sowohl von der Technik als auch von den Hauptdarstellern (wie bei den Serien „Knight Rider" und „Airwolf") in gleicher Weise fasziniert ist, Gewalt aber eigentlich ganz ablehnt, bekommt durch solche Serien Orientierungsschwierigkeiten. Psychische Gewalt wird kaum als Gewalt erkannt. Im Kopf bleiben vor allem Szenen direkter körperlicher Gewalt. Die konkreten Inhalte und Zusammenhänge solcher Serien werden von Kindern später nur noch bruchstückhaft erinnert.
– Nach einer Studie der Hamburgischen Anstalt für neue Medien (HAM) bevorzugen Kinder Privatsender. „Saubere Gewalt" ohne Opfer und Leiden wird von Jungen durchweg akzeptiert, während Mädchen gewaltreiche Szenen eher langweilig finden. Reale Gewaltbilder in Nachrichtensendungen lehnen Kinder ab. Das Fernsehen richte Kinder zu „Fast-Food-Konsumenten" ab,

erziehe also zur Oberflächlichkeit, was die Reizschwellenveränderung gegenüber Wahrnehmungen anbelangt, nivelliere Geschmack und auch Bildung nach unten, produziere Realitätsverlust sowie Sinnes- und damit auch Lernschwächen.

– Bildschirme werden übrigens immer oberflächlicher konsumiert, auch von Kindern, so daß ihr Einfluß im Sinne von tiefgreifenden Eindrücken von Jahr zu Jahr schwindet, auch in bezug auf Gewalt. Der Fernsteuerung und den vielen Werbespots ist es zu verdanken, daß Kinder nicht mehr so leicht Medienopfer werden. Mittlerweile werden mehrere Spielarten von Bildschirmkonsum, die jeweils völlig anders wirken, unterschieden: Zapper wechseln ständig das Programm, um der Werbung, aber auch um der Gewalt zu entgehen, vor allem wenn sie sich allein vor dem Bildschirm befinden. Zipper spulen bei aufgezeichneten Sendungen oder bei Videofilmen vor, wenn Unangenehmes, Langweiliges oder Werbung kommt. Physisches Zapping bedeutet, gelegentlich während der Sendung aus dem Zimmer zu gehen. Flipper rauschen durch sämtliche Programme, um sich einen Überblick zu verschaffen. Switcher suchen ständig mit der Fernbedienung nach einem noch interessanteren Programm. Hopper versuchen, mit der Fernsteuerung zwei bis drei Programme gleichzeitig zu verfolgen. Psychisches Zapping bedeutet, daß der Fernseher läuft, während man bügelt, kocht, schreibt, liest, ißt oder werkt. Nur die Sticker sind der Gegenpol zu alledem; sie kleben an einem Programm und schauen sich sogar die Werbung an.
– Die Machart von gewaltdarstellenden Filmen, in denen der Zuschauer mit technischen Tricks dazu gebracht wird, sich mit dem Täter zu identifizieren, und die Technik von Computerspielen sind immer weiter perfektioniert und brutalisiert worden. Viele Kinder spielen heute interaktive Computerspiele, bei denen sie nicht mehr vor allem nur Gewalt konsumieren, sondern in denen sie selbst die Täterrolle übernehmen; sie müssen aktiv entscheiden, ob das Opfer geprügelt, vergewaltigt oder getötet werden soll. Sie trainieren damit in mißlicher Weise rasche Entscheidungen über unterschiedliche Gewaltformen, und sie gewöhnen sich auch daran.
– Nach einer Umfrage des Forsa-Instituts sieht nur jedes zehnte Kind gern Horrorfilme. Nur 3 Prozent sehen heimlich Grusel-

filme, aber mehr als 50 Prozent glotzen nur aus Langeweile, würden also für Alternativen das Gerät sofort abstellen. Schlimm ist, daß 36 Prozent aller Kinder im Unterschied zu Erwachsenen besonders gern Werbung anschauen, und zwar weil sie entweder die Werbeblöcke noch nicht von den Unterhaltungspassagen unterscheiden können, so daß als Folge davon ihre Konsumwünsche deutlich gesteuert werden, oder weil sie die reiche, bunte, heile und schöne Welt der Werbespots im Kontrast zu ihrem grauen Alltag und dem Familienfrust bzw. der Armut ihrer Familie schlichtweg mit Sehnsuchts- und Romantikanteilen genießen.

- Jedes zweite Kind sieht fern, weil es sich langweilt, jedes dritte, weil es nichts anderes zu tun hat, und jedes vierte, weil es sich dann nicht so allein fühlt; jedes achte Kind hält das, was über den Bildschirm läuft, für die Wirklichkeit. Kinder von Eltern mit Hauptschulabschluß haben doppelt so häufig ein Fernsehgerät auf ihrem Zimmer wie Kinder von Eltern mit Hochschulabschluß. 81 Prozent der ostdeutschen und 75 Prozent der westdeutschen Kinder sitzen täglich vor dem Bildschirm, jedes fünfte Kind in Deutschland gilt als Vielseher, also mit einem Konsum von mehr als drei Stunden täglich. In einigen Problemstadtteilen wie in Hamburg-Horn sitzen viele Kinder sogar täglich mehr als neun Stunden vor der „Glotze". Alle diese Zahlen hat das Meinungsforschungsinstitut Forsa im März 1994 veröffentlicht.
- Rund 8000 Videospiele stehen den deutschen Kindern und Jugendlichen zur Zeit zur Verfügung, viele davon sind besonders aggressiv, pornographisch, rassistisch oder rechtsextrem. Mehr als 200 Computerspiele stehen auf der Roten Liste der Bundesprüfstelle für jugendgefährdende Schriften (BPS).
- Werbespots, die über den Bildschirm laufen, greifen relativ gewaltvoll in den Familienfrieden ein. Von Kindern gern gesehen, wecken sie in ihnen Konsum- und Lebensstandardwünsche. Nach einer Schätzung des Münchener Instituts für Jugendforschung belaufen sich die von Kindern gesteuerten Familienausgaben, die wiederum überwiegend werbetrendabhängig sind, auf rund 23 Milliarden Mark im Jahr. Kinder unter 14 Jahren bewegen damit mehr Geld als die Bundesminister für Forschung, Wirtschaft, Umwelt, Post und Justiz zusammen, wie DER SPIEGEL in seiner Nr. 50 von 1993 berechnet hat. In vielen

Familien haben die Kinder bereits die Einkaufsregie weitgehend übernommen, was vor allem eine Folge der Medieneinflüsse ist. Heute leben noch rund 7 Millionen Kinder im Alter von 6 bis 14 Jahren in Deutschland, im Jahre 2010 werden es aber nur noch 5,8 Millionen sein; die Werbespots müssen also noch aggressiver werden, damit die Firmen auch dann noch genügend von dem Kuchen, den die Kinder verteilen, abbekommen. Das Mißliche ist daran, daß Kinder dadurch immer mehr verleitet werden, ihren Wert aus dem Besitz der Familie und aus ihrer eigenen Kinderzimmer- und Klamottenausstattung abzuleiten und daß dadurch der Wert ihrer mitmenschlichen Beziehungen und derjenige der Art ihrer sozialen Bindungen in gleicher Weise absinkt. „Ich bin, was ich materiell habe und was meine Familie besitzt“ ist eine schlimme Einstellung; wenn sie durch konkurrierende Fernsehwerbung weiter gefördert werden sollte, dann wäre auch Werbung an sich ein schlimmes gewaltförderndes Medienereignis, das nicht weniger gefährlich wäre als Wrestling-Shows, in denen Gewalt erotisierend auf junge Menschen wirkt, und als Action-, Horror-, Zombie-, Söldner- und frauenverachtende Pornofilme.

19. Schülergewalt

Fast ein Drittel der Schüler aus den Klassen 7 bis 13 in Bochum fühlen sich von Kameraden bedroht; besonders ausgeprägt ist dieses Gefühl unter Gesamtschülern. Das ist das Ergebnis einer Studie des Kriminologen Hans-Dieter Schwind von der Ruhr-Universität, der Umfragen an allen 123 Bochumer Schulen ausgewertet hat. Stärker als Realschulen und Gymnasien leiden danach Grund-, Haupt- und Gesamtschulen unter prügelnden Schülern. Zumeist Jungen aus den Klassen 7 bis 10 schlagen zu. Auch Raub und Erpressung kommen vor, und durchschnittlich einmal in der Woche schlagen Gruppen deutscher und ausländischer Schüler aufeinander ein.

Gewalt unter Schülern hat es immer gegeben. Momentan ist die Wahrnehmung für sie außerordentlich groß, das war noch nie so. Vor allem die Journalisten schlachten das Phänomen Schülergewalt gern aus, so daß die Kultusministerien und Schulämter sich deutschlandweit gezwungen sahen, „Gewaltstudien“ zu erstellen. Leider sind sie alle völlig wertlos,

– weil sie erstens das Aggressionspotential durchweg herunterspielen wollen, damit nicht zusätzliche Kosten für Prävention entstehen,
– weil zweitens zumeist Schulleiter befragt werden, die kein Interesse daran haben, daß ein wahres Bild über die Aggressionen an ihrer Schule entsteht, denn es würde sich negativ auf die Anmeldezahlen für ihre Anstalt auswirken,
– weil drittens die vom Schulsystem und von der einzelnen Schule sowie ihren Lehrern auf die Schule ausgeübte Gewalt stets vernachlässigt wird
– und weil viertens das bedeutendste Aggressionsfeld, nämlich das der Gewalt gegen sich selbst, die an Gymnasien die größte Rolle spielt, immer unter den Tisch fällt.

Die bisher seriöseste Gewaltstudie wurde 1974 in Hamburg an sämtlichen Hauptschulen des Schulaufsichtsbezirks Altona/Elbgemeinden erstellt. Es wurden von Marianne Franz und Hanspeter Schlesinger über ein Jahr hinweg alle Lehrer befragt, es wurde schonungslos offen alles, was es an Gewalt gibt, zugegeben, und es entstand damit ein stimmiges Bild, das im Vergleich zu den Resultaten der heutigen Gewaltstudien zu dem Schluß führen muß: Vor 20 Jahren war Schülergewalt wesentlich schlimmer als heute. Nur war damals die Zeit noch nicht reif für eine angemessene Wahrnehmung, die Öffentlichkeit interessierte sich nicht für die Ergebnisse, und der damalige Landesschulrat Wolfgang Neckel ordnete an, die Studie unter Verschluß zu nehmen, damit nicht Handlungsbedarf wächst und damit nicht zusätzliche Kosten entstehen.

Die jüngste Studie zur „Gewalt an Schulen“ ist im Juni 1994 von der Technischen Universität Dresden vorgelegt worden; sie faßt die „Ergebnisse einer Schulleiterbefragung zum abweichenden Verhalten an Schulen in Sachsen“ zusammen. Unter Gewalt werden in ihr „beobachtbare, absichtsvolle Handlungen mit Schädigungsfolgen“, aber auch „aggressive Äußerungen“ verstanden. Schulleiter zu befragen ist dabei nicht hinlänglich; die Eingrenzung auf das Beobachtbare macht die Studie wertlos; die Ausgrenzung von Autoaggressionen und von nichtabsichtsvollen Handlungen schließlich läßt sie unseriös geraten. Was an „Unterrichtsstörungen“ und „Disziplinlosigkeit“ in ihr genannt wird, ist mit 75 Prozent der größte

Gewaltposten; bedauerlicherweise macht die Studie aber den Fehler, beides den Schülern zuzuordnen, obwohl diese beiden Begriffe in besonderer Weise die Schulsystemgewalt widerspiegeln. Schüler, die disziplinlos oder störend sind, sind meist Opfer von Lehrerverhalten, und wenn sie in der „Rangreihung" von Formen „abweichenden Verhaltens" den ersten Platz einnehmen, dann ist offensichtlich die von der Schule auf den Schüler ausgeübte Gewalt der größte Schulgewaltfaktor. Gewalt gegen Sachen und psychische Gewalt kommen übrigens in der „Rangreihung", die wie folgt aussieht, gar nicht vor:

- Unterrichtsstörungen/Disziplinlosigkeit: 75,0 Prozent,
- vulgäre Beschimpfungen: 65,9 Prozent,
- nonverbale Provokationen: 43,0 Prozent,
- rechtsextreme Parolen und Schmierereien: 13,5 Prozent,
- rechtsextremes Outfit: 10,7 Prozent,
- brutale Schlägereien zwischen Schülern: 10,6 Prozent,
- Tragen von Messern, Schlagringen u. ä.: 9,3 Prozent,
- Gewalt gegen Mädchen: 4,1 Prozent,
- Schulgelderpressung: 3,2 Prozent,
- gewalttätige Auseinandersetzungen zwischen Schülergruppen: 1,8 Prozent,
- Gewalt gegen Ausländer: 1,0 Prozent,
- Gewalt durch Ausländer: 0,6 Prozent,
- Tragen von Schußwaffen: 0,2 Prozent.

Aus mehreren dieser Kategorien könnte man den Aspekt der Fremdenfeindlichkeit herausnehmen und bündeln; er würde dann in der Rangreihung weit oben stehen; offenbar sollte also diese Kategorie heruntergespielt werden, denn die „rechtsextremen Parolen und Schmierereien", das „rechtsextreme Outfit" und die „Gewalt gegen Ausländer" ergeben zusammen schon 25,2 Prozent; gewiß steckt Gewalt gegen Fremdes aber auch in den Kategorien „vulgäre Beschimpfungen", „nonverbale Provokation" und „brutale Schlägereien" sowie „gewalttätige Auseinandersetzungen zwischen Schülergruppen".

Am stärksten ist die Gewalt übrigens nach dieser Studie in Förder- und Berufsschulen; Täter, aber auch Opfer, sind vor allem Jungen. Interessant ist, daß an einer Stelle zugegeben wird, daß die Schulorganisation der bedeutsamste gewaltauslösende Faktor ist (etwa ein Drittel) und damit vor den „familiären und Erziehungsproblemen" liegt (etwa ein Viertel), gefolgt von den „sozialen Problemen" (weniger als ein Fünftel).

Die Schlagzeilen über Schülergewalt tragen immer wieder neue Blüten: „Erstkläßler in New York werden mit kugelsicheren Westen und Schulranzen ausgestattet", „Großbritanniens Lehrergewerkschaft fordert Alarmknopf im Klassenzimmer", „Jeder dritte Berliner Schüler trägt eine Waffe in der Schultasche". Letzteres ist mit Sicherheit falsch, denn erstens ist es höchstens jeder zwanzigste Schüler, der eine Gaspistole, ein Spring- oder Klappmesser, Butterflymesser, einen Knüppel oder eine Reizgassprühdose bei sich führt, und zweitens wird das meiste davon gewiß nicht in der nur schwer zugänglichen Schultasche oder im Rucksack deponiert, sondern in der Jacken- oder Hosentasche.

Eine etwas bessere, weil differenzierende Meldung kommt aus Bayern: Zwar wird darin berichtet, daß an bayerischen Schulen „immer häufiger zugeschlagen" werde, daß es aber nicht mehr, sondern eher weniger Täter gebe, deren Deliktzahl jedoch steigt. Genauso ist es.

In Berlin ist ausgezählt worden, wo sich die Schülergewalttaten vorzugsweise ereignen: 52 Prozent auf dem Schulhof, 27 Prozent auf dem Schulweg und 21 Prozent im Schulgebäude.

Das Schlagen, Treten, Würgen und Spucken sowie das Abpressen von Geld, Schulbrot, Klamotten und Schuhen, das Bedrohen mit Waffen, das psychoterrormäßige Einschüchtern, die rassistischen Übergriffe, die sprachliche Verrohung, die Aggressionen gegen Lehrer und das Zerstören von Gestühl, Räumen und Gebäuden, das Beschmieren von Wänden, der Vandalismus gegenüber Kleiderhaken, Lehr- und Lernmitteln und Toiletten, alles das spielt etwa seit 1990 in den deutschen Schulen eine alarmierende Rolle, nachdem die Bundesregierung noch 1989 befunden hatte, daß Gewalt an Schulen „kein zentrales Thema" sei. Seit 1990 etwa fallen Lehrerbildung und Lehrerarbeitsplatzbeschreibung einerseits und die Kinder- und Jugendkulttrends andererseits stark auseinander.

Die Schule hat seitdem vollends den Anschluß an die gesellschaftliche Entwicklung verpaßt, die Lehrer sind seitdem überfordert, erschöpft, zu alt, resigniert und auch krank, und seit etwa 1990 sind Schulen kein gesellschaftliches Investitionsfeld mehr, sondern vor allem Sparopfer.

Weil veränderte Kinder aus veränderten Familienstrukturen vor dem Hintergrund einer rasch zunehmenden gesellschaftlichen „Verpluralisierung", Wertevielfalt und Nischenbildung und unzeitgemäße Schulen sich seit 1990 nicht mehr zusammenfügen lassen, sind Aggressionen – die etwas weniger –, vor allem aber Autoaggressionen von Schülern immer evidenter geworden. Vieles ist als Gewalt gegen sich selbst enorm angestiegen: Lese-Rechtschreib-Schwäche, Rechenschwäche, Linkshändigkeit, Warzen, Ekzeme, Allergien, Neurodermitis, Asthma, Magersucht, Fettsucht, Bulimie, Epilepsie, Schizophrenie, Krebs, Tabletten-, Zigaretten-, Alkohol- und Drogensucht, Spielsucht, nervöse Tics, vegetative Störungen, Kopfschmerzen, Migräne, Kreislaufprobleme, Magenschmerzen, Verdauungsstörungen, Infektionsanfälligkeit, Weglaufen, Sich-Einschließen, Stottern, Poltern, Auf-Trebe-Gehen, Todessehnsucht, Depressionen, Suizidversuche und Suizid. 10 bis 12 Prozent der Grundschüler und 15 Prozent der Jugendlichen zeigen deutliche Störungen in den Bereichen Wahrnehmung, Sinnesentwicklung, Sprache, Leistung, Emotion oder Sozialverhalten; mehr als ein Drittel aller 12- bis 17jährigen sind hyperaktiv, leiden unter Konzentrations- und Schlafstörungen, 32 Prozent aller Schüler nehmen mindestens einmal in der Woche ein Medikament ein, 36 Prozent der Eltern sind bereit, Schulprobleme auch mit Medikamenten zu lösen, jeder fünfte 12jährige konsumiert bereits regelmäßig Bier, mehr als 50 Prozent der 17jährigen rauchen, und 10 Prozent von ihnen haschen. Alles das ist auch Schülergewalt, auch wenn sie gegen sich selbst gerichtet wird, weil die Aggressionstabus gegenüber Sachen und Menschen erziehungsbedingt respektiert werden. Der Frust, die Verzweiflung, die innere Not und der schlechte Umgang mit sich selbst sind bei Aggressionen und Autoaggressionen oft gleich; die schwerwiegendere und längeranhaltende Störung liegt jedoch bei Autoaggressionen vor. Im übrigen gibt es immer mehr Schüler, die sowohl aggressiv als auch autoaggressiv sind, die sowohl die Wasserspülung mit einem Sprengsatz in die Luft jagen und Mitschüler würgen, als auch Asthma haben und sich oft vollaufen lassen.

Also nähern wir uns doch amerikanischen Verhältnissen, in denen sich die Zahl der erschossenen Schüler allein von 1970 bis 1990 verdoppelt hat, in denen gedealt wird, in denen jeder fünfte Schüler bewaffnet ist, in denen schon 1991 etwa 750 Schüler mit geladenen Handfeuerwaffen im Schulgebäude erwischt wurden, in denen die Schüler beim Betreten ihres Lehrinstituts mit Metalldetektoren kontrolliert werden, in denen alle sechs Sekunden ein Verbrechen geschieht, in denen 90 von 100 Schülern irgendwie jederzeit Zugang zu Schußwaffen haben?

Antworten können darauf nicht vordergründig gegeben werden, ebensowenig wie Gewalt allein mit gesetzlichen, polizeilichen oder richterlichen Mitteln eindämmbar ist. Entscheidend bleibt letztlich immer die gesamterzieherische Situation, in der Kinder und Jugendliche aufwachsen, und dazu gehören neben den Familien vor allem die Schulen, von deren Gestaltung und von deren Lehrerbildung vieles abhängt, wenn es um gesellschaftliche Gewaltprävention geht.

Jedenfalls unterzeichnete US-Präsident Bill Clinton im Oktober 1994 eine Verordnung gegen das „Gangbanging" in Schulen, nach der Schüler, die eine Schußwaffe mitbringen, für mindestens ein Jahr von der Schule verwiesen werden können.

20. Gewaltreiche Schulstrukturen

Wenn Schule von Kindern und Jugendlichen nicht als Lebensstätte angesehen wird, zu der sie gerne gehen und in der sie Lernen als sinnvoll akzeptieren, dann gerät sie gewalttätig. Mehrere Faktoren kommen dafür in Frage:

- Schulen mit mehr als 800 Schülern und Klassen mit mehr als 20 Schülern überfordern Kinder und Jugendliche mit Unüberschaubarkeit. Mit Großsystemen, Zentral- und Mittelpunktschulen und differenzierungsreichen übergroßen Gesamtschulen ist in der Vergangenheit die Lehre von den sinnvollen Größen in der Pädagogik übersehen worden.
- Kaufhausarchitektur mit viel Beton, Schulstraßen mit Wegweisern, Klimaanlage und Sozialfläche anstelle eines Schulhofes, mit Schließfächern und fensterlosen Fachräumen, mit einem übertriebenen Fachlehrer-, Tutoren- und Kurssystem, das dazu führt, daß man keinen Klassenlehrer und keinen festen Klassenverband in einem eigenen Klassenraum hat, sondern in jeder Stunde neben einem anderen Schüler in einem anderen Raum bei einem anderen Lehrer in einem anderen Fach sitzt, all das ist nicht kindgemäß und führt dazu, daß sich Schüler in ihrer Schule nicht wohlfühlen können.

- Weite tägliche Schulbusfahrten in die nächste oder übernächste Stadt sind eindeutig aggressionsfördernd.
- Fachwissenschaftlich überqualifizierte und sozialpädagogisch unzulänglich ausgebildete oder für Kinder früherer Zeiten ausgebildete Lehrer, die sich bloß als notengebende Stundengeber auf einer kleinen Morgenstelle mit guter Bezahlung und reichlichen Ferien fühlen, sind für Schüler eine Zumutung. Lehrern mangelt es oft an Bereitschaft zum Zusammenleben mit ihren Schülern, wozu auch gemeinsames Frühstücken, Sporttreiben, Feiern und gelegentliche gemeinsame Kino-, Theater- oder Jahrmarktbesuche und manchmal auch Fahrradtouren, Hausbesuche oder Elternstammtische gehören.
- Die Wochenstundenverpflichtung der Lehrer läßt eine erzieherische Zuwendung zu schwierigen Schülern und ihren problembeladenen Familien kaum zu. Die Schule hat zwar auch einen Erziehungsauftrag; Erziehungsstunden als Verfügungsstunden sind aber nur selten vorgesehen (z.B. in den Grund- und Hauptschulen Hamburgs).
- Schlechte Noten, Verwarnungszeugnisse, Sitzenlassen, Schullaufbahnwechsel nach unten, Hausaufgaben als Strafe und Nachhilfeunterricht stehen ebenso wie „blaue Briefe", Schulverweise und das Krisengespräch beim Schulleiter für Gewaltelemente im Schulsystem. Dazu gehören auch die Selektionsmechanismen des dreigliedrigen Schulwesens und die Niveaukursdifferenzierung, in der die Abstiegszahlen bei weitem die Aufstiegszahlen übertreffen.
- Frontale Sitzordnungen, lehrerzentrierte Vorgehensweisen, Gestühl aus den 50er Jahren, das zu den Rücken und Beinen der heutigen Jugend nicht mehr paßt, sterile Unterrichtsräume ohne Bild und Pflanze und ohne gemütliche, von Schülern selbst liebevoll gestaltete Wohnlichkeit, ohne Entlastungs- oder Kuschelecken, ohne Gruppenräume und ohne die Möglichkeit, Frühstück oder Pausengetränke zu bereiten, sind nicht mehr zeitgemäß; sie belassen der Schule ihren gewaltträchtigen Anstaltscharakter ebenso wie die starren 45-Minuten-Takte, die schon kleine Kinder zur vorherrschend sitzenden Lebensweise dressieren wollen, und das Fehlen einer flexiblen Anlaufzeit, wie die Hamburger Schulbehörde sie jetzt allmorgendlich für die Zeit zwischen 7.50 Uhr und 8.15 Uhr vorsieht.

- Die Schule, die immerhin näher an den gesellschaftlichen Entwicklungen „dran“ ist als fast jedes andere Berufsfeld, vernachlässigt neben ihrer Erziehungsfunktion die ihr neuerlich zugewachsene leibliche Versorgungsfunktion (Emotionalität, Ernährung, Sinnesschulung), ihre familienergänzende oder sogar familienersetzende Funktion, ihre gegen die Trends der Jugendszenerie und gegen das Überspringen von kindlichen Entwicklungsstufen (z. B. in bezug auf Spielen) steuernde Funktion, ihre Kompensationsfunktion gegenüber Stadtteil- und Nachbarschaftsbedingungen, familiären Defiziten und Teilleistungsschwächen, vor allem aber ihren Widerstand gegen die Sparfunktion, die ihr im Moment von Behörden zugemutet wird.
- Lehrer mißbrauchen ihre Macht, sie arbeiten mit Ironie, Sarkasmus, Psychoterror, Bloßstellung und Schuldzuweisung, sie repräsentieren Wertewidersprüche und Inkonsequenz, und sie halten es mit Schülern nicht über Krisen hinweg aus. Sie behandeln Kinder mit Leistungs- oder Konzentrationsstörungen unwürdig von oben herab, indem sie, wenn die Wellenlänge zwischen ihnen und einzelnen Schülern nicht stimmt, diese zurückstufen und ihre Versagenserlebnisse zu Stigmatisierungen reifen lassen, statt sie ohne Schuldzuweisungen in die Parallelklasse oder in die gleiche Stufe einer Nachbarschaftsschule umzutopfen. Sie lassen es unflexibel zu, daß Schüler einem bestimmten Lehrer oder einer für sie ungünstigen Lehrerkonstellation über längere Zeit bis zu ihrem Scheitern ausgeliefert sind, statt mit Co-Teaching oder dem Team-Kleingruppen-Modell oder der Chance auf einen Neuanfang in einer unbelasteten neuen Situation der Vermeidung eines Verliererelebnisses entgegenzusteuern.

Bei 35 Prozent aller deutschen Schüler war die Versetzung schon einmal gefährdet, 22 Prozent sind bereits einmal sitzengeblieben, 7 Prozent mußten als Rückläufer die Schullaufbahn nach unten korrigieren; 7 Prozent wünschen aber auch für sich selbst einen Schulabschluß, der unterhalb des elterlichen Erwartungsniveaus liegt. 49 Prozent aller Schüler sind unsicher, ob sie den von ihnen gewünschten Abschluß erreichen, und 65 Prozent bezweifeln, ihre beruflichen Pläne verwirklichen zu können. Das sind Zahlen, die das Ausmaß von Schulangst widerspiegeln, aber auch die Gewaltstrukturen von Schulen und Elternhäusern.

Während nur 10 Prozent der amerikanischen Schüler mit ihren

Lehrern unzufrieden sind, bewerten 43 Prozent der deutschen Schüler ihre „Pauker“ negativ.

Schulanfänger freuen sich ja meist auf den Schülerstatus; am Ende der Grundschulzeit gehen aber nur noch 38 Prozent von ihnen gerne zur Schule, in der 13. Klasse lediglich noch 4 Prozent.

Hausaufgaben sind eine wichtige Ergänzung zum Unterricht; sie erlauben einen eigenen Arbeitsrhythmus, den flexiblen Umgang mit Pausen, sie gestatten eine höhere Konzentration als das Lernen in unruhigen Schulklassen, sie führen zu besseren Erfolgen beim Vokabellernen, sie ermöglichen Vertiefung, Anwendung, Übung, Transferleistungen und das Verstehen von Zusammenhängen durch Nachlernen, wenn sie in der Schule noch nicht verstanden wurden. Hausaufgaben müssen aber sinnvoll gestellt werden, damit sie diese Funktion erfüllen können. Zur Strafe oder zur bloßen Beschäftigungstherapie aufgegeben, verleiden sie die Freude am Lernen und wirken kontraproduktiv.

Jeder fünfte deutsche Schüler bekommt Nachhilfeunterricht, also etwas, was eigentlich Aufgabe von Schule ist, was Schule aber nicht hingekriegt hat.

Wöchentlich geben deutsche Eltern bei 20 Mark pro Stunde etwa 30 Millionen Mark für Nachhilfe aus, das sind rund 1,5 Milliarden Mark im Jahr. 50 Prozent der Gymnasiasten benötigen irgendwann Nachhilfeunterricht – Jungen deutlich häufiger als Mädchen –, 20 Prozent der Realschüler und 5 Prozent der Hauptschüler ebenfalls.

24 Prozent der Nachhilfeschüler kommen aus Beamten- und Selbständigenfamilien, 20 Prozent aus Angestellten- und Arbeiterhaushalten, und 8,3 Prozent haben arbeitslose Väter, so daß der Nachhilfeunterricht je nach finanziellen Möglichkeiten des Elternhauses auch selektiv wirkt. Schulen, die nachmittags kostenlos Hausaufgabenhilfe anbieten, wirken damit ausgleichender und gerechter als solche, die den Nachhilfeunterricht privaten Anbietern überlassen.

73 Prozent der deutschen Lehrer sind über 40 Jahre alt, 28,6 Prozent über 50 und 10 Prozent über 55 Jahre, berichtet das Statistische Bundesamt über die 273 600 Lehrerinnen und die 200 400 Lehrer des Jahres 1993.

Lehrer leiden unter dem „Burn-out-Syndrom“, Kollegien sind wegen der sparhaushaltbedingten zögerlichen Einstellungspolitik der Länder oft überaltert, „vergreist“, ihnen fehlt es an neuen Impulsen junger Lehrer, denen sie gleichzeitig ihre Erfahrungen weitergeben könnten. Überdies wird zur Zeit in Bonn, Kiel und anderswo erwogen, sie des Beamtenstatus zu berauben, was ihrem Selbstwertgefühl sicher nicht guttut.

Die meisten Lehrer lassen sich bereits vor dem 62. Lebensjahr pensionieren, sie sind krank, ausgebrannt, resigniert. Sie vermissen die Fürsorge der Kultusministerien, die trotz immer schwieriger werdender Kinder die Klassenfrequenzen erhöhen, die Unterrichtsverpflichtung der Lehrer heraufsetzen und gleichzeitig an Instandhaltungs- und Neubaumitteln sowie an den Sachmitteln für den Unterricht sparen. In Schleswig-Holstein erreichen nur noch 5 Prozent aller Lehrer die eigentlich vorgesehene Altersgrenze von 65 Jahren.

Stundenausfall, unregelmäßiger Unterricht, Vertretungsstunden durch Wanderlehrer und das Phänomen, daß in einigen Klassen ein eigentlich vorgesehenes Fach überhaupt nicht mehr unterrichtet wird, die Übernahme von Unterricht durch Referendare und jedes Jahr eine neue Englischlehrerin in der Klasse, all das geht zu Lasten von Bildung, Unterrichtseffektivität, Wohlbefinden der Schüler und Berufszufriedenheit der Lehrer, vor allem aber zu Lasten des öffentlichen Ansehens von Schule und Lehrerberuf. Am Ende wirken sich auch diese krassen Verwaltungsschwächen als gewaltfördernd aus, beispielsweise wenn Kultusministerien keine langfristige Einstellungspolitik hinkriegen, mit der Jung und Alt in Lehrerkollegien zu einem ausgewogenen Verhältnis gelangen, beispielsweise aber auch, wenn sie der einzelnen Schule ein Mehr an Autonomie verwehren, das dringend für regionale Anpassungen (Nachbarschaftsschule, Stadtteilschule) und für aktuelles Krisenmanagement, je nach Region unterschiedlich, erforderlich ist.

Das Berufsbild der Lehrer muß neu beschrieben werden, weil immer noch die falschen Menschen in das Lehrerstudium kommen. Die meisten Pädagogikstudenten wollen leider wieder ebensolche Lehrer werden, wie sie sie selbst als Schüler hatten, also notenerteilende Stundengeber.

Kinder brauchen heute aber sozialpädagogisch, psychologisch, verhaltensgestörten- und lernbehindertenpädagogisch, medizinisch und ernährungswissenschaftlich kompetente Lehrer, die sensibel erstellte Berichtszeugnisse schreiben können und die die Bereitschaft mitbringen, ein Stück des Weges mit ihren Schülern sie umfassend und engagiert zusammenzuleben, die vor allem Klassenlehrer als Bezugspersonen für ihre 20 Schüler werden wollen, nicht aber „Schriftberater“, wie sie Hamburg zur Zeit in Form von 60 Stellen zur Betreuung von Legasthenikern vorsieht, die nach Erkenntnissen eines Wissenschaftlers aus Boston vor allem deshalb Schreib- und Leseschwierigkeiten haben, weil sie schlecht hören.

In den nächsten Jahren wird die Zahl der Schüler in Deutschland deutlich ansteigen; 1994 gab es 12 Millionen Schüler, das waren 1,6 Prozent mehr als 1993. Der Höchststand wird im Jahr 2004 erreicht sein, wenn die Schülerzahl 18 Prozent größer sein wird als heute. Man muß diese Entwicklung parallel zu der der Zunahme von Verhaltensstörungen sehen. Vor 20 Jahren hatten Lehrer ein bis zwei schwierige Schüler pro Klasse, vor 10 Jahren drei bis vier, heute haben sie sechs bis acht und im Jahr 2004 wahrscheinlich zwölf, wenn die Pädagogik bis dahin nicht effektivere Strategien hat durchsetzen können. Die Belastung der Lehrer, deren größter Aufmerksamkeitsanteil von schwierigen Schülern gebunden wird, wird also deutlich zunehmen, vor allem aber auch zuungunsten der nicht so schwierigen Schüler, für die immer weniger Zuwendungskraft übrigbleibt.

Da nicht absehbar ist, daß bis zum Jahr 2004 wesentlich mehr junge, vor allem aber völlig anders ausgebildete Pädagogen in die Schulen kommen, bleibt den Lehrern künftig nur, einen Versetzungsantrag zu Schulen hin zu stellen, in denen noch nicht so viele problematische Schüler sitzen, die Flucht in die Krankheit und Frühpensionierung anzutreten oder alles ganz anders zu machen, also ihren Beruf anders als bisher zu verstehen und in völlig ungewohnter Weise mit ihren Schülern zusammenzuleben: gemeinsames Frühstücken, freier Gesprächskreis, psychomotorisches Extraturnen, Offener Unterricht, Projektmethode, Gang aus der Schule heraus, Lernen vor Ort, Co-Teaching, Team-Teaching, Wandern, Feiern, Elternstammtische, Hausbesuche, Ganztagsschule, nachmittägliche Hausaufgabenhilfe, ausgebautes Klassenlehrerprinzip, mit der Rolle der familienersetzenden Bezugsperson als Freund des Schülers verknüpft, Schulautonomie, Anpassung an das Milieu der Schüler als Nachbarschaftsschule, Straßensozialarbeit, …

Der Jugendforscher Klaus Hurrelmann von der Universität Bielefeld hat einmal sehr treffend zusammengefaßt, wodurch sich Schule heute allzuoft als gewalttätige Institution ihren Schülern gegenüber darstellt: „Wo scharfer Wettbewerb und unfaire Leistungsbeurteilung herrschen, steigt das Gewaltniveau deutlich an; auch große Schulen mit anonymen Beziehungen sowie unübersichtliche und ungepflegte Schulgebäude machen die Schüler aggressiv.“

Rüdiger Meyenberg von der Universität Oldenburg drückt es etwas anders aus:

„Ein Großteil der Ursachen für gewalttätiges Verhalten von Kindern und Jugendlichen geht in einem nicht unerheblichen Ausmaße von Schule selbst aus, indem sie Prozesse der Benachteiligung, Stigmatisierung und Ausgrenzung ihrerseits verstärkt oder selbst auslöst. So ist insbesondere der bisweilen hohe Anteil von Ordnungsmaßnahmen, mit denen auf gewaltausübende Schülerinnen und Schüler reagiert wird, kritisch zu bewerten. Aber auch übertriebene Leistungsanforderungen, einseitige kognitive Beanspruchung, ungerechte Benotung, Herabsetzung oder gar Erniedrigung sind Quellen aggressiven Verhaltens. Darüber hinaus nimmt Schule ihre Schülerinnen und Schüler zu wenig emotional an, sie betont einseitig die kognitiven Leistungen. Sie reduziert Bildung auf Wissensvermittlung und vernachlässigt positive Formen der Erziehung; last but not least mangelt es ihr an unterstützender Orientierungshilfe bei Selbstfindung und Lebensentwurf. Ich sehe also auch in der bisherigen Form des Schulverhaltens viele Ursachen für das entsprechende Schülerverhalten. Vor allem die ‘Technologisierung des Unterrichts’ durch die Lehrkräfte wie auch unabhängig von ihnen gesetzte Bedingungen bisheriger Unterrichtsstruktur, also Tests, Notengebung, Stoffpläne, 45-Minuten-Rhythmus, Konkurrenzverhalten der Schülerinnen und Schüler, sind problematisch; die Schule ist heute zu wenig human, sie geht zu wenig auf die wahren Bedürfnisse der Schülerschaft ein, weil sie zu einseitig, zu ‘verkopft’, nicht ganzheitlich ist. Die Unterrichtstechnologien haben Schule als potentiellen Lebensraum liquidiert und zur Lernfabrik umgemodelt; aber nicht einmal das Lernen gelingt ihr noch. Schüler reagieren überwiegend mit Flucht, mit realer oder phantasierter; sie verlassen das Schulgelände in den Pausen und schließen sich in die Toiletten ein, oder sie malen Palmeninseln und Kreuze auf ihre Arbeitstische.“

Vielleicht war Schule in ihrer jetzigen Form ja für unsere kulturelle Entwicklung wichtig und ausschlaggebend; vielleicht ist ihre Zeit aber mittlerweile vorbei. Vielleicht brauchen wir Schule überhaupt nicht mehr und statt dessen etwas ganz anderes, wie der Amerikaner Lewis J. Perelman mit seinem Buch „School's out" behauptet.

21. Gewalt in Jugendkultnischen

Vor 20 Jahren gab es noch eine ziemlich einheitliche Jugend in der westlichen Welt; sie war relativ uniformiert in ihren Lebensäußerungen, gekleidet mit blauem Jeans-Anzug, mit Schlüsselanhänger, mit schwarzen Bodden, mit Beatle-Frisur, sie liebte Rock- und Pop-Musik und stand den Flower-Power-Hippies nahe, und auch politisch war sie recht solidarisch und international, pazifistisch und eher sozialistisch gesinnt. Sportvereine, Schützenvereine und Jugendfeuerwehren gestalteten ihre Freizeit auf dem Lande.

Heute ist das ganz anders. Zwar gibt es noch in Deutschland 145000 Jungen und Mädchen bei den Jugendfeuerwehren, aber Löschen und Bergen, Retten und Kameradschaft bieten für immer mehr junge Leute nicht mehr den notwendigen „Kick", die Dosis an Abenteuerreizen ist ihnen zu gering; und auch die Sport- und Schützenvereine beklagen Nachwuchsmangel.

Etwa 200 Jugendkultnischen werden zur Zeit für Deutschland beschrieben. Sie sind höchst unterschiedlich, einige sind langlebig, andere sind nur ganz kurz „in". Da gibt es Hooligans, Skinheads, Neonazis, die Friedhofskultur betreibenden Grufties, die sich schwarz kleiden, ihre Gesichter weißen, die englische Rockgruppe „The Cure" bevorzugen, in Särgen schlafen und ihre Zimmer mit Grabsteinen dekorieren, da gibt es okkultistische und Satanskultgruppen, zahlreiche Jugendsekten, viele Parteijugendgruppierungen bis hin zu rechtsradikalen Wehrsportgruppen, da gibt es die HipHopper mit ihrer Graffiti-, Rap- und Breakdance-Nische, da gibt es S-Bahn-Surfer, Crash-Kids, Fahrstuhlsurfer, Cruiser, Skater, Auto- und Bus-Surfer, Stadtteilbanden und neuerdings die Phänomene des Airbaggings (man läßt zwei Luxuskarossen aufeinanerprallen und vertraut auf den Airbag) und des Elektrosmoggings (man steigt auf einen Hochspannungsmast und zündet sich am Überlandstromkabel eine Zigarette an). Darüber hinaus gibt es auch noch die Pfadfinder und diejenigen, die Extremsportarten wie das Mountainbiking, das Freeclimbing, das Wildwasser-Rafting, das Extrembergsteigen, das Durchqueren der Antarktis, das Fallschirmspringen, das Bungeespringen, das House-Running oder das Gleitschirm- und Drachenfliegen bevorzugen, weil nur dabei der Reiz des Prickelnden und die Lust am Risiko groß genug erscheinen.

Die Sucht nach der Gefahr ist dabei durchaus etwas Autoaggressives; der eigene Körper und die Willenskraft sollen bis an ihre Grenzen und darüber hinaus geführt werden, damit der Erfolg zur Ersatzbefriedigung und das schwache Ich gestärkt wird, aber auch um die eigenen Möglichkeiten bis zum äußersten auszutesten.

Viele dieser Jugendkultnischen sind aggressiv oder autoaggressiv, wobei die Gewalt gegen andere oder gegen sich selbst innerhalb der jeweiligen Nische hohe Anerkennung und damit Akzeptanz findet. Die Mutprobe gehört meist zum Aufnahmeritual, und die Gewaltbereitschaft nach außen oder in Form von Mut und Askese nach innen hat dann eine Bedeutung wie bei Initiationsfesten von Naturvölkern. Nichts ist abartig genug, um nicht doch für eine subkulturelle Nische zu taugen. Das neueste Phänomen ist das „Branding", das Selbstzufügen von Brandwunden:

„Ein kurzes Zischen, mindestens einen Monat Schmerzen, aufgebrochene Brandwunden, eiternde Entzündungen und am Ende ein mindestens anderthalb Zentimeter hohes, fleischiges Narbengewebe: Das hat sich der stilbewußte 19jährige Peter aus London seit Jahren gewünscht. Eine Tätowierung hat er schon, seinen Penis schmückt ein Ring, was bleibt einem übrig, wenn man sich von anderen noch unterscheiden will. Denn nachdem schon normale Supermodels nasenberingt und mit gepiercten Lippen, Brustwarzen und Augenbrauen herumlaufen, weiß der Trendsetter: Durchbohrte Körperteile sind out, nur noch Brandmale verhelfen zu unauslöschlichen Eindrücken."

So unterschiedlich die vielen Nischen inhaltlich sind, so viele formale Gemeinsamkeiten haben sie dennoch; die Nische bekommt Funktionen für das Ich, so daß die damit verbundene Ideologie, die Religion oder der subkulturelle Normenkonsens sekundär werden:

- Die Nische muß klein, also übersehbar sein;
- sie bietet Orientierung in bezug auf Bekleidungsverhalten, Musikgeschmack, Freizeitaktivitäten und Freundschaftsgestaltung;
- sie erleichtert mit nur für sie spezifischen Sprachcodes die Identifizierung von Gleichgesinnten;
- sie bietet Wir-Bewußtsein und Solidarität;

– sie hat eine familienersetzende Funktion, schafft also auch Geborgenheit;
– sie bietet ein Feindbild an, das das Wir-Bewußtsein erhöht, das aber auch Aufgaben, Lebenssinn und Freizeitbeschäftigungen gibt (die gegnerischen Fans verprügeln, die Polizei austricksen, Ausländer „klatschen“);
– über das Feindbild sind Erfolge und damit Anerkennungszugewinn möglich; man findet seine Identität, seinen Stellenwert in der Rangordnungsposition wieder, die die Gruppe einem zuweist, und die kleine Nische bietet eine höhere Chance auf Rangordnungsaufstieg als die komplizierte Leistungsgesellschaft außerhalb.

Die Bereitschaft zu häufigen und brutalen Gewalttaten verheißt in manchen Nischen wie bei den Skinheads ein hohes Maß an Anerkennung, so daß Aggressionsbereitschaft zu einer hochakzeptierten Binnennorm gerät, die selbst dann gepflegt wird, wenn man sie für sich allein ablehnt. Zu der Gruppe gehören zu dürfen ist eben ein höherer Wert als die private Abneigung gegen Gewalt, so daß man „mit den Wölfen“ anders „heult“ als allein. Der Gruppenzwang macht daher aus so manchen zu Hause pflegeleichten und in Polizeiverhören liebenswert erscheinenden Individuen gewalttätige Bestien.

Die familienersetzende Funktion ist die wichtigste von Jugendkultnischen. Man kann direkt einen Zusammenhang zwischen Familienzerfall und Abdriften in Jugendgruppen feststellen; je kaputter die eigene Familie ist, desto größer wird der Sog in die Gruppe hinein. Und zwar ist sie der Maßstab dafür, wie der junge Mensch selbst seine Familie einschätzt, und nicht der der hohen materiellen und sonstigen Fürsorge durch die Eltern, die zu ihrer Rechtfertigung, wenn denn etwas total schiefgelaufen ist, ja durchweg den Satz formulieren: „Wir haben es doch immer nur gut gemeint.“

Mit den vielen wie Pilze aus dem Boden schießenden Jugendkultnischen bekommt unsere Nachkriegsgesellschaft eine gehörige Quittung. Allzu lange haben die Erwachsenen den beiden für sie vorherrschenden Leitwerten Materialismus und Konsum gefrönt. Diese tragen viele junge Menschen nicht mehr weit genug; das Arbeiten und Geldverdienen, der Hausbau und das Autofahren, der Urlaub auf Mallorca oder in der Karibik und das Kaufen der aktuellsten Klamotten, all das gibt noch nicht viel Lebenssinn, da fehlt der ideologische oder religiöse Überbau.

Die Bedeutung der christlichen Religion hat stark abgenommen, aber das Bedürfnis nach Religion ist geblieben, es wird nur anders befriedigt. Nach dem Geringerwerden des normativen Zugriffs der beiden großen Volkskirchen in Deutschland ist gerade für viele junge Menschen ein gewaltiges Werteloch entstanden, das sie nun ihrerseits auf ihre Weise zu füllen versuchen, indem sie auf Angebote von Jugendsekten, von Scientologen, von esoterischen Zirkeln, von Mönchsorden aus Asien, von den Zeugen Jehovas, vom Zen-Buddhismus, aber auch von okkultistischen oder Satanskultgruppen eingehen und oft auch reinfallen.

Etwa zwei Drittel aller deutschen Schüler kennen bereits okkulte Praktiken wie das Gläserrücken, das Legen von Tarotkarten oder das Pendeln, die ihnen vermeintlich Fragen über ihre Zukunft oder über ihr Wesen beantworten. In manchen Nischen – vor allem in den neuen Bundesländern – werden „Schwarze Messen" zelebriert, in denen Blut und Tiere geopfert werden und in denen Vergewaltigungen und andere sexuelle Rituale kultiviert werden.

Gerade Kinder und Jugendliche lassen sich gern vom Unerklärlichen verzaubern; sie sind bereit, sich durch Gurus einfangen zu lassen, weil sie sich von deren alternativer Welt fasziniert fühlen. Dabei ist es von Anfang an vor allem das Neue, der ungewohnte Zugang zur Welterklärung, was zum Faszinosum gerät, verbunden mit dem oft nicht unerheblichen Charisma der anwerbenden Persönlichkeit. Junge Menschen suchen im Okkultismus Orientierung, Hilfe, Ausweg und Sinnerfüllung, und zwar mit der Möglichkeit, gleichzeitig ihre eigene Verantwortung abzugeben und an andere oder an das Schicksal zu delegieren. Sie bräuchten, meinen sie, dann ja nicht mehr ihre Probleme selbst zu lösen, weil ihr Schicksal bereits überirdisch entschieden sei.

22. Gewaltreiche Vorbilder der Erwachsenenwelt

So gewalttätig, wie Erwachsene in den Bereichen Politik, Medien, Beruf, Familie, Sexualität, Freizeit und Straßenverkehr sowie mit ihren vielen Kriegen sind, muß es eigentlich verwundern, daß Kinder und Jugendliche nicht noch aggressiver sind.

Der bekannte Filmheld Clint Eastwood, selbst ein gewaltträchtiges Vorbild für die Lösung von Problemen, sagte einmal: „Als die Unruhen in Los Angeles ausbrachen, kam ich an einem Waffengeschäft vorbei, in dem man normalerweise kaum einen Kunden sieht. An dem Tag stand dort eine Schlange vor dem Geschäft wie bei der Premiere zu 'Vom Winde verweht'; alles normal aussehende Bürger, alle total verängstigt." Und er resümiert: „Mir macht die Toleranz Sorgen, die unsere Gesellschaft gegenüber Gewalt zeigt. Die Gewaltbereitschaft ist heute auf einer Schwelle angelangt, die einen fragen läßt, wo das endet."

Gewaltreiche Vorbilder werden im Moment überall produziert, künstlich in den Fragehorizont von Kindern gerückt, durch Medien, durch Gewaltstatistiken, durch Eltern, die den Bildschirmkonsum ihrer Söhne und Töchter weder überwachen noch mit Gesprächen relativieren, aber auch durch die Hysterie um sexuelle Übergriffe gegenüber jungen Menschen, die nie Gefahr laufen, solche Opfer zu werden. Kriminalstatistiken haben die Schwäche, wie Dietmar Pieper feststellt, daß sie unter der schwankenden Effizienz der Polizei zu verschiedenen Zeiten und in verschiedenen Regionen leiden. Wenn es mehr Polizisten gibt, sinkt die reale Kriminalität, während gleichzeitig die statistische steigt. Und was Gewalt ist, wird durch eine sich wandelnde Gesetzgebung immer wieder neu definiert, so beispielsweise 1973, als der Kuppeleiparagraph abgeschafft wurde, oder 1992, als der Aufenthalt vieler Ausländer in der Bundesrepublik plötzlich kriminalisiert wurde.

Wenn wir von Gewaltzunahme oder -abnahme sprechen, brauchen wir also immer einen Bezugspunkt. Im Moment haben wir offenbar den relativ friedlichen (von der DDR einmal abgesehen) der 50er und 60er Jahre vor Augen, wenn wir eine „Spirale der Gewalt" diagnostizieren, denn von 1933 bis 1945 war Gewalt viel gesellschaftsbestimmender als heute, denken wir nur an die Kriegsereignisse und an den Holocaust. Und vor 350 Jahren waren Kriege, Morde, Vergewaltigungen und Krankheiten, Sklaverei, Korruption, Hexenverfolgungen, Teufelsaustreibungen und schlimme Kinderarbeit, schlagende Eltern und vieles andere mehr um ein vielfaches häufiger als heute, ganz zu schweigen von der himmelschreienden Ungerechtigkeit der Regenten, Kirchen und Gerichte.

Es gibt durchaus Medien, Verbände, Gruppierungen und Einzelpersonen, die ein wirtschaftliches Interesse an der Zunahme von Gewalt haben; die Polizeigewerkschaft kann dann mehr Polizisten fordern, die Lehrergewerkschaft mehr Lehrerplanstellen und kleinere Klassen, die Sozialarbeiter mehr Sozialarbeit, der Bundesinnenminister den großen Lauschangriff, und die Zeitungen haben dann ein Mehr an verkaufsfördernden Überschriften.

Zur Gewalteskalation gehört eben auch ein Geschäft mit der Angst, und die Kinder kriegen das alles mit, in den Zeitungen, auf dem Bildschirm und über Gespräche in den Schulen. Gewalt macht ihnen angst, das Reden über die Zunahme von Gewalt fördert ihre Sorgen, so daß sie sich gewaltreiche Filme öfter anschauen, um zu sehen, wie andere in Gewaltsituationen ihre Ängste meistern. Und weil ihre Furcht vor Gewalt zum Reiz des Prickelns führt, wenn sie sich vom gemütlichen Bett aus einen Zombie-Film „reinziehen", konsumieren sie irgendwann auf der Kippe zwischen ihrer Angst und der Hoffnung, daß das Gute im Film obsiegt, ganz gern Gewaltszenen, die ihnen auch Auswege anbieten, obwohl die allzuoft völlig unrealistisch sind. Auf diese Auswege vertrauen sie dann auch, wenn sie ihre eigenen Konflikte lösen müssen, so daß sie über Imitationslernen gefährdet sind, die gewaltreichen Vorbilder der Erwachsenenwelt nachzuleben. Haben sie schließlich damit sogar Erfolg, gewöhnen sie sich an Gewalt als Kommunikations- und problemlösendes Interaktionsmittel und empfinden schließlich sogar Gewalt erotisch.

Dietmar Pieper hat in einem Beitrag mit dem Titel „Erziehung zur Gewalt" in DER SPIEGEL Nr. 7/1994 deutlich gemacht, daß nicht am Anfang Gewalt bzw. Gewaltbereitschaft ist, sondern Frust. Und dieser Frust sucht sich Protest- bzw. Widerstandsformen gegen das eigene Unwohlsein, für das die Erwachsenen verantwortlich gemacht werden. Erst ist also Frust da, dann das Bedürfnis nach Aufbegehren, dann wird es – oft relativ zufällig, jedenfalls was die 90 Prozent der Mitläufer in allen Jugendkultnischen anbelangt – mit Inhalt, mit Parolen (beispielsweise gegen Ausländer) gefüllt, und erst dann kommt es zur Gewalttat. Zuvor gibt es allerdings viele Möglichkeiten zur Prävention und zur Intervention, die von den Eltern, Erziehern, Lehrern, Politikern meist nicht genutzt werden; so ist also die „Spirale der Gewalt" auch eine Spirale der Trägheit der Erwachsenen. Pieper schreibt dazu völlig richtig:

„Daß in diesen Tagen rechtsextreme Attacken gerade von Jugendlichen, ja Kindern ausgehen, gilt oft als Indiz für einen moralischen Niedergang. Bei näherer Betrachtung erweist sich solche Gewalt vor allem als neue Form des Protests – Protest gegen die verordnete und darum immer auch verlogene Friedfertigkeit, Protest gegen die Sinnlosigkeit allen Protests, Protest gegen eine Politik, die Jugendliche für politikunfähig hält. Paradox genug: 16jährige, deren Worte kein Politiker ernst nimmt, bringen mit Brandsätzen den Staat ins Wanken. Opfer der Schwachen sind noch Schwächere – Ausländer, Wohnungslose, Behinderte, egal. Der Bielefelder Jugendforscher Wilhelm Heitmeyer: 'Die Gewalt sucht sich Parolen.' Und nicht umgekehrt."

Anfällig für solche Parolen sind übrigens vor allem Jungen in den neuen Bundesländern, und mehrheitlich rekrutieren sie ihre fremdenfeindlichen und deutschtümelnden Ideale merkwürdigerweise, wie Umfragen ergeben haben, von ihren Großvätern, die als Nationalsozialisten oder als Soldaten oft ausgesprochen aktiv waren und heute noch selbstrechtfertigend und verherrlichend dazu stehen.

23. Männlichkeitsideale gegen liebevolle Väterlichkeit

Die Männer, also Väter, Erzieher, Lehrer und Bildschirmhelden, sind mit ihrem „Macho"-Gehabe, ihrem Kraftsport, ihren Waffen, ihrem Verzicht auf Körperkontakt, Emotionalität und Weinen, ihren sexuellen Übergriffen, ihrem Schlagen, ihren Rangordnungskämpfen und überhaupt mit ihrer „coolen" Alltagsbewältigung das größte Problem in der Erziehung. Sie sorgen dafür, daß es in unserer Gesellschaft ein Übermaß an brutaler Männlichkeit und einen Mangel an liebevoller Väterlichkeit gibt. Sie überlassen oft Zusammenleben mit Kindern und Erziehung den Frauen, sind aber gleichzeitig Modelle für die Rollenfindung ihrer Söhne. „Cool"-Sein ist momentan eben ein hoher Wert, „cool" schadet aber Kindern sehr.

Kinder brauchen viel Zärtlichkeit und Hautkontakte, Jungen bis zum 10. Lebensjahr etwa sogar mehr als Mädchen. Deutsche Kinder bekommen aber weniger Körperkontakte als mediterrane und skandinavische Kinder, norddeutsche bekommen weniger als süddeutsche, Jungen bekommen weniger als Mädchen, Väter geben weniger als Mütter, und Mütter sprechen auch noch mit ihren Töchtern unbewußt mehr als mit ihren Söhnen. Ein norddeutscher Junge, der allein mit seinem Vater aufwächst, ist also besonders arm dran.

In den USA beschäftigen sich Väter im Schnitt ganze 37 Sekunden täglich mit ihren Kindern. In Deutschland nutzen nur 4 Prozent aller Männer die Chance eines Erziehungsurlaubs. Männer unterhalten sich hierzulande über Autos, Karrieren, Geld oder Frauen, nicht aber über Gefühle. Für Jungen ist das gar nicht gut, so daß es trösten mag, daß sie durchweg von Frauen erzogen werden, denn die Mütter, die Erzieherinnen, die Lehrerinnen und die Großmütter machen das mittlerweile ganz gut; sie haben ihre klassische Haustier- und leibliche Versorgungsfunktionsrolle um die herkömmlichen Männlichkeitsanteile wie das Fordern, das Grenzensetzen, das In-die-Zukunft- und In-die-weite-Welt-hinaus-Führen und das Konsequentsein erweitert. Objektiv machen sie es also tatsächlich richtig, aber subjektiv nutzt dem Sohn das nicht viel, weil er stets das Gefühl hat, daß ihm etwas fehlt, was andere Jungen haben, wenn er bei der geschiedenen Mutter lebt, nämlich ein Vater. Solche Jungen orientieren sich dann auf der Suche nach ihrer Männlichkeit an Filmidolen und an älteren Jugendlichen aus der Nachbarschaft und gewinnen auf diese Weise durchweg mißliche Ideale, also waffentragende, schmerzaushaltende, zuschlagende, „coole" und sexistische, mit Bodybuilding, Hanteln und Geschwindigkeitsrausch angereichert.

Wenn sich Eltern trennen, verliert jedes zweite Kind den Kontakt zum Vater ganz; das betrifft in Deutschland zur Zeit etwa eine Million Kinder. Nur ein gesetzlich verankertes gemeinsames Sorgerecht könnte da Abhilfe schaffen, wie es in Skandinavien in 90 Prozent aller Scheidungsfälle umgesetzt wird.

Die Väter, Erzieher und Lehrer sind im Moment emotional auf dem Rückzug, wenn es um Erziehung geht. Aus Angst davor, als pädophil oder Sexualstraftäter mißverstanden zu werden, verzichten sie im Zuge der Diskussion um sexuelle Übergriffe, für die statistisch gesehen vor allem männliche Bezugspersonen aus dem Nahraum des Kindes in Frage kommen, lieber ganz auf Körperkontakte. Sexuelle Gewalt gegenüber Kindern ist zwar mehr als schlimm, gesamtgesellschaftlich schlimmer ist aber, wenn sich die männlichen Bezugspersonen in Sachen Emotionalität immer mehr enthalten, denn die Zahl der Männer, die auf Körperkontakte verzichtet, ist um ein Vielfaches größer als die der sexuellen Mißhandlungen, so daß durch letztere insgesamt weniger Schaden entsteht als durch den totalen emotionalen Rückzug der Männer.

Lehrerstudenten müssen zunehmend zum Einsatz des Körpers ermuntert werden, wenn das Kind den Wunsch nach Nähe und Liebe signalisiert, vor 20 Jahren war das noch nicht nötig. Der Verzicht auf zärtliche Kommunikation durch Männer ist wahrscheinlich die wichtigste Ursache für die momentan vermutete Gewalteskalation. Und wenn Körperkontakt angesagt ist, dann muß er leider oft unmißverständlich überdeutlich sein; Schlagen, Treten, Rangeln, Judo, Catchen, Wrestling und Boxen, Würgen und in den Schwitzkasten nehmen sind eben unverdächtige Alternativen, die immer häufiger von Männern und auch Jungen eingesetzt werden, um Körperkontaktwünsche zu kanalisieren; deshalb stehen auch Bud-Spencer-Filme, Kick-Box-, Karate-, Wrestling-, Ninja- und Ringkämpfe so hoch im Kurs der Kleinen, wenn sie fernsehen; sie wollen eben über den Bildschirm etwas hinzulernen, um sich besser auf deftige Umgangsformen einstellen zu können.

Dabei wollen die meisten Menschen lieber Zärtlichkeit erleben; sie genießen Saunen, Massagen, Sonnenbaden, Duschen und Eincremen als Hautkontaktzuwendungen. Immerhin halten 94 Prozent aller Deutschen nach einer Umfrage der Wickert-Institute Schmusen für „wichtig" oder „sehr wichtig".

Interessant ist in diesem Zusammenhang eine Umfrage der Gesamthochschule Kassel bei Mädchen, die Pferde besitzen; für 79 Prozent von ihnen ist die Mutter eine wichtige Bezugsperson, für 70 Prozent das Pferd und nur für 67 Prozent der Vater. Männer schneiden also emotional schlechter ab als die Vierbeiner. Eigentlich müßten sich die Männer übrigens gar nicht so zurückhalten, denn eine andere Untersuchung hat ergeben, daß Väter mit kleinen Kindern in der Öffentlichkeit sehr viel freundlicher als Mütter mit kleinen Kindern behandelt werden, gleichzeitig schämen sich aber viele Väter mit ihren kleinen Kindern im Supermarkt oder im öffentlichen Verkehrsmittel, während Mütter fast nie dazu neigen.

Viele Väter empfinden ihre Kinder innerhalb der Familie eher als lästig, sind aber nach außen stolz auf sie, wenn sie gute Zeugnisse haben, Abitur machen oder mit ihrer Sportmannschaft einen Titel erringen. Leider gibt es immer noch Männer – in Südamerika ganz viele –, die mit der Zeugung nur ihre Männlichkeit unter Beweis stellen wollen, die schon vor oder erst kurz nach der Geburt flüchten, die sich lieber in ihren Beruf zurückziehen als in der Familie präsent zu sein, die sich aus allen Erziehungsfragen total heraushalten oder die sich nur die angenehmen Anteile (Ausflüge, Kino, Jahrmarkt, Segeln ...) herauspicken.

Neonazis sind übrigens besonders häufig vaterlos oder mit äußerst schwachen Vätern aufgewachsene Jungen, die gleichzeitig hilflose und unstet führende Mütter hatten, so daß in ihnen eine extrem große Sehnsucht nach kraftstrotzender Männlichkeit, nach Ordnung und Konsequenz bis hin zur martialischen Kostümierung aufkommt. Kinder sehnen sich nach Autorität, und wenn die nicht vorhanden ist, nach der Steigerungsform, nämlich der autoritären oder totalitären Figur. Wer als Kind wenige Grenzen erfahren hat, sucht sich die Grenzerfahrung selbst, beispielsweise durch hohe Risiken oder durch Extremsportarten.

Väter, die Autorität, Grenzen und auch Wärme bieten, haben nur selten Söhne, die zu Machos, zu Neonazis oder zu Freeclimbern werden, und nur selten Söhne, die schwul oder pädophil werden. Väter sind mit allem, was sie tun, und was sie nicht tun, immer auch Täter, also auch Initiatoren von Gewalt.

Mädchen vermuten gelegentlich in Jungen und Männern potentielle Gewalttäter, weil sie mißliche Männlichkeit überreichlich auf dem Bildschirm, in Büchern, Zeitungen und Zeitschriften, aber auch in Familie und Schule erlebt haben. Sie leiden in großer Zahl unter dem Imponiergehabe von „Machos", weil sie Kraft und Stärke durchweg anders bewerten als Männer und Jungen, nämlich wesentlich geringer. Sie sind deshalb auch für eine partielle Auflösung der koedukativen Lernverbände in Schulen dankbar, zumindest in Fächern wie Sport, Chemie, Physik und Informatik, weil sie befürchten, ansonsten nicht so recht zum Zuge zu kommen und nicht die erforderlichen Lernfortschritte machen zu können.

Leider hat die breite Diskussion um sexuelle Übergriffe gegenüber Kindern auch viele Jungen und Mädchen in der Weise verunsichert, daß sie hinter jeder harmlosen emotionalen oder körperlichen Zuwendung durch einen Erwachsenen eine sexuelle Motivation vermuten, so daß sie schon deshalb rauhere Umgangsformen bevorzugen ...

24. Gewalt als Folge von verlorener Kindheit

Durch Streß der Mütter während der Schwangerschaft bedingte Frühgeburten, die dank der Fortschritte der Medizin zunehmend überleben, haben eine wichtige Entwicklungsphase im Mutterleib übersprungen, und die Folgen tragen sie meist ein Leben lang mit sich herum.

Wenn Neil Postman vom „Verschwinden der Kindheit" spricht, beklagt er ein aktuelles Phänomen, das allerdings schon in früheren geschichtlichen Epochen bekannt war: Der englische Philosoph John Locke hatte bereits Kindheit mit Krankheit gleichgesetzt und Kinder als „noch unfertige Erwachsene" bezeichnet. Früher gab es kaum Spielzeug für Kinder und auch nur selten eigene Bekleidungsstücke. Kinder mußten, so früh es ging, in der Landwirtschaft, in Bergwerken, in der Manufaktur und auch im Haushalt mitarbeiten, sie hatten keine Zeit zum Spielen.

Heute geht der Wunsch nach Überspringen von kindgemäßen Entwicklungs- und Spielstufen durchweg vom Kind selbst aus. Immer früher möchte es wie Erwachsene zum Shopping gehen, konsumieren, sich kleiden, in Restaurants gehen, Zeitschriften und Zeitungen lesen, Filme sehen, sich schminken, Sex haben und Freizeit gestalten. Die moderne Lebensform des Kindes ist die des „Kind-Erwachsenen", wie Reinhard Kahl sagt; es will schon vom 5. Lebensjahr an wie ein Jugendlicher aussehen und leben; aber auch die Erwachsenen wollen immer länger jugendlich wirken und sich wie Jugendliche entäußern.

Kinder, die ihr Leben überwiegend sitzend und irgend etwas konsumierend verbringen, haben Handlungs-, Erkundungs-, Wahrnehmungs-, Bewegungs- und Koordinationsdefizite; sie sind sinnesgeschwächt, weil es ihnen an Spielerfahrungen, die sie als „kindisch" abqualifizieren, und damit an Sozialerfahrungen fehlt. Sie sind defizitbedingte seelische Krüppel, übergewichtig, unfallgefährdet, „spaddelig", hyperaktiv, weil ihre motorischen körperlichen Bedürfnisse von ihnen selbst ständig unterdrückt werden, hautsinnes- und gleichgewichtssinnesgeschwächt, rechenschwach, abstraktionsunfähig und auch ansonsten voller Teilleistungsschwächen und Ausfälle. Weil ihre Kindheit nur sehr eingeschränkt stattfand und sie sich nicht zu ihr bekennen konnten, muß sie unbewußt ein Leben lang nachgeholt werden, so daß Menschen, die ihre Kindheit übersprungen haben, ein Leben lang kindlich bleiben; ihre nicht gehabte Kindheit bricht als Sehnsucht immer wieder aus ihnen hervor, so daß sie später spielsüchtig werden, von Waffen fasziniert sind und immer wieder unreif reagieren, zum Beispiel beim Austragen von Partnerschaftskonflikten, bei denen sie beleidigt oder trotzig sind oder mit dem Gegenüber spielen, aber auch, wenn sie mit PS-starken Autos spielen, weil sie früher mit Spielzeugautos zu wenig umgingen.

Neuerdings schaffen die Bundesländer allerorten „Kinderbeauftragte“, die die Interessen und Bedürfnisse von Kindern wahrnehmen und schützen sollen; das ist ein Indiz dafür, daß Kindheit in unserer Gesellschaft wie eine aussterbende Pflanzen- oder Tierart bedroht ist.

Vor allem für „Kids betuchter Eltern“ ist mußevolles Spielen zu etwas Aussterbendem geworden. Sie werden mit den Übererwartungen ihrer Eltern zu Verfrühungen, also zum Überspringen von wichtigen Kindheitsphasen, gezwungen.

Ihre Freizeit ist oft strikt verplant. Sie leben mit einem gefüllten Terminkalender, den die Mutter führt und der sie streßt: Klavierunterricht, Chauffieren zum Kindergeburtstag, Hockey, Tennis, Reiten, Nachhilfeunterricht, ... Die Kinder pendeln zwischen den Inseln der Freizeit, weil die Eltern glauben, daß im modernen „gutsituierten“ Kinderleben nichts dem Zufall überlassen bleiben darf, denn sonst würden Einsamkeit, Isolation und sozialer Abstieg drohen. An diesen Trubel gewöhnt, entwickeln die Kinder schon Managereinstellungen: Sie haben ständig das Gefühl, sie könnten trotz ihrer Umtriebigkeit noch irgendwo irgend etwas versäumen, so daß sie allzufrüh zu Partymonstern, zu Trebegängern zwischen Disco, Jam, Meeting, Kino, Konzert, Jugendclique, Training, Schwimmbadsession und Fußgängerzonentreff werden.

Die Erwachsenen, die Stadtplaner, die Architekten, die Schulgestalter und die Politiker haben das Gespür für kindliche Lebensräume verloren. Lebensräume werden vor allem für die Bedürfnisse von Erwachsenen geschaffen, für Autos, für Profit, für Wohnsilos, verkehrsgerecht und ordnungsgesteuert; Spielplätze werden meist nur aus optischen Gründen und um das Gewissen irgendwie zu beruhigen eingerichtet, einfallslos, trostlos, langweilig für Kinder und extrem gesundheitsschädlich. Stadtplaner rechnen pro Kind einen Quadratmeter Spielfläche ein, pro Auto aber sieben. Kinder wehren sich noch nicht direkt dagegen, sie reagieren autoaggressiv mit psychosomatischen und Verhaltensstörungen, mit Sinnesschwächen und Schulleistungsstörungen; aber Jugendlichen wird meist durchaus bewußt, daß sie in den politischen Planungen weitgehend übersehen werden. 80 Prozent von ihnen meinen sogar, daß Politik sie hintergehe bzw. betrüge.

Am schlimmsten leidet die Kindheit offenbar am Wochenende, weil sie dann weder von Kindergärten und Kindertagesheimen noch von Schulen einigermaßen beschützt wird. Die Familie geht am schlechtesten mit Kindheit als einer eigenständigen und zu schonenden Entwicklungsstufe um, denn stundenlang auf Autorücksitzen durch die Gegend gefahrene Jungen und Mädchen, stundenlang vor Fernsehgeräten konsumierende Kinder, die sich langweilen, weil ihre Eltern weder zu Spiel oder Sport noch zu Bewegungen mit ihnen bereit sind, und stundenlang mit Verwandtschaftstreffen angeödete junge Menschen sind am Montagmorgen, wenn sie wieder in die Schule kommen, oft so geschädigt oder desolat, daß viele Lehrer wegen dieses „Montags-Syndroms“ erst am Dienstag wieder Unterricht machen können, weil sie den Montag benötigen, um die nicht gehabte Kindheit des Wochenendes verarbeitend, entlastend und kompensatorisch nachzuholen.

25. Jugendliche Lebensformen und Trends als Leitbilder für Kinder und Erwachsene

Wer von Problemkindern hört, denkt vor allem an mißhandelte oder vernachlässigte Jungen und Mädchen, an Schlüssel- und Scheidungskinder, an Kinder, die unter den Übererwartungen ihrer Eltern zu zerbrechen drohen, und an die Fernseh- und Computerkids, die den gewaltreichen Bildschirmkonsum nicht zu verarbeiten vermögen.

Und so liegt der Schluß nahe, daß besonders kaputte oder zu enge Familienverhältnisse für erzieherische Defizite beim Aufwachsen junger Menschen verantwortlich sind. 31 Prozent der Hamburger Kinder sind Einzelkinder, 41 Prozent aller 13jährigen in Hamburg leben „nur“ mit der Mutter; bis zum 14. Lebensjahr haben Kinder durchschnittlich 4000 Stunden länger vor dem Fernsehgerät als in der Schule gesessen, und nicht nur in Hamburg-

Horn hocken bereits mehr als die Hälfte aller Grundschüler etwa 9 Stunden täglich vor der „Glotze".

Solchen Kindern mangelt es an Geschwisterlichkeit, an erwachsenen Bezugspersonen, an Spielgefährten, an Bewegung, an Liebe, Zeit, Ansprache, Zuhören, Körperkontakt und Sinneserfahrung über das Visuelle hinaus. Je länger diese kommunikativen Zuwendungen unterdosiert bleiben, desto größer wird der Drang nach Ausgleich, bis er im Jugendalter oft explosionsartig ausbricht. Alle zu wenig gehabten Reize werden dann auf einmal befriedigt, und zwar in der Clique, auf Partys, in der Graffiti-Sprüher-Gruppe, in aktions- und rauschträchtigen Hooligangruppen, bei den Ghetto-Kingz in Steilshoop, als Crash-Kid, beim S-Bahn-Surfen oder auf HipHop-Jams. 24stündige Tekkno-Feten mit der synthetischen Droge Ecstasy, nächtelanges Umherirren durch die Stadt von Party zu Party und Disco zu Disco, mit der Sprühdose in der Jackentasche, dem Filzstift zum Taggen, dem Springmesser für den Notfall einer Schlägerei und dem Kondom für alle Fälle symbolisieren das starke Bedürfnis nach Action, Prickeln, Kommunikation, Anerkennung, Sinneserfahrung und Mobilität. Sportvereine, kirchliche Jugendarbeit, Jugendfeuerwehren und Schützenvereine schaffen es dagegen immer seltener, mit ihrer vergleichsweise geringen Reizdosis, Jugendliche noch zu motivieren. Und bei alledem mangelt es den jungen Menschen chronisch an Geld zur Befriedigung ihrer enormen Konsumwünsche, so daß die meisten von ihnen jobben oder sich mit dem Gedanken an einen einträglichen Job quälen. Sie werden eingequetscht zwischen werbegesteuerten Modeströmungen, elterlichen und schulischen Verhaltens- und Leistungserwartungen, sich ständig wandelnden Jugendkultnischen, von denen es zur Zeit in Deutschland über 200 gibt, der Fülle rivalisierender Normen, die wir Wertepluralismus nennen, und ihren eigenen Geborgenheits-, Anerkennungs- und Lebensplanbedürfnissen.

Da immer mehr junge Menschen mit einem Mangel an familiärer Einbindung aufwachsen, flüchten sie sich in die familienersetzenden Trends der Gleichaltrigkeit, die ihnen Orientierung, Wir-Gefühl, Sinnerfüllung, Feindbild, Rangordnungsaufstieg und damit Anerkennungszuwachs und Freizeitbewältigung anbieten, aber auch – wenn sie sich bereits als Verlierer gesellschaftlicher Behauptungs-, Sozialprestige- und Karrierekämpfe fühlen – Verdrängungs- und Fluchtmöglichkeiten bis zum Ausstieg in die Welt des Rausches.

Das Dilemma der jungen Menschen in Hamburg ist, daß sie in einer fast perfekten, für Erwachsene gestalteten Welt, in der alles geregelt ist – beispielsweise mit autogerechten Straßen –, aufwachsen, daß aber gleichzeitig die drei Generationen Kindheit, Jugend und Erwachsenendasein sich ausgerechnet die Lebensformen der unausgegorenen, zerrissenen und pubertären Jugend zum Lebensideal gemacht haben: Wir sprechen vom Aussterben der Kindheit, wenn immer mehr Kinder immer früher wie Jugendliche leben wollen und deshalb die für ihr Gedeihen so wichtigen Sinneserfahrungs- und Spielstufen überspringen; und wir beklagen, daß immer mehr Erwachsene mit gefärbten Haaren, mit Jeans, mit Kosmetik, mit Ohrringen, Motorrädern und Krafttraining möglichst lange wie Jugendliche aussehen und ihre Freizeit verbringen wollen. Jugendspezifisch ist das Ausprobieren von Grenzübertritten aus Abenteuerlust und um ein stimmiges Weltbild aufbauen zu können. Wenn aber auch schon Kinder und wenn Erwachsene immer noch den Reiz des Prickelnden suchen, dann dürfen wir uns nicht mehr über die „Spirale der Gewalt", die unsere ganze Gesellschaft erfaßt hat, wundern.

Überforderungen zwischen herkömmlichen familiären Werten (qualifizierender Schulabschluß, guter Ausbildungsplatz, karriereträchtiger Studiengang, Ordnung, Fleiß, Sauberkeit) und Trends der Jugendwelt (Partys, Musikgeschmack, modische Frisur und Kleidung, Konsum von Zigaretten, Alkohol und Hasch) sind es, die zu Versagererlebnissen, Lügentaktik und zu Verdrängungswünschen führen. Nur der Rausch kann die Probleme vorübergehend vergessen lassen, deshalb rauchen immer mehr 11jährige, deshalb konsumieren immer mehr 12jährige Alkohol, deshalb gibt es kaum noch eine Oberstufenparty ohne Hasch, deshalb greift inzwischen auch in Hamburg die verheerendste aller Drogen, nämlich Crack – ursprünglich von deutschen Gastschülern und amerikanischen Soldaten mit nach Deutschland gebracht –, immer mehr um sich.

„Jugend im Dauerfrust" und „Nur besoffen ist es schön" sind typische Überschriften von Zeitungsberichten aus den letzten Monaten. Sie stehen für schlimme Trends, die mittlerweile auch schon einen Sog auf junge Menschen aus „gutem Elternhaus" bzw. aus „heilen Familien" ausüben. Zwar gibt es immer mehr Eltern, die sich allzufrüh resigniert von ihren Kindern zurückziehen und sie einfach sich selbst überlassen; zwar gibt es nach wie vor viele erzieherisch äußerst bemühte, aber völlig hilflose Eltern, die jeden sich anbietenden Erziehungsratgeber auf der Suche nach besseren Lösungen im Umgang mit ihren Kindern verschlingen; es gibt aber zunehmend auch Eltern, die eigentlich fast alles richtig mit ihren Kindern machen, die aber dennoch mit Kummer beobachten, wie der Sog der Jugendkulttrends auch ihre Kinder erreicht: die Normen der Gleichaltrigkeitsszenerie sind inzwischen für die meisten jungen Menschen bedeutsamer als die Normen ihres wirklich guten Elternhauses geworden, und die Trends werden in der Jugendszene eher von jungen Menschen aus kaputten Familienverhältnissen gemacht. Eltern kommen kaum noch gegen die Bildschirm-, Schulhof-, Party- und Jugendgruppeneinflüsse an, und wenn sie sie durch Fernsehverbote, Privatschulbesuche und Stubenarreste zu minimalisieren suchen, bewirken sie durchweg bloß die Erhöhung ihrer Attraktivität.

Die gute Familienerziehung kann es also allein nicht schaffen; nur wenn die Schule ihren Erziehungsauftrag, der in ihren Richtlinien steht, endlich stark engagiert annimmt, läßt sich das Trend- und Rauschbedürfnis unserer Jugend wieder kontrollieren.

Denn selbst Skins haben Sehnsucht nach Normalität. Befragungen haben ergeben, daß ihre Ziele heißen: Arbeitsplatz, Familie, Wohnung, Zukunftssicherheit. Politiker, die ihnen das vorenthalten, machen sich mitschuldig an ihren aufgesetzten fremdenfeindlichen und haßerfüllten Provokationen, mit denen sie eigentlich nur gegen ihre eigene trostlose Verlierersituation und Hilflosigkeit, ihr Schicksal selbst in die Hand zu nehmen, protestieren. Denn sie sind unselbständig, nur zu reproduktiven Leistungen fähig, und sie haben Individualitätsverzicht gelernt, vor allem in den neuen Bundesländern, in denen die DDR mit der Vermittlung eines im Alltag kaum anwendbaren Wissens, mit dem Einüben bloß kollektivistischen disziplinierten und streng kontrollierten Verhaltens und dem Kreativität tötenden Dosieren und Abfragen ihrer Schulen schlimme Spuren hinterlassen hat. Dietmar Sturzbecher von der Universität Potsdam schrieb dazu in der Deutschen Lehrerzeitung Nr. 44/1992:

„Die Defizite an jugendgemäßen Freizeitangeboten produzieren Langeweile, die in Alkoholmißbrauch und Gewalttätigkeiten mündet. Einer der befragten Skinheads formulierte das so: ‘Wenn du gar nicht mehr weißt, was du machen sollst, baust du eben

Scheiße.' Und: 'Ich glaube, es gibt keinen jugendlichen Gewalttäter, der nüchtern ist.' So entwickelt sich diese 'Wendegeneration' Jugendlicher teilweise zu provokanten 'Wendeverlierern' mit unzeitgemäßen Idealen und unrealistischen Wünschen, aber ohne brauchbare Ausbildung und gewohnte Hilfen."

Nach einer Studie des Freizeitpädagogen Horst W. Opaschowski werden die Jugendlichen heute immer mehr zu einer „Erlebnisgeneration". Zu wissen, was im Trend liegt, gehört mittlerweile bei 68 Prozent der jüngeren Generation zum Grundbedürfnis. Natürlich bleibt das nicht ohne Folgen: Jeder fünfte junge Mensch zwischen 14 und 29 Jahren gibt offen zu: „Manchmal kaufe ich wie im Rausch." So nimmt der Anteil der Jugendlichen, die Wert auf gute Kleidung legen, ständig zu: 1986 galt Kleidung bei 55 Prozent als Statussymbol, 1993 waren es schon 71 Prozent. Opaschowski sagt dazu: „Jugendliche stehen mehr als andere unter dem Druck des Konsumieren-Müssens. Wer dazugehören will, muß sich den Gleichaltrigen anpassen." 54 Prozent beklagen, daß ihre Freizeitgestaltung immer mehr von Angeboten, die Geld kosten, abhängig ist. 1986 waren es nur 43 Prozent.

So hat die Industrie einen neuen Kunden mit enormer Kaufkraft entdeckt: Jugendliche zwischen 10 und 19 Jahren. In den Industrienationen leben rund 230 Millionen Teenager mit einem unstillbaren Konsumhunger. Allein in den USA gaben die 28 Millionen Kids zwischen 10 und 19 Jahren 1993 57 Milliarden Dollar für Spiel, Sport und Kleidung aus. Man hat mit ihnen leichtes Spiel. Denn die Jugendlichen sind wie keine andere Bevölkerungsgruppe von globalen Modetrends beeinflußt, sie spielen, essen und kleiden sich uniform. Die New Yorker Werbeagentur BSB Worldwide hat Kinderzimmer in 25 verschiedenen Ländern gefilmt. Das Ergebnis: Ob in Los Angeles, Mexiko City, München oder Tokio, Teens tragen Levi's oder Diesel-Jeans, Sportjacken und Mützen aus der US-Baseball-Liga, Schuhe von Doc Martens oder Timberland, trinken Cola und verbringen Stunden vor ihrem Sega- oder Nintendo-Videospiel. Die Konsequenz: Reebok wird seinen neuen Sportschuh Instapump demnächst in rund 140 Staaten mit der gleichen Kampagne bewerben. Nutznießer sind vor allem die US-Hersteller. Neue Produkte, die in den USA auf den Markt kommen, werden häufig über Nacht weltweite Bestseller, so sagen die Experten vom Simmons Market Research Bureau in New York.

Die eigentliche Mode wird auf der Straße gemacht, heißt es oft; denn dort zeigt sich, welche Trends sich wirklich durchsetzen oder auch neu kreiert werden. Seit einiger Zeit jedoch findet man die wahren Trendsetter woanders: in der sogenannten Club-Szene, in Bars und Diskotheken, wo die jungen Besucher die Nacht zum Tage machen. Drei Gruppen geben dort den Ton an:

- Die „Frei-Geister": Sie sind in erster Linie unangepaßt und demonstrieren das auch mit ihrer Kleidung: zerrissene Jeans, zerlöcherte T-Shirts, Pullover in Übergrößen und ungekämmte Haare erwecken einen gewollt verwahrlosten Eindruck, der entsprechend kultiviert wird.
- Der „schlichte Chic": Gepflegt und simpel lautet das Credo dieser Clique, zu der vorwiegend Club-Besitzer, Filmemacher, Werber und Intellektuelle um die vierzig zählen. Ihr Outfit: Jeans, Rollkragenpullover, schwarze Stiefel oder Schnürschuhe und eine Rolex am Handgelenk. Die gegelten Haare werden nach hinten gekämmt, vereinzelt auch zum Pferdeschwanz gebunden.
- Die „rebellischen Dandys": Sie tragen Anzug und Weste, Krawatte und Einstecktuch – allerdings mit einer betonten Schlampigkeit. Sie lieben das Spiel mit der Dekadenz, geben sich lässig bis nachlässig; so werden die Hemdenmanschetten grundsätzlich offen getragen. Zum Dreiteiler gehören zerzauste Haare und dunkel umrandete Augen, das erhöht die Aura des Geheimnisvollen, mit der sich die jungen Männer umgeben.

26. Gewalt durch Nachbarschaft

Im April 1994 detonierte ein selbstgebauter Sprengsatz in der Gesamtschule des Hamburger Stadtteils Steilshoop. Der Aufenthaltsraum wurde zerstört, der Sachschaden betrug etwa 40 000 Mark, das Aufsehen war groß. Seit Monaten gingen schon in dem Ende der 60er Jahre für 20 000 Menschen errichteten Betonviertel kleine Bomben hoch, wurden Feuer in den Treppenhäusern der gigantischen Wohnblocks gelegt, wurden Linienbusse mit Luftgewehren beschossen und Telefonzellen abgefackelt. Crash-Kids und S-Bahn-Surfer sowie HipHopper sind hier zu Hause, und die Jugendbande „Ghetto-Kingz" hinterließ allerorten ihre Sprüher-Tags und Graffiti-Bilder und rivalisierte mit den im benachbarten

Barmbek beheimateten „Running-City-Kids“: 200 Scheiben einer in Ohlsdorf abgestellten S-Bahn gingen durch sie zu Bruch, und so manche Schlägerei schüchterte die Bewohner ein. Die Mitarbeiter der beiden Häuser der Jugend stöhnten unter der Zerstörungswut ihrer Klientel, und alle fragten, was man gegen diese „Spirale der Gewalt“ frustrierter junger Menschen tun könne.

Als man den Stadtteil und die für 2400 Schüler vorgesehene riesige Gesamtschule konzipierte, meinte man es gut. Man glaubte um 1968, man müsse nun nicht mehr immer nur auf das „Dritte Reich“ und den Zweiten Weltkrieg verarbeitend zurückblicken, man solle vielmehr mit dem inzwischen erreichten gesellschaftlichen Wohlstand in die Zukunft sehen und mit Wohn- und Schul-Großsystemen sowohl Massen von Menschen versorgen als auch Mobilität, Integration, Soziales Lernen und eine Individualisierung begünstigende Differenzierung fördern. Der Mensch wurde auf den Kopf reduziert, und gesellschaftliche Funktionen wurden an Spezialisten delegiert: Atmosphäre, Ästhetik, Geborgenheit, Überschaubarkeit, Gemütlichkeit, Stil und Spiel wurden zu überholten Werten erklärt, statt dessen gewannen Funktionalität, Sachlichkeit, Mobilität, Wissenschaftlichkeit und Wirtschaftlichkeit an Boden und wurden zu leitenden Motiven für die Gestaltung von Lebensräumen. In der Trabantenstadt sollte man wohnen, aber nicht arbeiten, die großen Schulen sollten mit einem breiten Fach- und Kursangebot jedem jungen Menschen ein individuelles Leistungs- und Neigungsprofil ermöglichen. Klassenräume, Klassenverbände und Klassenlehrer wurden weitgehend abgeschafft und durch Fachräume, Tutoren und Fachlehrer sowie durch eine Fülle von Kursen ersetzt, so daß es plötzlich keine Lehre von den sinnvollen Größen beim Wohnen, bei Schülerzahlen und bei Schulgrößen mehr gab, und die Freizeit als wichtiges Lebenselement wurde zunächst ganz vergessen. Neubaugebiete des sozialen Wohnungsbaus und Trabantenstädte wurden ohne soziale Folgeeinrichtungen entworfen, und Kindergärten, Spielplätze, Häuser der Jugend, Sportstätten, Altentagesstätten, Familien-, Erziehungs- und Drogenberatungsstellen, Einrichtungen der Gemeinwesen- bzw. Straßensozialarbeit und selbst Grünanlagen wurden erst nachgereicht, als schon viele Kinder in den Brunnen gefallen waren.

Der Mensch erträgt nicht jede unter ökonomischen Prioritäten entstandene Architektur; und kleine Schüler halten es nicht aus, wenn sie ihren Tutor nur zweimal in der Woche sehen und ansonsten in jeder Stunde in einem anderen Raum bei einem anderen Lehrer in einem anderen Fach neben einem anderen Schüler lernen und ihre Bücher und Hefte für die nächste Stunde am Schließfach auf der Sozialfläche eines Großsystems mit Klimaanlage und nicht zu öffnenden Fenstern sowie mit Wegweisern zu Fachraumtrakten austauschen sollen. Es war ein Kunstfehler, kindliche Bedürfnisse auf einen Tutor, elf Fachlehrer und – wenn es mit der Anpassung an die Lehrererwartungen haperte – auch noch auf Spezialisten eines „Reparaturbetriebes", Beratungszentrum genannt, mit Sozialpädagogen, Schulpsychologen, Präventionslehrern, Beratungslehrern und neuerdings auch Familienhelfern sowie „Schriftberaterinnen" aufteilen zu wollen.

Kinder brauchen die Bündelung möglichst vieler Kompetenzen in möglichst wenigen Bezugspersonen; die Gesamtschulen haben deshalb inzwischen das Klassenraum-, Klassenverband- und Klassenlehrerprinzip wiederentdeckt, sie sind kleiner geworden (die Gesamtschule Steilshoop hat nur noch etwa 1200 Schüler), und sie versuchen, graue Betonwände durch Schüler bunt bemalen zu lassen.

Mittlerweile ist Steilshoop sehr grün, die Bäume in den Innenhöfen sind groß geworden, überall gibt es Spiel- und Sportmöglichkeiten, auch Freizeitangebote, und viele Familien haben sich zu Nachbarschaftsinitiativen, die das Umfeld eines Hochhauses aktiv mitgestalten, zusammengeschlossen. Auch ist die Hamburger Innenstadt mit ihrem Freizeitangebot schnell zu erreichen. Die Mieten der z. T. recht großen Wohnungen sind jedoch hoch, und Steilshoop hat noch einen weiteren Makel: viele Kinder und Jugendliche leben dort, der Ausländeranteil ist groß, Gewalt in jeder Form gehört zum Alltag. Warum?

Vielleicht ist es nur die Ballung so vieler Menschen auf engstem Raum, die so gewalttätig wirkt, denn die Bewohner von Steilshoop stehen selbstrechtfertigend zu ihrem Stadtteil, und in anderen gewachsenen Vierteln von Hamburg gibt es auch Bombenalarme an Schulen, Aggressionen, Kriminalität und Drogen, nur nicht so massiert. Und diese Massierung beeinflußt kleine Kinder stärker, als es eine geringe Dosierung von Jugendkultnischen in ihrem Umfeld tut.

In Steilshoop mit seiner menschenunwürdigen Architektur wird allerdings deutlicher, was inzwischen allerorten zu beobachten ist:

- Die Familien sind nicht mehr alleiniger Hort von Kindern. Nicht nur aus kaputten und unvollständigen Familien driften die jungen Menschen mit der Suche nach Familienersatz heraus; sie brechen auch aus vollständigen und scheinbar intakten Verhältnissen aus. Medieneinflüsse, modische, durch Materialismus und Konsumbedürfnisse gesteuerte Trends und die Gleichaltrigkeitsszenerie verheißen ihnen mehr Geborgenheit, Identifikationsmöglichkeiten (Sprache, Musikgeschmack und Kleidung), Wir-Bewußtsein, Solidarität, Feindbilder und Anerkennung durch Bewährung in Rangordnungen als Eltern und Geschwister.
- Wer sich in seiner Familie unerwünscht, störend oder ungeliebt fühlt, wer nicht den Erwartungen seiner ihm gegenüber immer mehr resignierenden Eltern entsprechen kann, wer in der Schule schlecht ist oder scheitert und keine Chance mehr auf einen eigentlich gewünschten Ausbildungs- oder gar Studienplatz hat, wer so geraten ist und aussieht, daß er nur schwer einen Freund oder eine Freundin bekommt, fühlt sich als Verlierer gesellschaftlicher Konkurrenz- und Sozialprestigekämpfe, der nicht mehr viel zu verlieren hat. Er ist auf der Suche nach alternativen Bewährungen in Jugendkultnischen wie denen der Crash-Kids, S-Bahn-Surfer, HipHopper, Ghetto-Kingz, Hooligans oder gar Skinheads, in denen Gewalt gerade auch wegen der Verpönung durch etablierte Menschen „in" und zu einem hochanerkannten und rangordnungsbildenden Kommunikations- und Interaktionsmittel mit erotisierendem Charakter geworden ist. So läßt sich mit provozierend gemeinter Gewalt sowohl gegen das Verliererdasein protestieren als auch alternative Macht im Sinne von Kraft oder Stärke dokumentieren, als auch über eine hochbeachtete Außenwirkung ein geringer Selbstwert kompensieren. Den meisten jungen Menschen ist jedenfalls die Anerkennung im Rahmen der Binnennormen ihrer familienergänzenden Peer-Group heute wichtiger als die durch die eigene Familie.
- Schlafstädte, riesige Neubaugebiete des sozialen Wohnungsbaus, Trabantenstädte und die „Plattenbausiedlungen" der neuen Bundesländer, denen nach der „Wende" über Nacht die Freizeitangebote für Kinder und Jugendliche geraubt wurden, sind pädagogisch gesehen immer mißlich, wenn mit ihnen zugleich Wohnwelt, Arbeitswelt und Freizeitwelt regional voneinander getrennt werden. In gewachsenen Stadtteilen sind diese

drei Welten meist integriert und die Zahlen verhaltensschwieriger junger Menschen vergleichsweise gering.

- Die Hauptursache dafür, daß die Welt in Stadtteilen wie Hamburg-Steilshoop „immer mehr aus den Fugen gerät“, ist jedoch, daß die in der Mitte liegende große Schule ihren Erziehungsauftrag nicht umfassend annimmt, daß sie sich als bloße Unterrichtsanstalt mit stundengebenden Lehrern versteht und in Sachen Erziehung mit dem Argument, sie sei kein „Reparaturbetrieb der Gesellschaft“, auf die Familie, auf die Sozialen Dienste und auf andere Institutionen wie Kindergärten, Kindertagesheime, Häuser der Jugend, Beratungsstellen, Bauspielplätze und Straßensozialarbeit verweist und verläßt, die immer nur diejenigen Kinder und Jugendlichen und deren Eltern erreichen, die sich auch bei ihnen mit der Bereitschaft einfinden, Hilfe anzunehmen. Viele Familien sind ihren Kindern gegenüber hilf- und lustlos; in dem Maße aber, wie Eltern erziehungsuntüchtig sind, muß die Schule Erziehungsanteile zusätzlich übernehmen; Erziehung wird dann wichtiger als Unterricht. Die Gesamtschule Steilshoop wurde als Ganztagsschule gegründet, heute ist sie aber aus Gründen einer Politik der leeren Kassen im wesentlichen nur noch eine Halbtagsschule, deren Lehrer mehrheitlich nicht bereit sind, mit ihren Kindern ein Stück ihres Weges zusammenzuleben und sie pädagogisch ganzheitlich zu umfassen. Schule ist in solchen Regionen ziemlich ineffektiv, wenn sie nicht den Unterrichtstag mit einem gemeinsamen Frühstück beginnt, wenn sie nicht mit dem gesprächsfördernden Stuhlkreis die Erlebnisse des Vortages, des Wochenendes und der Ferien aufzuarbeiten bereit ist, wenn sie nicht mit psychomotorischem Extraturnen die Sinnesschwächen ihrer bildschirmgeschädigten Kinder kompensiert und wenn ihre Lehrer nicht schülerzentriert vorgehen, indem sie auch die Pausen, die Nachmittage und die Abende für pädagogische Zuwendung zu problembeladenen Schülern und ihren belasteten Familien nutzen. Alles das funktioniert jedoch nur mit einer engagierten Einstellung der Lehrer zum Kind, mit einer sozialpädagogisch akzentuierten Lehrerbildung und mit einer anderen Arbeitsplatzbeschreibung für Lehrer, die weniger Unterricht geben müssen, um mehr Zeit für Erziehung zu gewinnen.

Wie gut, daß das Umweltbewußtsein allgemein wächst und daß

sich immer mehr Menschen für ihre Umwelt verantwortlich fühlen! Aber zur Umwelt gehört die Nachbarschaft, und die kann sehr eng, geräuschvoll und den Werten der eigenen Lebensführung widersprechend sein. Viele Menschen fühlen sich nicht nur durch hellhörige Wände in ihrer Lebensqualität beeinträchtigt, sondern auch durch andere ästhetische Auffassungen ihrer Nachbarn.

Mit Nachbarn muß man häufig ein Leben lang auskommen, zumindest aber viele Jahre, und das sehr oft auf engstem Raum. Dieses Aufeinandergeworfensein birgt ein gewaltiges Konfliktpotential, das vordergründig nicht immer zu verstehen ist und das komplizierte Spielregeln des Zusammenlebens erforderlich macht: „Eine Beseitigung von Zweigen, die auf das Nachbargrundstück ragen, darf nur zwischen dem 1. Oktober und dem 15. März des folgenden Jahres verlangt werden“, heißt es in einer Mitteilung der Anwaltskammer Celle. Das gelte für Obstbäume bis zu einer Höhe von drei Metern und für alle anderen Bäume bis zur vollen Höhe. Bei Bäumen und Sträuchern, die nur in einem bestimmten Abstand von der Grundstücksgrenze wachsen dürfen, verjährt der Anspruch auf eine Beseitigung nach fünf Jahren. Fristbeginn ist der 1. Juli nach der Bepflanzung. Hecken dürfen in Stadtgebieten 1,5 Meter hoch sein und müssen mindestens 0,5 Meter von der Grenze entfernt gepflanzt werden.

Die etwa 400 000 Nachbarschaftsprozesse, die momentan an deutschen Gerichten anhängig sind, sind der mit Abstand größte Brocken der Zivilgerichtsbarkeit, und es geht dabei keineswegs nur um Hausmusik, Kindergeschrei, Sportgeräusche und Hundegekläff, sondern auch um so unterschiedliche Streitthemen wie Schwarzarbeit, Lustgestöhn, quakende Frösche in einem Biotümpel, Laubfall von überhängenden Ästen oder den Anblick von Gartenzwergen, ganz zu schweigen von den klassischen Themen nachbarschaftlicher Auseinandersetzungen, die die Höhe von Hecken, die Zuständigkeit für Zäune, die Belästigung durch Unkrautsamen und die Länge des nächtlichen Duschens betreffen.

Kein Wunder also, daß die auflagenstärkste Broschüre der saarländischen Regierung das Thema „Nachbarrecht im Saarland“ hat; in Nordrhein-Westfalen ist das ebenso: mit der Auflage von einer Million ist dort ein Blatt „Zäune, Pflanzen, Paragraphen“ in Umlauf gebracht worden.

Untersuchungen haben ergeben, daß sich das Leiden unter den

Angewohnheiten von Nachbarn meist sehr rasch verringert, wenn ein klärendes Gespräch gesucht wird, das in wechselseitiges Verständnis und in toleranzbemühte Kompromisse unter dem Motto „Man muß ja seine Nachbarn nicht lieben, aber man sollte mit ihnen auskommen“ einmündet.

Merkwürdigerweise wird aber dieser Weg des Arrangierens nur selten eingeschlagen. Bevorzugt wird der des lange aufgestauten Ärgers, der dann über den Umweg von Beleidigungen und kleinen Racheaktionen (Telefonterror, anonyme Briefe, Einseifen der Treppenstufen, Deponieren von Müll vor dem Eingang des Nachbarn, ständiges Fotografieren der leidauslösenden Faktoren, Ordern von Pizzas für den Nachbarn) direkt zu einer Anzeige – und damit zu einem der vielen Prozesse – führt oder in einem Krieg mit Selbstzerfleischungscharakter endet.

Daß so viele Mitbürger ihren Unmut über die Nachbarn monatelang gesprächslos aufstauen, ist übrigens der Grund dafür, daß mit Ausbruch des Golf-Krieges massenhaft im Sinne der Theorie vom „Modellernen“ Aggressionen zwischen Nachbarn ausbrachen. Gleiches wurde ja auch im Straßenverkehr, im Eheleben und auf Schulhöfen beobachtet. Wegen des Vorlebens in der großen Politik wurde die Hemmschwelle für das Ausleben von Aggressionen schlagartig herabgesetzt, weil man den Golf-Krieg für einen „guten“ Krieg hielt.

Für manch einen entwickelt sich die nachbarschaftliche Auseinandersetzung vom lästigen Geplänkel über ein lustbetontes Hobby zum bedeutendsten Lebensinhalt, der dann schon mal seine Höhepunkte im Niederstrecken des Kontrahenten mit dem Beil, in militärähnlicher Verbarrikadierung des Anwesens durch Stacheldraht, kameragesicherte Palisadenwände und Elektrozäune oder in völliger Verschuldung beider Parteien durch Anwalts- und Prozeßkosten bei gleichzeitiger Vernachlässigung der Berufstätigkeit findet.

Es fällt auf, daß insbesondere Rentner und Pensionäre zu diesen Nachbarschaftskriegen neigen, offenbar deshalb, weil sie die nötige Zeit dafür haben.

Traurig ist, daß bei Umfragen nur 20 Prozent der Deutschen positive Gefühle für ihre Nachbarn äußern, 60 Prozent dagegen von schlechten Erfahrungen berichten. Je weiter Menschen auseinanderwohnen, desto besser sind die nachbarschaftlichen Kontakte (z. B. auf dem Land oder bei Einzelhöfen, die kilometerweit voneinander getrennt liegen); am schlechtesten sind sie aber nicht – wie man vermutet – in dichtbesiedelten Stadtteilen mit beengenden Wohnbedingungen, sondern in Einzelhausgegenden mit relativ kleinen Grundstücken. In Wohnsilos und Trabantenstädten reduziert das große Maß an Solidarität gegenüber den Wohnungsbaugesellschaften die Streitbereitschaft.

Das geordnete Eigenheimdasein verringert hingegen wegen der Kombination von bürgerlichen Wertvorstellungen und finanzieller Knappheit, die der Hauserwerb mit sich gebracht hat, die Frustrationsbereitschaft und begünstigt eine spießige Enge, die aggressiv macht.

Unter den Nachbarschaftsprozessierern befinden sich sehr viele „Moralapostel", die unter der Verletzung von althergebrachten Normen und Konventionen, aber vor allem unter der Enttäuschung ihrer eigenen Vorurteile und Erwartungen leiden; so fühlen sie sich durch eine bestimmte Art von Musik auch bei Zimmerlautstärke genervt, während die akzeptierte Musikrichtung durchaus lauter sein darf. Und eine durchaus lustige Gesellschaft wird nicht wegen ihres Geräuschpegels abgelehnt, sondern aus Neid, weil andere gerade einen Spaß haben, den man selber entbehren muß.

Das Leiden unter der Nachbarschaft eskaliert im Konfliktfall stets auf beiden Seiten, und es entwickelt sich in entgegengesetzte Richtungen: A leidet unter dem, was B tut, und B fühlt sich durch die Empfindlichkeit von A in seiner Entfaltungsfreiheit beeinträchtigt. So wächst wechselseitig sich hochschaukelnd ein Feindbild heran, das nicht nur zu Haß führt, sondern auch zu der besonderen Sensibilität, sämtliche Lebensäußerungen des Nachbarn wahrzunehmen und aus der Fülle der Details mosaikartig und selbstrechtfertigend das Bild eines Monsters zusammenzubauen.

Der Anlaß von gerichtlichen Nachbarschaftsauseinandersetzungen ist in der Regel geringfügig und lächerlich; die Ursachen sind hingegen meist tiefgreifend. Sie sind weniger in den Umständen des nahen Zusammenlebens begründet als vielmehr in den Persönlichkeitsstrukturen der Beteiligten. Demzufolge bleiben die eigentlichen Streitgründe meist auch dann bestehen, wenn der Anlaß vor Gericht geklärt wird, so daß mit einem Urteil kaum ein Konflikt beseitigt wird. Schon gar nicht gibt es so etwas wie einen Sieger, allenfalls zwei Besiegte, die ob der unbefriedigenden Lösung und der damit verbundenen Schmach in der Folge ihren

Kampf erst richtig aufnehmen, indem sie zu versteckteren Mitteln des Psychoterrors greifen.

Nachbarschaftsfehden lassen sich also am besten überwinden, indem man sie gar nicht erst ausbrechen läßt. Denn Nachbarschaft kann als Nachbarschaftshilfe auch sehr beglückend sein; sie sollte, wann immer es geht, als Bereicherung gesehen und gepflegt werden; denn schließlich könnte man auf sie auch einmal dringend angewiesen sein.

Übrigens lernen viele Kinder und Jugendliche von den Erwachsenen äußerst mißliche Umgangs- und Konfliktlösungsformen, wenn sie sehen, wie diese mit Nachbarschaftsproblemen umgehen.

27. Der Reiz des Verbotenen

Abenteuerlust, das Prickelnde des Grenzübertrittes, mit dem die eigenen Möglichkeiten ausgetestet und die Reaktionen der anderen auf die Verletzungen der durchaus bekannten Spielregeln des menschlichen Zusammenlebens, der Normen und Werte, des Anstandes, der Ordnungsvorstellungen des Gemeinwesens, der kulturellen Traditionen und der Gesetze ausprobiert werden sollen, reizen, das Verbotene zu tun. Vieles, was junge Menschen tun, dient dem Versuch, Gefahren bzw. Risiken zu wagen, um das eigene Ich und die Zurückweisungen der Gesellschaft in ein Gleichgewicht zu bringen. Grenzerfahrungen und Sanktionen helfen dabei, ein stimmiges Weltbild aufzubauen, und je früher und je öfter sie kommen, desto rascher funktioniert die Einordnung in die Spielregeln der Gesellschaft, ohne daß noch weitere Explorationen erforderlich sind.

Wer Kindern Grenzerfahrungen verwehrt, weil er antiautoritär, pädologisch, liberal oder inkonsequent sein will, versündigt sich an ihrem normativen Weltbildaufbau; er läßt sie allein und riskiert ihre Verwahrlosung. Und wenn er bereits verwahrloste Kinder bloß wachsen lassen will, weil er meint, daß Forderungen und Sanktionen sowie Konsequenz und Deutlichkeit und die Einstellung, es mit Kindern auch über Krisen hinweg auszuhalten, ihnen Gewalt antun, dann treibt er sie in die Kriminalität. Pädagogik ohne Grenzerfahrungen ist eine Pädagogik mit Kunstfehlern; andererseits ist für Kinder das Ausprobieren von Grenzübertritten entwicklungspsychologisch gesehen normal und erforderlich, so daß wir neben der Wiederentdeckung der Grenze in der Erziehung gleichzeitig das Verständnis für Kinder brauchen, die mit dem Reiz des Verbotenen experimentieren.

Das Dilemma ist allerdings zur Zeit, daß junge Menschen offenbar immer höhere Reizdosen benötigen, um noch das Prickeln zu empfinden. Vielen reicht der Reiz eines Klingelstreiches, der Reiz, ein indiziertes Buch zu lesen, einen für sie verbotenen Film zu sehen oder heimlich zu rauchen, nicht mehr aus, sie müssen schon als Crash-Kids Autos klauen, als Drogen-Freaks Crack nehmen, als Graffiti-Sprayer ganze S-Bahnen verzieren oder als S-Bahn-Surfer ihr Leben riskieren, um die von ihnen vermutete Dosis an verbotenen Reizen zu erfahren. Sie sind aggressiv oder autoaggressiv, weil in ihrer Biographie oft nach großen Grenzüberschreitungen gar nichts passierte, so daß sie den Grad des Verbotenen ausbauen mußten, in der Hoffnung, daß vielleicht dann endlich einmal etwas passiert.

Der Hamburger Autoknacker Lars hat nach seiner ungefähr hundertsten Crash-Fahrt zu einer Jugendrichterin gesagt: „Hätte man mich doch gleich beim ersten Mal richtig bestraft, dann wäre es gar nicht zu dieser Sucht gekommen!"

Es ist das geringe Selbstwertgefühl, das viele junge Menschen zur hohen Risikobereitschaft und zu dem Bedürfnis verleitet, sich mit Wagemut, mit teuren Accessoirs und mit spektakulären Aktionen im Bereich des Verbotenen zu bewegen. Cruising ist ein Beispiel dafür:

Mehrere hundert Auto-Besessene treffen sich an jedem langen Samstag im Monat, um in unbewohnten Gegenden Hamburgs ihre PS-Bulliden in Beschleunigungsrennen gegeneinander antreten zu lassen. Das eine Mal in der City-Nord, dann wieder in Allermöhe oder in Billbrook. Was einst als Treffen von Liebhabern alter amerikanischer Autos gedacht war, ist zur Muskelschau frisierter Alltagsautos geworden.

So geschah es schon oft: Die Polizei schritt ein, um an drei Stellen in der Stadt mehr als 700 Autofahrer aus ganz Norddeutschland von dem lebensgefährlichen Treiben abzuhalten. 400 Autofahrer hatten sich in der City-Nord, in Billbrook und Allermöhe versammelt. In Billbrook gingen 100 Autos an den Start. 60 Raser hatten sich am Fischmarkt getroffen, um gemeinsam nach Allermöhe zu fahren. Dort wurde dann das illegale Rennen ausgetragen.

Als die Polizei eintraf, waren die meisten Fahrer schon wieder verschwunden. In der City-Nord wollten 250 Fahrer mit ihren bis zu 300 PS starken Autos an den Start gehen. Als die Polizei die Rennen verhinderte, wurden die Cruiser gewalttätig: Sie warfen mit Steinen und Flaschen, Polizisten wurden verletzt, ein Einsatzfahrzeug demoliert. Die Sicherheitskräfte anworten zunehmend mit High-Tech: Radarkontrollen – wie in Schwerin – sollen die Raserei zum teuren Vergnügen machen. Schon hat die Polizei die ersten Amateur-Raser auf gestochen scharfen Schwarzweißfotos abgelichtet.

Das Ritual ist immer gleich: An einer Ampel treffen sich die Fahrzeuge, lassen im Stand die Hinterräder durchdrehen, bis sie qualmen. Nach diesem sogenannten „burn out" sind die Pneus heiß und klebrig, haften so besonders gut an der Straße. Dann springt die Ampel auf grün, und die Rivalen rasen davon.

Geltungssucht im Sinne von erotischem Ersatz ist das Motiv für die Raserei. Und es gibt ein Vorbild: Denn schon in den fünfziger Jahren trieb der Auto-Kult unter jungen Leuten gefährliche Blüten. In dem Film-Epos „Denn sie wissen nicht, was sie tun" hat es James Dean beeindruckend vorgespielt. Mit seinem Rivalen trifft er sich zur Mutprobe auf einer Klippe am Meer. Mit quietschenden Reifen rasen beide auf den Abgrund zu. Abgemacht ist: Wer zuerst aussteigt, gilt als Hasenfuß. Die Mutprobe endet tödlich. Bandenführer Buz bleibt mit seinem Ärmel am Türgriff hängen, stürzt mit seinem brennenden Wagen in die Tiefe.

Weil immer höhere Dosen von Reizen zur Befriedigung, zur Anerkennung, zur Ich-Findung, zum Selbstwertaufbau erforderlich sind, nimmt die Gewalt zu, während die Hemmschwelle gleichzeitig sinkt. Ein Auflösen und Wandeln von Werten, die Verlagerung der normativen Instanz weg von Kirche, Familie und Schule hin in die Gleichaltrigkeitsszenerie und ihre Trends, all das trägt zum Hemmschwellenabbau und zur Reizschwellenerhöhung bei. Geschwindigkeitsübertritte, Ladendiebstähle, Geräuschbelästigungen und Schwarzfahren gelten unter jungen Leuten schon vielfach nicht mehr als Delikte, sondern als anerkennenswerte Mutproben von geringer Bedeutung; Autoklau, Drogendeal und schwerer Betrug führen da schon zu mehr Renommee. Und weil sich die jungen Menschen selbst, aber auch die Bürger ringsherum immer mehr an den Umstand gewöhnen, daß weite Grenzübertretungen mittlerweile alltäglich sind, nehmen immer mehr Menschen so etwas einfach hin; sie gucken weg, gaffen lediglich, helfen den Opfern nicht mehr und rufen noch nicht einmal die Polizei, geschweige denn, daß sie Anzeige erstatten. Auch die Zuschauer von Gewalt sind eben ein höheres Maß an Reizüberflutung und ein Mehr an Gewalt gewohnt, und zwar vom Bildschirm, aus den Zeitungen und durch Selbsterfahrung. Die Dunkelziffern in bezug auf Gewaltakte werden also wahrscheinlich steigen; Gewöhnung an Gewalt wird schließlich in einem Ausmaß „normal", wie wir es bisher nur aus New York, Los Angeles oder Liverpool kennen.

28. Die Funktion von Gewalt in Hierarchien

Bei vielen Tierarten gibt es Rangordnungen; bei Hühnern heißen sie Hack- und Pickordnung, bei ihnen sind aber alle Verhaltensweisen instinktiv ritualisiert, also in ihrer Sozietät anerkannt. Kinder-, Jugendlichen- und Erwachsenengruppen brauchen offenbar auch Rangordnungen, nur selten ist es geschafft worden, vom Kopf her dagegenzuwirken oder erzieherisch gegen dieses Bedürfnis zu steuern, beispielsweise in religiös oder politisch ausgerichteten Gruppierungen. Beliebtheit, Tüchtigkeit oder Gewalt sind die hierarchiebildenden Kriterien, wobei Tüchtigkeit gesellschaftlich anerkannte Leistungen meint, also gute Noten zu schreiben, hohe Kreativität zu zeigen, großen beruflichen Effekt zu haben, viele Tore zu werfen, weit oder hoch zu springen, schnell laufen zu können, schöne Musik zu machen, gute Texte zu schreiben oder schöne Bilder malen zu können usw.

Kinder, die nicht tüchtig sein können, wollen zumindest beliebt sein, sie verschenken also Spielzeug, Süßigkeiten oder Geld; Jugendliche, die nicht beliebt zu sein vermögen, kompensieren oft mit sportlichen Leistungen oder mit guten Schulnoten, oder wenn ihnen beides nicht gut gelingt, bringen sie am Computer, mit Tanzen oder mit ihrer Sammelleidenschaft Außergewöhnliches zustande. Oder aber sie weichen auf Gewalt aus, wenn sie weder beliebt noch gesellschaftlich anerkannt tüchtig sind, und zwar entweder, indem sie innerhalb ihrer Gruppe aggressiv sind oder nach außen Gewalt einsetzen, um eine höhere Anerkennung in der Gruppe zu gewinnen.

Die Binnengewalt innerhalb der Gruppe ist oft Psychoterror,

also Bedrohung, Einschüchterung, Mobbing, oder es ergeben sich mit ihr direkte Rangordnungskämpfe zwischen Gruppenmitgliedern in Form von Ringkämpfen, Mutproben, Erpressung, Nötigung, Vergewaltigung oder schlichtweg kraftstrotzendem Imponiergehabe, manchmal auch durch bloße Altersunterschiede, durch Wissensvorsprung oder durch die unterschiedliche Körpermasse.

Die Gewalt nach außen hat dagegen bloß eine anerkennungsheischende Funktion mit dem Ziel, daß sie von den Mitgliedern der eigenen Gruppe, die untereinander total friedlich kommunizieren und interagieren, wahrgenommen und mit großem Respekt in Form einer höheren Rangordnungsposition belohnt wird. Wer als Mitglied der Hamburger Running-City-Kids 300 Scheiben einer über Nacht in Ohlsdorf abgestellten S-Bahn zerschlägt, und zwar so, daß es andere Gruppenmitglieder bezeugen können, und nicht geschnappt wurde, aber am übernächsten Morgen groß in den Zeitungen steht, der kann ein paar Pluspunkte auf der Ansehensseite verbuchen; wer besonders viele und schöne Graffiti an spektakulären Orten hinterläßt, wer als Hooligan besonders viele gegnerische Fans niedermacht, wer als Skin spektakulär Brandsätze gegen Asylbewerberheime wirft oder mit hohem Aufmerksamkeitseffekt Grabsteine auf einem jüdischen Friedhof umkippt oder mit Hakenkreuzen versieht, wer als Crash-Kid häufig Luxuskarossen entwendet und sich Wettrennen mit der Polizei liefert, der kann eines höheren Stellenwertes in seiner Gruppe gewiß sein.

Viele Jugendkultnischen sind sehr gewalttätig, selten nach innen, meist nach außen; dazu gehören Straßen- oder Stadtteilgangs, Hools, Skins, Neonazis, Crash-Kids sowie Türkenboy- und Türkengirlgruppen, die Klamotten oder Geld abpressen. In ihnen ist Gewalt zu einem hochanerkannten und rangordnungsbildenden Interaktionsmittel geworden, an das sich die „Gang“sters gewöhnt haben, und daß sie mit Waffen, mit Bodybuilding und mit Kampfsporttechniken zu perfektionieren suchen. Ihre Mitglieder erhöhen nicht nur mit Gewalt ihre Rangordnungspositionen, sie erhöhen mit ihren jeweiligen Feindbildern und ihrem Gruppenzusammenhalt ihr Wir-Bewußtsein, ihre Solidarität und ihr vermeintlich „gutes“ Lebensgefühl.

29. Gewalt als anerkanntes Kommunikationsmittel

Wenn Jugendliche sich als Verlierer von oder Versager in gesellschaftlichen Konkurrenz- oder Prestigekämpfen wähnen, wenn sie mit geringem Selbstwertgefühl auf der Suche nach Möglichkeiten zu einer höheren Anerkennung sind, dann blicken sie oft suchend um sich, um Angebote zu finden, mit denen sie Aufmerksamkeit, Beachtung oder gar Respekt erlangen können, mit denen sie endlich einmal in die Schlagzeilen kommen; und eine negative Resonanz ist ihnen immer noch lieber als gar keine, denn es gibt immer zumindest eine Nische, in der ihnen zu ihren Taten applaudiert wird. Sprüher finden in der Graffiti- bzw. HipHop-Szene Anklang, Skinheads in rechtsradikalen Gruppierungen und Hooligans bei anderen Fußballfans, die sich auch freuen, wenn die Schlachtenbummler des gegnerischen Vereins „eins auf die Birne kriegen".

Im Moment erreicht man die größte Wirkung in der Öffentlichkeit, wenn man mit Molotow-Cocktails gegen Asylbewerberunterkünfte vorgeht, wenn man jüdische Synagogen schändet oder Gedenkstätten in ehemaligen Konzentrationslagern demoliert. Schlagzeilen, politische Diskussionen und Sympathie bei Neonazis sind einem dann sicher. Man hat etwas Gewaltiges getan, also ist man wer, und die gleichgesinnten Freunde geben einem endlich einmal die Portion an Bestätigung, die man noch nie in seinem verpfuschten Leben hatte.

Gewalt ist also in manchen Nischen ein hoher Wert, sie ist „in", „chic", erotisch, sie liegt im Trend der Medienberichterstattung. Sie wird vorzugsweise von Randständigen, von Verlierern, von sozial Schwachen eingesetzt, und sie richtet sich oftmals gegen andere Verlierer der gesellschaftlichen Wettkämpfe, also gegen Ausländer, Asylbewerber, Stadtstreicher, Arbeitslose, Behinderte, Schwule, Alte, Frauen und Kinder, gegen Haupt- und Sonderschüler, gegen Bewohner von Ghettos und Drogenabhängige.

Der Untenstehende steigt ebensogern auf die Schultern eines anderen Untenstehenden, weil er meint, sich nur in Relation zu ihm erhöhen zu können. Wenn man noch jemanden unter sich hat, auf den man treten kann, dann ist man wenigstens etwas Besseres als der, meint man.

Merkwürdigerweise sprechen Skins und Neonazis für ihr gesamtes Volk, von dem sie aber überwiegend ganz und gar abgelehnt werden. Etwas für das Volk, also für die Gesellschaft zu tun verschafft offensichtlich ein großes Selbst- und Sendungsbewußtsein, eine riesige Aufgabe, die Sinnerfüllung verheißt. Viele solcher Gewalttäter sind jedoch dumm, ihnen fehlt es an stimmigen Informationen, an historischen und politischen Einsichten, vor allem aber an Herzensbildung.

So gehen sie menschenverachtend vor, weil sie sich selbst verachten und mit sich selbst schlecht umgehen. Sie durchschauen nicht einmal, daß sie mit ihren primitiven gewaltreichen Aktionen niemals mehrheitsfähig sein können, weil die Masse der Bevölkerung eben nicht so ungebildet ist wie sie. Insofern geht es bei den Ideologieträgern der rechtsextremen Gewalt, die ja meist keineswegs so dumm wie ihre mitlaufende Gefolgschaft sind, offenbar gar nicht darum, jemals mehrheitsfähig mit ihren Ansichten zu werden, sondern es geht ihnen um Protest an sich, und zwar gegen ihre eigene Biographie und ihre kranke Seele, und um Macht bzw. um die Rangordnungspositionen innerhalb ihrer Gruppierung. Die Zeiten sind andere als noch in den Jahren 1932 und 1933.

Was Hitler gelang, ist heute nicht mehr möglich, denn die überwiegende Mehrheit der Bevölkerung und insbesondere der Jugend lehnt Gewalt entschieden ab. Kinder und Jugendliche waren in ihrer Masse noch nie so friedliebend und bildungsbeflissen wie heute, aber gerade das läßt die Verlierer zu einer immer kleiner werdenden Gruppe gehören, so daß sie sich ihrer Restsituation besonders bewußt werden und deshalb besonders häufig und besonders brutal, im Grunde hysterisch um sich schlagend, gewalttätig werden.

Nur wer sich sprachlich nicht angemessen behaupten, wehren oder durchsetzen kann, wem es an Wortschatz, Sprachentwicklung und Wortgewaltigkeit mangelt, der muß auf Gewalt als Kommunikationsmittel ausweichen, und zwar nonverbal mit Schreien, Niederschreien, Kampf-Singen, Beleidigen, Diskriminieren, Bedrohen und Einschüchtern sowie körpersprachlich mit Glatzen, Springerstiefeln und Marschformationen, mit Schlagen, Treten, Würgen, Spucken, Waffenverwendung, Brandsatzwerfen oder dem Schmieren von Parolen.

30. Zur Faszination von Gewalt

Gewalt ist faszinierend, weil sie so viele Menschen fassungslos betroffen macht. Sie ist ein zur Friedens- und Harmoniesehnsucht gegenläufiges Widerstands-, Protest- und Aufbegehrensmittel. Jedes Mittel scheint dem skrupellosen Gewalttäter recht zu sein, wenn er der Gewaltfaszination erlegen ist, vorausgesetzt der Grad seiner Gewalttätigkeit findet einen entsprechend hohen Grad an Anerkennung in seiner Nische, oder der Grad des Reizes, das Verbotene zu tun, bereitet ihm das für seine Bedürfnisse entsprechende Maß an Befriedigung, und zwar auch an erotischer.

Die rechtsradikale Gruppe „Kegelcousins" hat einen Song mit einer Textpassage unterlegt, mit der sie bewußt und in hohem Ausmaß verletzen, provozieren will. Sie ist auf der Suche nach dem denkbar Widerlichsten gewesen, um auf sich aufmerksam zu machen, als sie schrieb und sang: „Hast du in deinem Garten eine Eiche stehen, möcht' ich einen Türken hängen sehen! Hast du in deinem Keller eine Folterbank, schnapp dir einen Türken, und mach ihn wieder schlank!" Das ist musikalischer Extremsport, bewußter Grenzübertritt. Rassismus ist „chic", Gewalt und Haß sind „in".

Ein 15 Jahre alter Gymnasiast aus Berlin-Lichtenberg versucht zu verstehen, warum junge Menschen an solchen abartigen Texten Gefallen finden, indem er schreibt:

„Die Musik geht ein, ist gut gemacht. Die Texte sind verdammt direkt; junge Leute werden angesprochen, animiert zum Mitmachen und Nachmachen. Man kann seine Aggressionen damit ausleben, ohne selbst zuzuschlagen. Ich glaube, manche Mitschüler verdrängen ihre Probleme auf diese Weise. Und in bestimmten Situationen würden sie wohl auch zuschlagen. Einige von uns wollen vom Gymnasium nach der 10. Klasse abgehen, haben aber bis jetzt noch keinen lohnenswerten Job gefunden. Irgendwie ist eine große Unsicherheit dabei. Mit dem neuen Schulsystem sind viele unzufrieden. Die Lehrer sind gehemmt, verhalten sich genau nach Vorschrift und trauen sich nicht, aus sich herauszugehen. Zum Beispiel ist mir bei unserem Projekttag zum Thema Ausländerfeindlichkeit aufgefallen, daß unsere Lehrer sich überhaupt nicht an den Gesprächsrunden beteiligen. Der Sozialkundeunterricht liegt daneben. Statt auf aktuelle Ereignisse Bezug zu nehmen, wird trivial über die Familie, Gesetzgebung und anderes gesprochen. Faktenwissen wird hier gegenüber Diskussionen bevorzugt. Ich kann wirklich nicht behaupten, daß wir in der Schule zu selbständigem Denken und Urteilen erzogen werden, geben doch die Lehrer ein denkbar schlechtes Beispiel. Was wir brauchen, ist mehr Demokratie! Leute, die ihre Gefühle mit Gewalt ausdrücken, sind doch meistens nicht fähig, ihre Konflikte mit Worten auszutragen. Auffällig ist, daß bei so akuten und komplizierten Problemen wie eben Rassismus, Ausländerhaß und Gewalt die Erwachsenen über unsere Köpfe hinwegreden. Die bei unserem Projekttag eingeladenen Referenten hatten zwar sicherlich viel Fachwissen, fanden aber trotzdem wenig Resonanz bei den Schülern. Ich sehe diese Probleme aus einem anderen Blickwinkel als die Profis, obwohl es in der grundsätzlichen Haltung wenig Unterschiede gibt. Wir Schüler sprechen eine andere Sprache, einfacher und direkter. Wir setzen uns anders damit auseinander, beispielsweise mit Musik, Videos und Computerspielen. Erwachsene nutzen eher Zeitungen zu ihrer Meinungsbildung, während für uns eher Stimmungen und Gefühle eine Rolle spielen. Rassismus ist chic. Man könnte ihn als einen Trend abtun. Aber da ist noch mehr. Jugendliche, die Steine werfen, suchen auch Befriedigung, ein Erfolgserlebnis, sicherlich deshalb, weil sie Bestätigung woanders nicht finden. Ein früherer Freund hat, weil er zweimal sitzengeblieben ist, wenig Chancen, eine feste, gute Arbeit zu kriegen. In der rechtsradikalen Szene, der er jetzt angehört, ist er wer. Für uns Jugendliche gibt es wenig Freiräume. Treffpunkte und Jugendclubs sind Mangelware. Sicherlich haben wir Discos, aber die sind schließlich nicht zum Reden da. Lehrer sind kaum Ansprechpartner. Blieben noch die Eltern. Ich weiß nicht, wie viele meiner Mitschüler mit ihren Eltern über solche Lieder wie das von den 'Kegelcousins' sprechen wollen und können."

Gewalt fasziniert nicht nur in der Form der nach außen gerichteten Aggressionen, sie prickelt offenkundig auch in der autoaggressiven Spielart, wenn die hohe Dosis von Durchhaltevermögen, Gefahr oder Risiko sich gegen den eigenen Körper, die eigene Willenskraft, die eigene Seele richtet. Die Autoaggression ist zwar nicht kriminalisiert, aber sie fordert Gesundheit und Leben heraus, sie schafft Grenzerfahrungen und erlaubt die langsame permanente Ausdehnung der Grenze, und zwar mit Hilfe des zunehmenden Geschicks gegenüber dem Restrisiko. Mit Verrücktem in das Guinness-Buch der Rekorde kommen zu wollen, Freeclimbing, Geisterfahren, Wildwasser-Rafting, Drachenfliegen, Airbagging, Antarktisdurchquerungen, Extrembergsteigen, Moto-Crossen, Bungee-Springen, House-Running, Elektrosmogging (eine Zigarette am Hochspannungskabel anzünden) oder mit dem Snowboard den Kilimandscharo abzufahren gehören zu diesen Möglichkeiten, den Rausch der Grenze zwischen Geschick und Tod bzw. die Lust der Gefahr zu erleben. Reizsüchtig werden solche Menschen genannt, die mit dem Motto leben: „Fallschirmsprünge sind vom Überleben gekrönte Selbstmordversuche." Es muß etwas Faszinierendes daran sein, sich mit einem Messer in den Arm zu schneiden, sich eine Sicherheitsnadel durch die Wange zu fabrizieren, sich Tannennadeln auf der Haut abzubrennen, mit den Füßen über glühende Kohlen zu laufen oder sich als S-Bahn-Surfer bei 80 Stundenkilometern auf das Dach des Zuges zu hangeln. Hinter all diesen Extremen steckt das Verlangen nach immer stärkeren Sinneserfahrungen, nach Ausprobieren von Verletzung und Tod; irgendwie hat das etwas mit der autoerotischen Faszination von Gewalt, mit Narzißmus zu tun, mit dem Ausloten seines Ichs und – wenn es gutgeht – mit Freude über dieses Ich. Nur junge Menschen, die ihr Ich zu wenig kennen, neigen zum äußersten Risiko. Würden sie es einigermaßen genau kennen, wäre dieses Ausmaß an Gewalt gegen sich entbehrlich.

Menschen gucken eben nur dann zu, wenn der Extremsport außergewöhnlich lebensgefährlich ist, und nur dann empfindet der Extremsportler eine genügende Dosis an Resonanz, vor allem wenn das Ereignis in jeder Zeitung widergespiegelt wird. Reinhold Messner ist so ein Beispiel, und zwar für Kinder ein negatives, denn sie werden durch ihn zu Wahnsinnstaten, zu lebensbedrohenden Mutproben geradezu verleitet.

Der Oberstaufener Psychologe Ulrich Aufmuth, der seit Jahren Extrembergsteiger analysiert, kommt zu dem Schluß: „Die anstrengende und von konkreter Gefahr gekennzeichnete Grenzsituation am Berg hebt vorübergehend den schmerzlich empfundenen Mangel an Ich-Identität auf, denn angesichts des Todes fragt man nicht mehr, wozu man lebt oder leben will." Der Sinn ergibt sich aus der bloßen Momentbewältigung. Arme Wesen sind das!

31. Gewalt im Sport und in der Musik

Sport hat einen hohen Stellenwert in den Bereichen Freizeit und Unterhaltung in unserer Gesellschaft. Ständig sehen Kinder und Jugendliche Wettkämpfe auf dem Bildschirm und üben sie auch selbst aktiv im Verein aus. Überdies gibt es keine Tageszeitung ohne einen regelmäßigen Sportteil, in dem aggressive Vorkommnisse breit ausgeschlachtet werden.

So sehen sie in Großaufnahme spuckende Fußballprofis, Revanchefouls, unfaire Durchsetzungsstrategien mit Bodychecks, Hineingrätschen, K.-o.-Schläge ins Gesicht eines gegnerischen Spielers hinter dem Rücken des Schiedsrichters, den Fuck-Finger von Thomas Effenberg gegenüber dem Publikum bei der Fußballweltmeisterschaft 1994 in den USA, brutale Fouls beim Eishockey, blutrünstige Boxkämpfe vor jubelnden Zuschauern, Wrestling als Show-Catchen und viele Kampfsporttechniken beim Taekwondo, Karate, Judo, Kick-Boxen und die Überlebenstechniken der Ninja-Kämpfer. Und wenn sie selbst Handball oder Fußball spielen, werden sie ebenfalls ständig gefoult und von ihren Trainern animiert, einen technikstarken Mittelstürmer einfach umzusäbeln, wenn nur noch diese Form einer Notbremsung bleibt.

Im Zuge der aktuellen Gewaltdiskussion fragen sich viele, inwieweit Bildschirmkonsum bei Kindern zur Förderung von Aggressionen über Imitationslernen beiträgt.

Es gibt viele Untersuchungen dazu, die auszählen, daß jedes dritte Kind bis zu 13 Jahren ein eigenes Fernsehgerät auf seinem Zimmer hat, dessen Benutzung von den Eltern nur schwer kontrolliert werden kann, daß jedes vierte Kind unter 12 Jahren am Wochenende auch nach 23 Uhr noch fernsieht, daß Kinder bis zum 14. Lebensjahr mehr Zeit vor dem Bildschirm (18 000 Stunden) als in der Schule (14 000 Stunden) verbringen und daß Comic-Filme den Eindruck erwecken, mechanische Einwirkungen auf den menschlichen Körper würden letztendlich folgenlos bleiben, so daß es nicht nötig ist, sich in ein Opfer hineinzufühlen. Denn sofort, nachdem es überfahren, plattgewalzt, von einer Kanonenkugel getroffen oder mitten in eine heftige Dynamitexplosion geraten ist, läuft es völlig unversehrt weiter.

Viele 5- bis 9jährige sehen am liebsten Wrestling-Sendungen, in denen es um Show-Catchen geht. Obwohl diese auf RTL 2, Eurosport und DSF meist um Mitternacht herum laufen, werden sie heimlich gesehen oder aufgezeichnet, denn Wrestling ist bei Jungen zwischen 6 und 13 Jahren mittlerweile die drittbeliebteste Sportart mit 6 Prozent nach Fußball (51 Prozent) und Schwimmen (9 Prozent), und zwar noch vor Tennis und Autorennen mit jeweils 4 Prozent.

Der Effekt ist wie bei den Comics: Die Körper der Catcher werden mit scheinbar ungeheurer Brutalität traktiert. Man springt sich auf den Kopf und in die Geschlechtsteile, man wird über die Schulter aus dem Ring geworfen, gewürgt, gebissen, ins Gesicht gekratzt und an den Haaren gezogen. Vorweg geht verbale Gewalt; die Wrestler reden sich heiß, indem sie den Gegner vor laufenden Kameras niedermachen. Kommentatoren wie Nic Heldt und Peter William putschen die Zuschauer auf, indem sie so tun, als sei der Kampf völlig ernsthaft. Sie werten die gewaltreichen Shows mit englischen Fachwörtern wie „vertical supplex", „power slam", „double action", „illegale moves", „lift up" und „atomic lob" für bestimmte Griffe und Würfe auf, und sie formulieren Sätze wie „Grundlos tritt er ihm auf den Kopf", „Die Wut über die Schmerzen und die unfaire Aktion macht ihn rasend" und „Nehmerqualitäten gehören auch dazu".

Die Akteure heißen „Undertaker" (Totengräber), „Drache", „Crush", „Tatanka" (der Indianer), „Doing" (der Clown) „Yokozuma": die Wrestling-Kultfigur Hulk Hoogan wird „Hero Nr. 1" genannt und der amtierende Weltmeister Bret Hart „Hit Man". Die Moderatoren spielen die werbereichen Shows mit, indem sie vermeintlich mitfühlende Dialoge initiieren, in denen sie Betroffenheit mimen: „Eine ganz gefährliche Angelegenheit", „Da muß man aber eingreifen", „Warum geht der Referee da nicht zwischen?", „Oh, jetzt wird der Manager fies angegriffen", „Die Frau würgt ihn unfair mit ihrem Strumpf, aber in Amerika dürfen sich Männer ja nicht gegen Frauen wehren".

Regeln, wie sie beim Boxen gelten, zählen in den Wrestling-Shows nicht; es wird außerhalb des Ringes gecatcht, es wird der Schiedsrichter geschlagen, es wird nach der Niederlage weitergekämpft, andere Wrestler greifen ein, so daß vier Männer einen verprügeln, Frauen stürmen in den Ring, kratzen einem Kämpfer in die Augen und werden danach ins Publikum geschleudert.

Nur wenige junge Zuschauer bekommen mit, daß schon vor dem

Kampf feststeht, wer zu gewinnen hat. Die muskelstrotzenden Catcher gehen so geschickt miteinander um, daß sie sich nicht verletzen; ihre Pflaster, Bandagen, blauen Flecken, ihr Humpeln und ihr Knockout sind nur eine Farce, die Kämpferorganisationen WCW und WWF sollen den Eindruck erwecken, als stünden seriöse und um Fairneß bemühte Sportverbände hinter allem, was da abläuft; die Sender bieten sogar eine „WCW-Hotline" an und setzen die Brutalo-Macho-Shows unter die Positives signalisierende Überschrift „Pro-Wrestling".

Auf kleine Kinder wirkt das alles verheerend. Sie sollten es nicht sehen, weil Gewalt in diesen Shows bagatellisiert wird, weil in ihnen die Gültigkeit der naturwissenschaftlichen Gesetze weitgehend außer Kraft gesetzt wird, weil brutale Männlichkeit als Wert über liebevolle Väterlichkeit gesetzt wird, weil der Eindruck erweckt wird, Schläge und Tritte seien letztendlich harmlos und zur Konfliktlösung akzeptabel und weil sie animiert werden, das Gesehene im Kindergarten, auf dem Schulhof oder auf der Straße nachzuahmen. Wenn 10jährige wirklich einmal eine Wrestling-Sendung sehen, brauchen sie deshalb dringend eine zurechtrückende Gesprächsbegleitung durch ihre Eltern.

Dosierte Gewalt garantiert im Sport den Sieg; manchmal – wie beim Boxen – geht es überhaupt nur um das effektivere Schlagen; Bundesligatabellen, olympische Medaillenspiegel und Tennisweltranglisten spiegeln das Bedürfnis nach hierarchischer Bewertung wider.

Fußball-, Eishockey-, Baseball- und American-Football-Spiele haben etwas von Ersatzkriegen, sie kanalisieren die Bedürfnisse nach gewaltsamen Klärungen von Nationalitätenunterschieden mit Hilfe von Spielregeln in einigermaßen geordnete Bahnen. Und weil das vielen Fans zu wenig ist, reichern sie mit zusätzlichen Kriegen zwischen Hooligangruppen vor, während und nach Spielen ihre Auseinandersetzungs-, Rivalitäts- und Rangordnungssüchte noch an. Das Spiel selbst und das Drumherum lassen sie in einen Gewaltrausch verfallen, auf den sie sich in ihrem grauen Alltag schon die ganze Woche über freuen.

Der moderne Leistungssport, in dem es mittlerweile um Milliardenbeträge geht, ist im Unterschied zum bloß gesundheitsfördernden Breitensport ein Szenario für gewaltreiche Strukturen und Vorbilder geworden, das zur Gewalteskalation bei jungen Menschen durchaus beizutragen vermag. Olympische Spiele, Fußballweltmeisterschaften und Europameisterschaften aller Art wecken bei vielen Menschen nationalistische Gefühle und tragen bedauerlicherweise auch durch die Medienverpackung zur Entwicklung von Rassismus, Fremdenfeindlichkeit und Haß bei.

Ähnlich ist es mit der Musik. Durch Rhythmus, Stakkato und Lautstärke macht sie gelegentlich schon rein äußerlich aggressiv; andererseits läßt sie auch aufgestaute Aggressionen über das Zuhören oder Tanzen heraus. Schlimm sind aber vielfach die gewaltfördernden Texte, zum Beispiel beim Rap, der Verlierergefühle einfängt und aggressiv in die Welt hinausschreit, der mit zur Gewalt aufrufendem Protest gegen Rassismus, Unterdrückung und Armut aufbegehrt, der aber auch gelegentlich selbst rassistisch, sexistisch und frauenfeindlich ist, so wenn Mädchen als „bitch" (Hure) oder Unzulänglichkeiten aller Art als „mother-fucking" bezeichnet werden, wenn für Drogenkonsum geworben wird oder wenn rechtsradikale Gruppen zum „Jagen von Juden, Türken und Negern" aufrufen.

Der britische Musiker Denis Vaughan ist der Meinung, daß „aggressive Rockmusik schuld an Gewalt und Kriminalität der Jugend" habe. Er ist der Ansicht, daß es nicht folgenlos bleiben kann, wenn menschliche Körper mit enormer Lautstärke, mit mechanischem Hämmern der Rhythmen bombardiert werden, weil sie von ihrer „natürlichen emotionalen Verfassung entfremdet" und in ihnen „primitivste Reaktionen freigesetzt" werden würden. Er weist darauf hin, daß Diktatoren und Militärs „die aufpeitschende Wirkung martialischer Musik" schon immer genutzt hätten, um für ihre Zwecke nützliche Aggressionen zu kultivieren. Die Amerikaner haben übrigens laute Rockmusik als Waffe eingesetzt, um Panamas General Noriega aus der Botschaft des Vatikans herauszutreiben. Und in Australien schreiben Brauereien, denen Kneipen gehören, eine bestimmte Phon-Stärke der Musik vor, weil sie herausgefunden haben, daß der Konsum von Alkoholika in einem direkten Zusammenhang mit der Lautstärke der Musik steht.

Gewaltreiche Musik wirkt sich eben nur teilweise direkt als Gewalt nach außen aus, so bei den Rockkonzerten der Rolling Stones in den 60er Jahren, als regelmäßig das Gestühl durch die Fans zerstört wurde; vielfach wirkt sie jedoch autoaggressiv, so bei den über 24 oder 48 Stunden währenden Techno-Musik(= Tekkno)-Partys, die zu einem endlos erscheinenden Trance- bzw. Rauschzustand der Teilnehmer führen, weil sie die Musik nur dann bis ins Äußerste auszukosten wähnen, wenn sie sie mit der stimulierenden synthetischen Droge Ecstasy kombinieren.

32. Gewalt gegen Anderes und Fremdes

Rechtsextremismus und -radikalismus, Ausländer- bzw. Fremdenfeindlichkeit und Haß sind in letzter Zeit häufig benutzte Begriffe, die auf die Kanalisierung von Gewalt gegen anderes, gegen Unbekanntes aufgrund von Vorurteilen und Diskriminierungsabsichten hinweisen.

Vorurteile schützen Kinder, das ist ihre positive Funktion. Sie sollen Angst vor Situationen haben, in denen sie Opfer werden könnten, auf dem Schulweg, vor „Mitschnackern", vor sexuellen Übergriffen, vor Raub, Entführung, Bedrohung, Erpressung, Schlägen und negativer Beeinflussung.

Vorurteile lenken aber auch von der eigenen mißlichen Situation ab; sie schaffen Feindbilder, denen Schuld zugeschoben werden kann. Sie bieten Rechtfertigung für die eigenen mißlichen Wohnbedingungen, für Arbeitslosigkeit, für „Überfremdung", für das Fehlen von Ausbildungsplätzen, für Unordnung, für Drogenhandel und für die Unfähigkeit, eine Freundin zu finden, weil die schon mit einem Türken „geht".

Mit Vorurteilen, denen es an eigenen konkreten Erfahrungshintergründen mangelt oder die sich ergeben, weil einzelne Erlebnisse auf eine ganze Gruppe hochgerechnet werden, kann man sich selbst aufwerten, sich also positiver als das andere oder das Fremde darstellen. Vorurteile richten sich meist von Verlierern oder Untenstehenden gegen andere Untenstehende, die um das gleiche rangeln wie man selbst, um Arbeit, Wohnung, Sozialhilfe, Mädchen oder gesellschaftliche Anerkennung. Vorurteile, Fremdenfeindlichkeit und Haß sind oft auf fehlende Informationen, auf das Fehlen eines stimmigen Weltbildes und auf Bildungsdefizite zurückzuführen, oder sie werden aktiv wider besseres Wissen aufgebaut, weil sie eine Funktion erfüllen sollen, nämlich die der eigenen Aufwertung oder die der Machtvergrößerung.

Politisch motivierte Gewalt kostete im Jahr 1992 in Deutschland

25 Menschen das Leben. Dem Verfassungsschutzbericht zufolge starben 17 Menschen, darunter sieben Ausländer, bei rechtsextremistischen Anschlägen. Der Tod eines Funktionärs der rechten „Deutschen Liga" wird linken Autonomen zur Last gelegt. Sieben Tote gab es bei Auseinandersetzungen zwischen ausländischen Extremisten. Besonders besorgt zeigt sich der Bundesinnenminister Manfred Kanther über die Zunahme der rechtsextremistischen Gewalttaten, die eine „Eskalation bislang nicht gekannten Ausmaßes" und eine „neue Dimension" erreicht hätten. 2584 Gewalttaten wurden als rechtsextremistisch motiviert eingestuft, 74 Prozent mehr als 1991 (1483 Delikte). Der Verfassungsschutz schätzt die Zahl gewaltbereiter Neonazis in Deutschland auf etwa 6400 gegenüber 4200 im Jahr 1991. Insgesamt wird die Mitgliederzahl rechtsextremistischer Organisationen mit 42 700 angegeben, dazu gehört unter anderem die Wiking-Jugend.

Aber auch die Linksextremen konnten 1992 Zulauf verbuchen. Im Vergleich zu 1991 stieg die Mitgliederzahl ihrer Gruppierungen um 2000 auf 28 000 an. Die vom linken Lager begangenen Gewalttaten nahmen um rund 22 Prozent auf 972 zu.

In den neuen Bundesländern spielt Rechtsextremismus immer noch eine größere Rolle als in den alten, das gilt vor allem für Sachsen-Anhalt, Sachsen und Brandenburg:

Als „besorgniserregend hoch" hat das Landesamt für Verfassungsschutz das rechtsextremistische Gewaltpotential in Sachsen-Anhalt bezeichnet. 1992 habe es insgesamt 328 Straftaten mit rechtsextremistischem Hintergrund gegeben, sagte Innenminister Walter Remmers (CDU) bei der Vorstellung des Verfassungsschutzberichtes 1993 in Magdeburg. Zentren rechtsextremistischer Aktivitäten sind vor allem die Großstädte Halle und Magdeburg. Eine neue Dimension erreichte nach Angaben des Verfassungsschutzes die gewalttätige Auseinandersetzung zwischen Rechts- und Linksextremisten. Die Hemmschwelle zur brutalen Gewaltanwendung werde auf beiden Seiten niedriger. Mit 70 rechtsextremistisch motivierten Gewalttaten gegen Linke im Jahr 1993 habe sich die Zahl dieser Delikte verdoppelt.

In Sachsen sind derzeit 3400 Rechtsextremisten aktiv, davon 900 militant. Das meldete der dortige Landesverfassungsschutz. 84 Gewalttaten (60 Prozent weniger als 1992) und 389 sonstige Straftaten wurden 1993 von ihnen begangen. Eine Steuerung der

Straftaten lasse sich in den meisten Fällen nicht feststellen. Nach der Analyse seien die meisten Übergriffe spontane Aktionen, häufig von Skinheads.

Der Rechtsextremismus ist nicht erst nach der Vereinigung aus der ehemaligen DDR in die alte Bundesrepublik eingedrungen. Mit dieser Ansicht widerspricht der sächsische Innenminister Heinz Eggert (CDU) Äußerungen von Generalbundesanwalt Nehm. Wohl sei die Gewaltbereitschaft im Osten explosionsartig gestiegen, „aber das hat etwas mit der Handlungsunfähigkeit der Polizei in dieser Phase zu tun", sagt Eggert. Die Straftaten der linksextremen Szene (57) im Freistaat Sachsen blieben übrigens gegenüber 1992 konstant.

Mehr als zwei Drittel aller rechtsextremistischen Gewalttaten gingen 1991 und 1992 auf das Konto von Jugendlichen unter 20 Jahren. Dies geht aus einer Antwort der Bundesregierung auf eine Große Anfrage der Koalitionsfraktionen zur Situation der Jugendlichen in Deutschland hervor. Von 1993 bis 1994 haben übrigens rechtsextremistische Gewalttaten bundesweit um 35 Prozent abgenommen; vom 1. Januar bis zum 20. Oktober 1994 waren es aber immerhin noch 1127.

Bundesjustizministerin Sabine Leutheusser-Schnarrenberger (FDP) führt die Gewalttaten vor allem auf soziale Probleme zurück. Ebenso wie die ehemalige Jugendministerin Angela Merkel (CDU) spricht sie sich gegen eine generelle Verschärfung des Jugendstrafrechts aus, denn das sieht für schwerwiegende Straftaten schon jetzt einen Freiheitsentzug bis zu zehn Jahren vor. Dieser Strafrahmen ist aber bisher kaum ausgeschöpft worden.

Die Jugendszene in Ostdeutschland verändert sich rasch. „Die 1992 noch vorherrschende Orientierung an linken und rechten politischen Positionen hat sich bis 1994 abgeschwächt", stellt Angela Merkel bei der Vorstellung eines Zwischenberichts zum „Aktionsprogramm gegen Aggression und Gewalt" des Bundes fest. Das bedeutet allerdings keine Entwarnung für die 423 Mitarbeiter der 128 Projektgruppen der neuen Länder. Sie müssen heute verstärkt gegen „Streetgangs" und Alltagskriminalität ankämpfen. Konflikte mit der Polizei, Gewalt gegen Sachen und Ausschreitungen konnten, so der Bericht, zwar reduziert werden. Zugenommen haben aber generell Gewalthandlungen zwischen einzelnen Jugendlichen.

In 36 Gruppen wurden im zweiten Halbjahr 1993 noch in erster Linie „harte“ Zielpersonen betreut, also Jugendliche mit nach wie vor politischer Ausrichtung. Diese seien „deutlich häufiger“ an Gewalthandlungen beteiligt. Oft haben diese Jugendlichen persönliche Probleme, sie sind arbeitslos, haben keine Berufsausbildung oder Wohnung oder leben in schwierigen familiären Verhältnissen. Vielfach wird auch starker Alkoholkonsum beobachtet. Das seit 1992 laufende Aktionsprogramm wird mit 20 Millionen Mark jährlich finanziert.

In Görlitz, an der deutsch-polnischen Grenze, waren beispielsweise in der Neujahrsnacht 1992 500 jugendliche Rechtsradikale erwartet worden, die eine Demonstration angekündigt hatten. Aber es kamen nur 35, die „Sieg Heil!“ und „Ausländer raus!“ brüllten. Wären 500 gekommen, hätte das Schlagzeilen gemacht. Ist die Zahl der Randalierer groß, heißt es immer gleich, die jungen Leute in Ostdeutschland seien anfällig für Konfliktlösungen mit Hilfe von Gewalt; es scheint ja auch nahezuliegen, daß Angst vor Arbeitslosigkeit und sozialem Abstieg und die Verwirrung nach der Auflösung von gewohnten Werten und Bindungen sich in Gewalt entladen. Aber wenn Krawalle ausbleiben, fragt man nicht ernsthaft, ob der menschenfreundliche Pragmatismus und die Leistungsbereitschaft der Jugendlichen in den neuen Bundesländern nicht unterschätzt werden.

Leider geben auch Umfragen ein widersprüchliches Bild: In der „Schüler Studie '90“ heißt es ebenso wie im „Deutsch-polnischen Jugendreport“ von 1991, die ostdeutschen Jugendlichen neigten, entgegen allen Vorurteilen, weniger zu Gewalt als junge Leute zum Beispiel in Polen, aber auch in Westdeutschland. Dagegen stellen andere Untersuchungen, zum Beispiel eine deutsch-deutsche Schülerbefragung (München 1990), eine wachsende Neigung zu Intoleranz fest, freilich auch nur bei einer Minderheit. Es ist daher zu begrüßen, daß die Deutsche Forschungsgemeinschaft Studien unterstützen will, die klären sollen, was denn nun eigentlich stimmt. Eine Tagung des Deutschen Jugendinstituts in seiner Leipziger Außenstelle hat allerdings gezeigt, daß die Wissenschaft der Politik Entscheidungen nicht abnehmen kann. Die größte Sorge muß sein, Enttäuschungen junger Menschen zu vermeiden, und das können letztendlich vor allem nur die Politiker bewerkstelligen.

Wie denkt der junge Deutsche? Antwort auf diese Frage gibt die

Jahresstudie 1992 des Konzerns IBM. Danach sind Jugendliche im vereinten Deutschland selbstbewußt, konstruktiv, kritisch, realistisch und informiert. Gleichwohl wächst die Staatsverdrossenheit unter den jungen Leuten, und ihre Ausländerfeindlichkeit – bei fast einem Drittel aller Jugendlichen – ist alarmierend hoch.

IBM Deutschland hat die Studie bei dem Kölner Institut für empirische Psychologie in Auftrag gegeben. Befragt wurden mehr als 2000 junge Menschen im Alter zwischen 16 und 24 Jahren in Ost- und Westdeutschland. Daß danach fast jeder dritte junge Mensch ausländerfeindlich oder zumindest anfällig für fremdenfeindliches Gedankengut ist, ist erschreckend. Zwar neigt lediglich ein Prozent – das wären etwa 50000 junge Deutsche – zu aggressiven Handlungen gegen Ausländer. Indes wächst der Sympathiekreis der Rechtsradikalen immer noch.

„Politiker und Parteien sind mehr an ihrer eigenen Macht interessiert als am Wohl der Bürger" behaupten 74 Prozent der Jugendlichen in den alten und sogar 82 Prozent in den neuen Ländern. Deshalb plädiert die große Mehrheit dafür, „über politische Fragen in Volksabstimmungen direkt entscheiden zu können". Nur noch 14 Prozent aller Jugendlichen sind der Ansicht, der Staat tue genug für sie. In diesen Ansichten stimmen die jungen Leute in Ost und West überein.

Rassismus ist über Jahre hinweg auch künstlich hochgeputscht worden. Linksextreme haben mit einseitiger internationaler Solidarität zu allen Schwachen und den Forderungen nach „grenzenloser" Liberalität jahrelang den Bogen überspannt und damit viele Bürger provoziert. In den Schulen ist der Kunstfehler begangen worden, daß eigentlich nur von deutschen Schülern Anpassung an die ausländischen verlangt wurde, keineswegs aber umgekehrt ein Bewegen der Ausländerkinder in Richtung auf in Deutschland übliche Normen und Werte. Die interkulturelle Erziehung hat die deutschen Kinder überfordert, auch mit Überdosierungen durch zu hohe Ausländeranteile in Schulklassen.

Eine Klasse von 23 Schülern verträgt jedoch nur etwa 7 Ausländerkinder, jedenfalls im Grundschulbereich, sonst funktioniert die positive Integrationskraft der deutschen Kinder und ihrer Familien nicht mehr sonderlich gut, und es können sich gegenteilige, unerwünschte, also fremdenfeindliche Effekte einstellen.

Am schlimmsten sind offenbar Berliner Schüler überfordert gewesen, denn die hohe multikulturelle Dosierung – vor allem in Kreuzberg – hat bei ihnen zu gewaltreichen Polarisierungen geführt; dort liefern sich seit Jahren multiethnische Streetgangs Straßenschlachten mit Skinheads, Neonazis, türkischen Gangs und der Polizei.

Rivalisierende Jugendgruppen leben dort auf dem Kriegspfad, sie kämpfen um Kontrolle von Straßenzügen, aber auch um Anerkennung, Ehre und Abgrenzung durch Feindbilder. Die entgegenkommende Behandlung der Aus- und Übersiedler, der Bürger der neuen Bundesländer, aber auch der Touristen und Asylbewerber, nervt viele in West-Berlin geborene und aufgewachsene junge Ausländer, die selbst an der Grenze der „neuen Armut", mit Wohnungs-, Schul-, Ausbildungs- und Arbeitsproblemen vegetieren und arbeitssuchende Eltern haben.

Rechtsradikalismus und Fremdenfeindlichkeit haben inzwischen fast alle Schichten erfaßt, wie man am Protest von reichen Villenbesitzern gegenüber Asylbewerbercontainerdörfern in ihrer Nachbarschaft sehen kann. „Kaviar-Hafensträßler" hat die Staatsrätin in der Hamburger Arbeits- und Sozialbehörde solche Menschen aus „besseren Kreisen" genannt.

Wir leben in einer Gesellschaft, die so konzipiert ist, daß der einzelne sich mit viel Egoismus nach oben boxen muß. Wer ran will an Geld, Konsum und Status, muß andere verdrängen, und das trifft alle Bevölkerungsgruppen. Je mehr Konkurrenz existiert, desto weniger Solidarität gibt es. Je weniger Solidarität vorhanden ist, desto mehr greift Vereinzelung um sich, desto mehr ist rücksichtslose Durchsetzung die Folge, so daß die Gesellschaft „immer mehr aus den Fugen gerät". Wenn die Einbindung in Familie, Nachbarschaft, Kirche, Verein und Partei abnimmt, dann wächst die Bereitschaft zu anderen Zugehörigkeiten, und dieser formale Familien- und Weltbildersatz ist dann wichtiger als der konkrete Inhalt ideologischer, religiöser oder politischer Art, den die jeweilige Nische anbietet. So wird man relativ zufällig Neonazi, Skin oder Hooligan, dann wachsen aber auch sekundär neue Feindbildmerkmale wie Rasse, Hautfarbe, Nation, Religion oder Stadtteil. Die Gewalt sucht sich immer erst im nachhinein Parolen. Jugendliche haben gelernt, daß sich mit Gewalt in dieser Gesellschaft eine ganze Menge regulieren und kompensieren läßt; das leben ihnen auch die Erwachsenen vor, zum Beispiel im Beruf, in der Politik, auf dem Bildschirm oder im

Straßenverkehr, und sie greifen gern Themen als Kondensationspunkte für ihre aufgestauten Aggressionen auf, die ihnen von der Politik und den Medien geliefert werden, also beispielsweise das „Ausländerproblem", das „Zuwanderungsproblem" oder das „Scheinasylantenproblem". Würde es die Ausländer hier nicht geben, müßte eine andere Gruppe als Feindbild herhalten, also beispielsweise Obdachlose, Gymnasiasten, Schwule, Behinderte, Juden oder Autobesitzer.

33. Gewalt als Resultat von Verwahrlosung

In der Sozialpädagogik ist Verwahrlosung je nach ihrem Grad als Bindungsarmut, Bindungslosigkeit oder Bindungsunfähigkeit definiert. Etwa 70 Prozent der deutschen Kinder gelten zur Zeit als partiell oder ganz verwahrlost, haben also Bindungsdefizite. Jeder Mensch braucht drei Arten von Bindungen zu seiner gesunden Sozialisation, nämlich

– Bindungen an Menschen (Bezugspersonen),
– Bindungen an Normen und Werte (Weltbild, Religion, Ideologie oder zumindest an die Inhalte einer Subkultur),
– Bindungen an die eigene Zukunft (Motivationen, Perspektiven).

Erziehung bemüht sich, diese drei Bindungsformen aufzubauen, und wenn ihr das nicht gelingt, kommt es zu Verhaltensauffälligkeiten bzw. -störungen, also zu Devianzen. Menschen, die keine verläßlichen Bezugspersonen haben, die ein unstimmiges und sie nicht ausfüllendes Weltbild besitzen, die die Grenzen der gesellschaftlichen Spielregeln nicht kennen oder sie ständig überschreiten, und Menschen, denen es an für sie sinnvollen Zukunftsaufgaben mangelt, sind unglücklich, also frustriert, und in der Folge aggressiv oder autoaggressiv. Sie richten ihren Frust als Gewalttäter nach außen, oder sie werden selbst Opfer, indem sie beispielsweise als Trebegänger, als Obdachlose oder als Marginalisierte schlecht mit sich selbst umgehen.

Immer mehr Kinder werden allein gelassen; sie haben als Einzelkind mit nur einem Elternteil ohnehin schon einen Mangel an Bezugspersonen, sie werden vielleicht Außenseiter in der Schule oder sind als „Versager" unbeliebt bei Lehrern und Mitschülern. Oder ihre Beziehungssehnsüchte werden durch sie verplanende Übererwartungen schwer beeinträchtigt, auch weil die Eltern die Wahl der Freunde nicht akzeptieren und „Schmuddelkinder" als Spielgefährten ablehnen. Kinder werden allein gelassen, wenn die Eltern durch einen Mangel an Vorbildwirkung, durch Inkonsequenz, durch überstrenge und das Ich stark beschränkende Forderungen oder durch Verzicht auf Grenzsetzungen den Weltbildaufbau der jungen Menschen stören oder verhindern. Und wenn sie ihre Möglichkeiten und Grenzen nicht kennen, als Verlierer stigmatisiert werden und es ihnen an Erfolgen fehlt, können sie keine realistischen Perspektiven und keine sie in ihre Zukunft hineinführenden Motivationen entwickeln. Sie sind zu oft enttäuscht worden, und sie halten deshalb von sich selbst nicht mehr genug, um von perspektivischen Kräften mitgerissen und diszipliniert werden zu können.

Verwahrloste junge Menschen, die Gewalt gegen sich oder andere richten, sind sämtlich zunächst selbst Gewaltopfer unzulänglicher pädagogischer Strukturen geworden, bevor sie – über den Umweg des unangemessenen Verhaltens – zunächst stets aneckten, dadurch permanente Mißerfolge sowie Frusterlebnisse hatten und wegen des damit verbundenen geringen Selbstwertgefühls aggressiv wurden.

Verwahrlosung präventiv zu verhindern ist wesentlich einfacher, als im nachhinein verwahrloste Jugendliche, die Nähe und Bindungen nicht mehr gewohnt sind und teilweise – wie die Straßenkinder – auch nicht mehr ertragen, wieder binden zu wollen.

Prävention gegen Verwahrlosung und damit gegen Gewalt ist deshalb so leicht, weil kleine Kinder ein ganz selbstverständliches, natürliches Bedürfnis nach Bezugspersonen, nach Weltverstehen und nach Freude auf das Morgen haben. Man muß ihnen schon sehr viel Gewalt antun, damit sie über zahlreiche Enttäuschungen das Vertrauen in Bezugspersonen verlieren. Sie versuchen beispielsweise als Heimkinder mehrmals hintereinander, tragfähige Bindungen zu Erziehern von sich aus aufzubauen, und lernen erst nach vielen Schichtdienstwechseln, Versetzungen, Beförderungen und Urlaubs- sowie Krankheitsregelungen auf Erzieherseite und nach mehreren eigenen Umtopfungen in immer wieder neue Institutionen, daß ihre Bindungsbereitschaft gar keine Früchte trägt, also relativ zwecklos ist, weil sie demnächst ohnehin wieder einen anderen zuständigen Menschen bekommen.

Inkonsequenz und permanente Wertekollisionen im Sinne von „doppelter Moral" sowie der Verzicht auf Deutlichkeit in den Grenzsetzungen bzw. in bezug auf die Spielregeln des mitmenschlichen Zusammenlebens stören die Suche nach dem Verbindlichen, nach dem Geregelten, an dem man sich in seinem Verhalten orientieren kann, erheblich, so daß Kinder von widersprüchlich erziehenden Eltern, die sich uneins sind, und junge Menschen, die mit dem Wertepluralismus unserer Gesellschaft allein gelassen werden, in sich zu keinem Wertekonsens, den sie aber eigentlich immer haben wollen, finden können.

Und wenn der Vater arbeitslos ist, wenn man selbst sitzengeblieben und ohne Schulabschluß geblieben ist, keinen Ausbildungsplatz, keinen Job und auch keine Freundin gefunden hat, wenn die Wohn- und Stadtteilbedingungen mies sind und eine Fülle von Kriminalität und Unordnung um einen herum ist, dann sterben die „Knabenmorgenblütenträume", wie Goethe die bei jedem Kind vorhandenen Zukunftswünsche, Sehnsüchte und Perspektiven nannte, nach und nach.

Ein verwahrlostes 15jähriges Straßenkind dann später pädagogisch kompensierend und reparierend wieder durch die für sein Leben notwendigen Bindungen einfangen zu wollen braucht mindestens den zehnfachen Aufwand, als hätte man es mit ihm von Anfang an richtig gemacht. Es geht aber noch, auch wenn die Gewöhnung an verläßliche Bezugspersonen, an Normen, Werte und Grenzen und an Perspektiven sowie Erfolge nahezu unendlich lange zu dauern scheint.

34. Gewalt bei verwöhnten und verplanten Kindern

Viele Eltern meinen es besonders „gut" mit ihren Kindern; sie wollen, daß sie es „einmal besser haben" als sie selbst, oder sie wollen, daß der hohe soziale Standard auch für ihre Kinder erhalten bleibt.

55 Prozent der deutschen Eltern erwarten für ihre Jungen und Mädchen schon bei der Geburt das Abitur und immerhin noch 35 Prozent den Realschulabschluß. Sie sorgen dafür, daß das Kind schon einen Baby-Schwimmkurs macht, bevor es laufen kann, daß

es schon lesen, schreiben und rechnen kann, bevor es eingeschult wird; sie chauffieren das Kind jeden Werktag quer durch die Stadt oder die Region zum Kindergeburtstag, zum Training oder zum Musikunterricht, sie animieren es zum Reiten, Klavier-, Hockey- oder Tennisspielen, sie möchten es am liebsten auf ein humanistisches oder ein altsprachliches Gymnasium oder auf eine Waldorfschule schicken, sie sorgen für intensiven Nachhilfeunterricht, wenn es nicht ganz so klappt wie erhofft, sie wählen die Bücher, die zu lesen sind, und die Fremdsprachenkompetenz fördernden Computerprogramme aus, sie schicken das Kind später in den Frühjahrsferien in ein Ski-Camp in die Alpen, in den Sommerferien zu einem Sprachaufenthalt nach England und in der 11. oder 12. Klasse für ein Jahr an eine Schule in den USA, und wenn alle Stricke reißen, suchen sie ein gutes Internat oder Landerziehungsheim aus.

Zahlreiche Eltern räumen mit ihrer grenzenlose Liebe ihrem Kind jeden Stein aus dem Weg, verwöhnen es nach Strich und Faden, haben aber gleichzeitig hohe Erwartungen an Anpassung, Artigkeit, Aussehen, Freunde und Leistung des Kindes.

Solche überforderten Kinder sind genauso arm dran wie die vernachlässigten „Schlüsselkinder“. Sie können ihre Kräfte nicht aus sich heraus selbst entwickeln, und alles, was sie tun, tun sie, um die Erwartungen ihrer Eltern zu erfüllen, um sie nicht zu enttäuschen.

Der Sozialisationsgrad solcher verplanten Kinder ist oft genauso gering wie bei verwahrlosten Kindern; und weil sie ständig überfordert sind und über ihre Möglichkeiten hinaus von dem Gestaltungswillen ihrer Eltern erdrückt werden, bleibt ihr Ich unterentwickelt, bleiben permanente Mißerfolge nicht aus. Ihre Frusterlebnisse sind reichlich, denn obwohl sie keine Empfehlung zum Gymnasium hatten, sind sie von ihren Eltern dort angemeldet worden. Sie vegetieren mit vielen Vieren, Fünfen und Sechsen, mit Verwarnungen, Scheitern und Nachhilfestunden jahrelang dahin und neigen, wenn sie 14, 15 oder 16 Jahre alt sind, dann eher zu Autoaggressionen, also zu psychosomatischen Erkrankungen, zum Tragen von großen Ohr- oder Nasenringen mit selbstverstümmelnder Absicht, zu Tablettenmißbrauch, zu Nikotin-, Alkohol- und Drogenabhängigkeit, aber auch zum Ausbrechen aus der Familie mit Weglaufen, Party- und Disco-Kult, Einschließen oder zu Depressionen, zur Todessehnsucht oder zum Suizidversuch. Ihr Sucht- und Rauschverhalten signalisiert ihr Bedürfnis, möglichst häufig auszusteigen aus der Spießigkeit und aus der Sozialprestigeträchtigkeit des Elternhauses. Sie wollen mit Umtriebigkeit und Rausch oder mit Einsamkeit vor dem Computer wenigstens zeitweise den elterlichen Erwartungen, den vielen Versagenserlebnissen und dem schließlich daraus relultierenden negativen Selbstkonzept entfliehen. Oft rasten solche junge Menschen nach jahrelanger artiger Anpassung schlagartig, also von heute auf morgen, aus. Plötzlich lassen sie sich aus Anlaß einer Jugendfete vollaufen, machen sie Kampfrauchen, probieren sie von der herumgereichten Spitze „Koks“, schlafen sie in einem Nebenraum mit einem Mädchen und zerstören sie nachts um 3 Uhr einen S-Bahnhof. Wie bei einem Vulkanausbruch ist dann der jahrelang aufgestaute Frust mit einem Mal explosionsartig herausgebrochen, sowohl aggressiv als auch autoaggressiv. Und wenn die Eltern dann anderntags davon erfahren, stehen sie fassungslos vor den Resultaten ihrer alles verplanenden umfassenden Führungserziehung, mit der sie letztlich selbst diesen Scherbenhaufen angerichtet haben.

Permanent von Eltern und Lehrern überforderte Gymnasiasten neigen mehrheitlich zur Gewalt gegen sich selbst, gelegentlich kombiniert mit Aggressionen gegen Sachen, Menschen und Systeme; während eher vernachlässigte Kinder, dann vorwiegend Förder- und Hauptschüler überwiegend zu Aggressionen nach außen neigen, allerdings auch oft verknüpft mit Nikotin- und Alkoholabusus.

Nur die richtige Dosierung von Liebe und Freilassen, von Fordern und Unterstützen, von Beratung und Zuspielen von Autonomie verschafft einen optimalen Sozialisationsgrad. Vernachlässigen und Verplanen sind in gleicher Weise mißlich. Sich-Klammern und dem Kind die Lebensweggestaltung weitgehend abzunehmen ist aber leider kein seltener elterlicher pädagogischer Kunstfehler.

35. Zur richtigen Dosierung von Zuwendung

Man fragt immer, warum Kinder und Jugendliche gewalttätig werden. Man sollte einmal umgekehrt überlegen, was das für junge Menschen sind, die über ein völlig normales Maß an Aggressionen und Autoaggressionen hinaus nicht gewalttätig werden.

Kinder, die in richtiger Dosierung Bewegung, Liebe, Zeit, Spiel, Ansprache, Zuhören, Körperkontakt, Väterlichkeit, Forderungen, Erfolge und Grenzerfahrungen haben, fühlen sich wohl, sind also in der Regel nicht geneigt, mit Gewalt auf sich aufmerksam zu machen.

Kinder wollen so gern gut und tüchtig sein, sie wollen gemocht sein und etwas für sie Sinnvolles tun. Eltern, die den Seiltanz des richtigen Maßes von Führen und Wachsenlassen hinbekommen, die sich die nötige Zeit für ihre Kinder nehmen, ihnen ihre Fragen beantworten, ihnen die Notwendigkeit über Forderungen und Grenzsetzungen erklären, die ihren Kindern auch Selbständigkeit zutrauen, die ihnen Liebe und Hautkontakte geben, ohne sie mit „Affenliebe" zu erdrücken oder sich an sie zu klammern, die nicht das Gefühl vermitteln, nur für ihre Kinder zu leben, sondern auch ihr eigenes Leben unabhängig von den Kindern gestalten, Eltern, die mit ihren Kindern spielen, sich für ihre Hobbys interessieren, die ihnen viel erzählen und vorlesen sowie ihnen geduldig zuhören, die aber auch deutlich und konsequent sein können und die es über alle Entwicklungs- bzw. Pubertätskrisen hinweg mit ihnen als stets verläßliche Bezugspersonen aus- und durchhalten, schaffen es meist, daß ihre Jungen und Mädchen Gewalt gegen Sachen und Menschen, Gewalt gegen sich selbst und auch Sprachgewalt ablehnen. Dazu gehört, nicht bei jeder Kleinigkeit an den Kindern herumzuerziehen, sie nicht von oben herab entwürdigend zu erniedrigen, und dazu gehört, ihnen Fehler als Notwendigkeiten zum Aufbau eines stimmigen, aus eigenen Erfahrungen gewachsenen Weltbildes zuzugestehen.

Im Grunde paßt der Begriff der Erziehung, der ja das Hochziehen von einer niederen zu einer höheren Stufe meint, der also von Anfang an etwas Entwürdigendes impliziert, nicht mehr in unsere Zeit, die ein eher partnerschaftliches Zusammenleben zwischen Eltern und Kindern erfordert, damit sie selbständig, eigenverantwortlich, demokratisch und mitfühlend sowie sozial engagiert im Rahmen der Wertevielfalt unserer pluralistischen Gesellschaft geraten können.

Verständnisvolles, liebevolles, zutrauendes und forderndes Zusammenleben zwischen Erwachsenen und jungen Menschen ist das Gebot unserer Zeit; Pädagogik ist dabei eher eine Kunst als eine Führungslehre oder gar eine Wissenschaft, und das ist so gemeint, wie der Philosoph Karl Popper es wissenschaftskritisch sagte: „Wir wissen nicht, sondern wir raten."

Kinder benötigen Autoritäten, die sie freiwillig akzeptieren, denen sie aus eigener Entscheidung sich anlehnend folgen und an denen sie sich beim Aufbau ihres Weltbildes orientieren können. Sie brauchen keine autoritären Strukturen, denen sie sich ungefragt unterwerfen müssen, von denen sie abgerichtet bzw. dressiert werden. Man traut den Möglichkeiten, den Kräften, dem Vervollkommnungswillen des Kindes zu wenig zu, wenn man glaubt, man müsse es stets vor Gefahren, vor Beeinflussungen, vor Verwahrlosung schützen.

Nur wenn Kinder mit einem Mangel an Zuwendung, an Wertschätzung, an Würde, an Forderungen, Grenzen, Erfolgen und Autoritäten großgeworden sind, wenn sie also defizitär sozialisiert bzw. verwahrlost sind, was bei etwa 70 Prozent von ihnen der Fall ist, nur wenn es also eigentlich schon zu spät ist und wenn die jungen Menschen bereits gewalttätig oder selbstzerstörerisch sind, ist es angeraten, sie mit Autoritärem so lange zu einem Korsett, das ihnen ja innerlich völlig fehlt, zu Bindungen an Menschen, Normen und ihre eigene Zukunft zu zwingen, bis ihr Defizit einigermaßen ausgeglichen ist und bis sie auch mit nichtpädagogisierenden Formen des Zusammenlebens zwischen Pädagoge und Jugendlichem Fortschritte machen können. Zuwendung muß also je nach Altersstufe und nach Vorgeschichte des jungen Menschen unterschiedlich dosiert werden.

36. Autoritäres und Autoritäten

Beate Scheffler, Landtagsabgeordnete der „Grünen" in Nordrhein-Westfalen, hat 1993 in einem Memorandum zum 25. Jahrestag der 68er-Bewegung festgestellt, daß es damals ein Fehler war, die Autorität in der Erziehung in Frage zu stellen. Die Autorität ist schon vom Begriff her etwas nur Positives, denn sie setzt die Zustimmung, die freie Wahl des Kindes voraus. Das Autoritäre, das ja nicht nach dieser Zustimmung des Kindes fragt, sondern es schlichtweg sich zu unterwerfen trachtet, wurde allerdings mit Recht abgelehnt. Nur weil die Menschen damals – und oft auch noch heute – nicht in der Lage waren, Autorität und Autoritäres zu unterscheiden, wurde die Autorität gleich mit über Bord gekippt.

Hintergrund war, daß damals die auf Alexander Sutherland Neill und sein Summerhill-Projekt zurückgehende „antiautoritäre" Welle über Westeuropa schwappte, mit der Neill gleichzeitig falsch verstanden wurde. Er lehnte Autoritäten überhaupt nicht ab, denn er war ja selbst eine charismatische Erzieherpersönlichkeit. Er wollte eigentlich nur die Regulierungsmechanismen des Zusammenlebens von den Erwachsenen weg auf die Kinder selbst verlagern; die auch für ihn so notwendigen Grenzsetzungen sollten eben weniger von den Pädagogen kommen, als sich vielmehr aus den Formen des Interagierens innerhalb der Kindergruppe selbst ergeben, auch durch Beschlüsse der Vollversammlung, durch Gerichtsverhandlungen der Kinder und durch die Verabschiedung von „Gesetzen". Neill wollte mit seiner zwangfreien Erziehung, was die Erwachsenen anbelangt, das Entwürdigende, das Entmündigende tilgen, und er wußte zugleich, daß Kinder untereinander sehr viel strenger, sehr viel unnachgiebiger, sehr viel deutlicher und sehr viel gerechter umgehen, also auch sehr viel autoritärer, denn schließlich sah er nicht – wie so oft in der Geschichte der Pädagogik – das Kind als Individuum in seinem alleinigen Bezug zum Pädagogen, er sah es als Mitglied einer intensiv und mit vielen Reibungen, Forderungen, Entlastungen und Grenzsetzungen zusammenlebenden Gruppe. So wollte Neill nicht vor allem antiautoritär in dem sein, was durch die Fülle seiner Beziehungen beim Kind ankommt, nur antiautoritär, was das bloße Erzieherverhalten anbelangt. Er wollte eigentlich das umsetzen, was die Antipädagogen um Hubertus von Schoenebeck hierzulande wollen, nämlich Kinder nicht von oben herab entwürdigend erziehen, sondern mit ihnen – auf ihre natürlichen positiven Kräfte vertrauend – unterstützend, ratend, gesprächsbereit und deutlich, was die eigene Erzieherpersönlichkeit und ihre Interessen anbelangt, zusammenleben. Das funktioniert, wenn man es von Geburt an – und schon zuvor – mit dem Kind richtig macht, weil es dann ja immer nur normale Dosen von Führung, Unterstützung, Zuwendung und Nähe sowie Grenzen braucht.

Es funktioniert diese antipädagogische Einstellung allerdings nicht mehr, wenn das Kind schon jahrelang „in den Brunnen gefallen" war, wenn es vernachlässigt, verwahrlost, autoritär, gewalttätig und ungeliebt erzogen bzw. nicht erzogen wurde. Dann muß

Pädagogik wesentlich deutlicher führen, fordern und sanktionieren, weil der junge Mensch sonst nicht mehr auf den „rechten Weg“ finden kann.

Viele der heutigen Eltern sind in der Zeit nach 1968 selbst erzogen worden. Sie sind mit der Unsicherheit ihrer Eltern und Lehrer in bezug auf Forderungen, Grenzen, Konsequenz und Durchhaltevermögen aufgewachsen, sie sollten ihr Alleingelassensein als Selbständigkeit verstehen lernen und die Hilflosigkeit der Erwachsenen als Liberalität.

Und genau deshalb sind heutzutage so viele Eltern hilflos, sie haben nicht den Mut zur Autorität, sie sind immer im Zweifel, ob sie dem Kind nicht mit Forderungen und Grenzen zuviel Gewalt antun, deshalb sind sie undeutlich, weich, inkonsequent und für ihr Kind nicht verläßlich einschätzbar oder schlichtweg in den Augen des Kindes willkürlich in ihren Entscheidungen, wenn es um Taschengeld, um Zubettgehen, um Termine für das Nachhausekommen, um die Anschaffung eines Computers oder um die Hausaufgabenbewältigung geht, ganz zu schweigen von Strafen.

Mit dieser Hilflosigkeit, die die heutigen Eltern dem fehlenden Mut zur Autorität bei ihren eigenen Eltern zu verdanken haben, ist ein Teufelskreis eingeleitet worden, an dessen Schäden noch viele Generationen zu leiden haben; es ist damit aber auch die Spirale der Gewalt in unserer Gesellschaft begünstigt worden.

Vieles, was 13jährige tun, tun sie nur, um auszuprobieren, was passiert, wenn sie eine Grenze, um die sie genau wissen, überschreiten. Passiert dann gar nichts, sind sie enttäuscht, oder sie lernen, daß dieser Grenzübertritt akzeptabel ist, zumindest für einige Menschen. Auf jeden Fall sind sie dann mit ihrem Werte- und Weltbildaufbau ganz allein gelassen, also überfordert. Sie können auf diese Weise nicht lebenstüchtig werden, und man begünstigt, daß sie mit ihren Verhaltensweisen woanders gegen die Wand laufen – und riskiert letztendlich ihr Scheitern. Und das kann nicht Liebe zum Kind sein, wenn man im Moment wegguckt und es ignoriert, es aber genau deshalb später einmal zum Verlierer wird. Im Hier und Heute muß nämlich immer dasjenige richtig sein, das auch woanders und späterhin gilt bzw. richtig ist.

37. Die Wiederentdeckung der Bezugsperson gegen Gewalt

Neben der Wiederentdeckung des liebevollen Körperkontaktes durch die Väter und der Wiederentdeckung der Grenze in der Erziehung braucht die Pädagogik die Wiederentdeckung der Bezugsperson, die rund um die Uhr und umfassend für das Kind zur Verfügung steht.

Es war ein Kunstfehler, in den letzten 25 Jahren anzunehmen, die Hauptbezugsperson des Kindes könnte durch die Addition verschiedener Menschen zu einem Ganzen ersetzt werden.

Es entspricht nicht dem Bedürfnis und nicht den Fähigkeiten des Kindes, im ständigen Wechsel durch verschiedene Kräfte betreut zu werden, die im Schichtdienst arbeiten, die versetzt und befördert werden, mal krank und dann wieder im Urlaub sind. Viele Heimkinder sind durch gewerkschaftlich gestaltete Arbeitszeitregelungen und das Kumulieren von Erziehern auf der Strecke geblieben und bindungsunfähig geworden, zumal wenn sie auch noch bei jeder Schwierigkeit, die sie bereiteten, umgetopft wurden und auf diese Weise bis zum 14. Lebensjahr gelegentlich mehr als sechs verschiedene Heime, Pflegefamilien, Wohngruppen und Therapieeinrichtungen hinter sich gebracht hatten.

Auch Eltern machen oft ähnliche Fehler, indem sie, wenn sie beide berufstätig sind oder die Mutter alleinerziehend ist, ihre Kinder mal von den Großeltern, dann in einem Pflegenest, dann wieder bei sich zu Hause, dann in der Kinderkrippe, im Kindergarten, im Kindertagesheim betreuen lassen, dann ein Au-pair-Mädchen engagieren oder eine Gouvernante und schließlich das Kind in einem Internat oder Landerziehungsheim abgeben, ganz zu schweigen von verschiedenen Ferienlager- und Auslandsaufenthalten.

Kinder können allenfalls zwei Hauptbezugspersonen im Wechsel bzw. in einer Arbeitsteilung verkraften, herkömmlicherweise sind das Mutter und Vater, wobei die Mutter meist einen deutlich höheren Stellenwert aus der Sicht des Kindes hat, zumal wenn es noch klein ist, und so etwas wie die letzte Instanz bei schweren Krisen oder Erkrankungen darstellt.

Tragisch hat sich die Professionalisierung und Spezialisierung im Lehrerberuf ausgewirkt. Nach 1968 wurden überall schulische

Großsysteme (Zentral- und Mittelpunktschulen, Schulzentren, große Gesamtschulen) geschaffen, in denen ein reiches Differenzierungsangebot die ökonomisch optimale Nutzung von Fachräumen und der fachwissenschaftlichen Kompetenzen der Lehrer vorsah. Der Unterricht sollte wissenschaftsorientiert werden, der Klassenlehrer wurde durch den vielfach nur zwei bis fünf Stunden in seiner Gruppe unterrichtenden Tutor ersetzt, und ansonsten wurde das totale Fachlehrer- und Kurssystem institutionalisiert, so daß es nicht selten vorkam, daß die Schüler in jeder Stunde in einem anderen Raum bei einem anderen Lehrer in einem anderen Fach und neben einem anderen Mitschüler sitzend Unterricht hatten, denn oft wurde auch der feste Klassenverband dem Leistungs-, Wahlpflicht- und Neigungskursprinzip geopfert.

Und wenn der junge Mensch dann nicht so funktionierte wie konzeptioniert, weil er verhaltensauffällig, hyperaktiv, drogenabhängig, rechenschwach, lese-rechtschreib-schwach, sozial benachteiligt, psychosomatisch krank oder behindert war, dann gab es da noch ein Beratungszentrum, in dem Sozialpädagogen, Schulpsychologen, Präventionslehrer, Beratungslehrer und neuerdings auch Familienhelfer und Schriftberater an ihm herumreparieren sollten.

Die kindliche Psyche wird mit solchen Additionsmodellen hoffnungslos überfordert. Schon die unüberschaubare Systemgröße und seine Kaufhausarchitektur sowie die Orientierungsschwierigkeiten in bezug auf die vielen Fächer, Kurse und Lehrer tun dem Kind Gewalt an; seine zusätzliche Aufteilung auf einen Tutor, zehn bis zwölf Fachlehrer und, wenn es nicht so pflegeleicht läuft, noch auf mehrere reparierende Spezialisten waren mit Sicherheit ein schlimmer pädagogischer Kunstfehler, der selbstverständlich in den Hirnen von Gymnasiallehrern entstanden ist; denn erfahrene Grund-, Hauptschul- und Sonderschullehrer wurden bei der Gestaltung der ersten Superschulen nicht beteiligt; sie hätten wohl sonst gewiß verhindert, daß man eine Reform umsetzen wollte, die auch alle gewachsenen und bewährten pädagogischen Einsichten abzuholzen gedachte und die sich gewaltfördernd auswirken mußte. Die übergroßen deutschen Gesamtschulen mit etwa neun Parallelklassen haben deshalb meßbar die größten Gewaltprobleme, wozu der hohe Zerstörungsgrad durch Schüler gehört, die den Frust über ihr System in Form von Sachbeschädigung bzw. von Graffiti herauslassen, was ja immerhin besser ist, als Gewalt gegen Menschen zu richten, aber auch in Form von schweren Verhaltensstörungen sowie Gewalt gegenüber Mitschülern.

Mittlerweile wird in den großen Gesamtschulen der Klassenlehrer wiederentdeckt, mittlerweile hat man die Obergrenze von 800 Schülern für eine auch erzieherisch funktionierende Schule erkannt sowie die Bedeutung des festen Lernverbandes für die Schüler.

Schüler brauchen die Bündelung möglichst vieler Kompetenzen in möglichst einer Bezugsperson, und das kann nur der Klassenlehrer sein. Er muß allerdings für eine zeitgemäße Schule ausgebildet sein, er benötigt nämlich neben der Fachkompetenz für mindestens ein Fach auch psychologische, sozialpädagogische, verhaltensgestörten- und lernbehindertenpädagogische, einige medizinische und auch gewisse ernährungswissenschaftliche sowie spielpädagogische Fähigkeiten.

Das totale Fachlehrer- und Kurssystem tut dem Schüler viel Gewalt an, weil er sich in ihm nicht wohlfühlen kann und weil auch der Fachlehrer, der bis zu 240 Schüler pro Woche hat, es nicht einmal bis zum Ende des Schuljahres schaffen kann, die Namen aller von ihm unterrichteten Schüler zu beherrschen, geschweige denn die Biographie, das Milieu und die Probleme der Mädchen und Jungen wahrzunehmen und zu verstehen.

Das Klassenlehrerprinzip, mit dem der Lehrer vier bis fünf Fächer, also etwa 14 Wochenstunden, in seiner Klasse unterrichtet, schafft ein Mehr an Verstehen und Umfassung des Schülers, ein Mehr an Kontrolle und kontinuierlich wirkender Erziehung, begünstigt Hausbesuche, Elternstammtische und ein Stück Gemeinwesenarbeit bzw. den Nachbarschafts- oder Stadtteilbezug der schulischen Arbeit. Zwei Klassenlehrer pro Klasse (Co-Teaching) schaffen noch mehr Umfassung, weil beide Pädagogen möglichst viele der Fächer in der Klasse abdecken können; sie minimalisieren aber auch die Gefahr, daß ein Schüler einem Lehrer, zu dem die Wellenlänge nicht stimmt, gewaltfördernd ausgeliefert ist.

38. Zeit, Liebe, Nähe, Ansprache, Zuhören, Bewegung und Spiel gegen Gewalt

Knapp 1,4 Millionen Mütter haben 1993 in Deutschland ihre Kinder allein erzogen. Laut Statistischem Bundesamt lebten 915 000 von ihnen, also rund zwei Drittel, in den alten Bundesländern. In Ost-Berlin und in den neuen Bundesländern waren es 445 000. Der Anteil der ledigen Mütter ist in Ostdeutschland mit 46 Prozent deutlich höher als im Westen mit rund 31 Prozent. In den Haushalten der 1,4 Millionen alleinerziehenden Frauen lebten 1993 insgesamt 1,9 Millionen Kinder unter 18 Jahren, also überwiegend Einzelkinder.

Kinder, deren Eltern ausreichend Zeit für sie haben, die genügend Liebe bekommen, die weder im Sinne von „Affenliebe" und „jeden Stein aus dem Weg räumen" überdosiert ist noch im Sinne von Vernachlässigung unterdosiert, die Nähe und Körperkontakt erhalten, so daß sie damit umgehen können, mit denen viel gesprochen wird, denen viel erzählt, vorgelesen und auch zugehört wird, die sich viel bewegen können und mit denen viel gespielt wird, werden eigentlich nie besonders verhaltensauffällig oder gar gewalttätig. Leider ist es selten geworden, daß Väter mit ihren Töchtern und Söhnen spielen (nur etwa 30 Prozent tun das), daß die ganze Familie bei Domino, Monopoly, Kartenspiel, „Mensch ärgere dich nicht!" oder Malefiz zusammensitzt.

Das Interagieren mit Eltern, Geschwistern und Fremden ist bei vielen Kindern graduell durch die mediale Kommunikation ersetzt worden, weil sie als Einzel- und Scheidungskinder mit einem Mangel an Bezugspersonen aufwachsen oder weil ihre Bezugspersonen keine Zeit, keine Lust oder keinen Mut zu Nähe, Körperkontakt, Spiel und Gespräch aufbringen.

Kinder stellen sich deshalb um. Eine Umfrage aus dem Jahre 1994 hat ergeben, daß bei den jungen Menschen zwischen 6 und 17 Jahren in Deutschland Fernsehen und das Treffen mit Freunden mit je 94 Prozent als bevorzugte Freizeitbeschäftigungen gleichrangig vorn liegen; die „Kids-Verbraucher-Analyse" der Verlage Bastei, Bauer und Springer sieht auf den weiteren Rängen Musikhören (90 Prozent), Radfahren (84 Prozent), Videofilme (77 Prozent) und Radiohören (76 Prozent); 70 Prozent der Jungen lieben Fußballspielen und 33 Prozent der Mädchen Pferde und Reiten. 72

Prozent der Kinder und Jugendlichen besitzen einen eigenen Radiorecorder und 38 Prozent einen eigenen Fernsehapparat auf ihrem Zimmer.

Die Einsamkeit des elektronisch versorgten modernen Kindes erhält sogar eine nachgereichte Rechtfertigung, die den Trend zu mitmenschlicher Distanz begünstigt, denn Würfel- und Kartenspiele im Familienkreis gelten als langweilig, als „out".

Wir müssen uns offenbar an das Aussterben der familiären Kommunikation gewöhnen, an das Beschränken auf das zum Zurechtkommen Notwendige, das nur noch Gespräche über Hausaufgaben, Zubettgehzeiten, Mahlzeiten, Schulbrot, Taschengeld und Geschenke umfaßt und alles, was darüber hinausgeht, als lästig oder unmodern, als „uncool" einstuft. Eltern und Kinder sowie Geschwister untereinander werden sich dabei immer fremder. Nähe wird derart ungewohnt, daß sie irritiert, wenn sie aufkommt; Distanz- und Einsamkeitskompetenzen schaffen mehr Verhaltensschwierigkeiten als Emotionalität, Gesprächsintensität und Körperkontakt. Viele Kinder können deshalb mit Kopfnüssen, Boxhieben auf den Oberarm, Tritten, Zurückweisungen, Rüffeln und Beschimpfungen besser umgehen als mit Streicheln, Lob und In-den-Arm-Nehmen, sie sind mit längeren liebevollen und um Tiefgang bemühten Gesprächen völlig überfordert. Gewalt ist ihnen schließlich selbstverständlicher als Schmusen, eine Schreckschußpistole, ein Karatetritt oder eine Beleidigung sind ihnen vertrauter als ein Blick in die Augen oder ein liebevolles Drücken.

Kein Wunder ist es also, daß die Umgangsweisen unter jungen Menschen rauher werden, daß Jugendliche und Studenten das Siezen wiederentdecken. Nähe ist nicht „in", und vielleicht ist es nur eine Frage der Zeit, bis Kinder ihre Eltern wieder siezen, so wie es früher schon einmal war und so wie es heute noch in Frankreich und Rußland in manchen Kreisen, die sich für besser halten, üblich ist.

In vielen Sprachen gibt es gar kein Sie. Andererseits gab es auch schon Zeiten und Kulturen, in denen Ehefrauen ihre Männer siezen mußten.

Das berühmt-berüchtigte „kleine rote schülerbuch" von 1968 empfahl das Duzen zwischen Schülern und Lehrern. Für so manchen Schüler wurde das Schulleben damit atmosphärisch angenehmer und auch leistungsmäßig erfolgreicher.

Lange schien es, als würde das Siezen aussterben, vor allem am Arbeitsplatz, in Lehrerkollegien und an Hochschulen. Professoren wurden jahrelang ungefragt geduzt und selbstverständlich auch Oberstufenschüler an Gymnasien, obwohl sie einen Anspruch darauf hatten, gesiezt zu werden. Es galt das Motto: „Wenn die Autorität eines Menschen nur auf dem Sie beruht, dann ist es sowieso zu wenig."

Mit dem Du machten sich Kumpelhaftigkeit und Distanzlosigkeit breit, aber auch symmetrische Gleichbehandlung bzw. Gleichberechtigung, schützende emotionale Nähe und Solidarität sowie die Ablehnung von Alters-, Standes- und Rangunterschieden. Das gegenseitige Du ist eben eine Absage an hierarchische Bewertungen, das einseitige Du beispielsweise Schülern oder Ausländern gegenüber hingegen eine herablassende Geste.

Neuerdings ist das Du wieder auf dem Rückzug. Studenten siezen wieder ihren Professor und reden ihn sogar mit dem Titel an. Selbst Hochschullehrer untereinander pflegen gelegentlich schon wieder das Sie. Und die Nase wird mittlerweile gerümpft, wenn der Hochschullehrer zu Beginn des Semesters das vertrauliche Du für den Umgang miteinander im Seminar anbietet.

Auch Gymnasiasten wollen zunehmend ab Klasse 11 wieder gesiezt werden. Gleichzeitig lebt das als ausgemerzt geglaubte Phänomen der 50er Jahre wieder auf, daß sich Schüler untereinander nur mit Nachnamen anreden; die so Angesprochenen leiden meist unter der damit verbundenen Härte, auch wenn sie es nicht zeigen.

Sind das Symptome für mehr Kälte und Mißtrauen in der Kommunikation, für mehr Verrohung und imponierheischende Bedrohung im mitmenschlichen Umgang, für mehr Ellenbogengewalt beim Erklimmen der Karriereleiter?

Auf jeden Fall weisen die „Sie-Sucht" (DER SPIEGEL) und das machospezifische Anreden mit Nachnamen unter jungen Menschen auf die Wünsche nach mehr Individualität und Profil statt Gleichmacherei und nach mehr Distanz sowie nach einer deutlicheren „Rühr-mich-nicht-an"-Schutzzone hin. Sachlichkeit und Abgrenzung sowie gröbere Umgangsformen zum Zwecke des Sich-Behauptens gegenüber anderen sind wieder gefragt, denn immer mehr Menschen können mit Wärme und Nähe nicht gut umgehen, weil sie sie nie ausreichend erlebt und trainiert haben. Das Siezen schützt vor Aufdringlichkeit, es bewahrt davor, in der Masse unterzugehen, und es erlaubt ein Mehr an unverwechselbarer Einzigartigkeit der Person.

Die neu auflebende Tendenz zum Siezen ist ein Preis für die Zunahme an einsamer Kindheit. Immer mehr geschwisterlos aufwachsende Kinder und immer mehr Single-Haushalte entsprechen durchaus dieser Entwicklung. Und selbst Gewerkschafts- und SPD-Genossen pflegen ihr traditionelles Du nicht mehr so bedingungslos wie früher.

Wenn die Bezugspersonenbedürfnisse des Kindes teilweise durch den Bildschirm befriedigt werden, wenn sein Wunsch nach umfassender Einbettung in das Familienleben nicht mehr erfüllt wird und Verlagerungen in die Trend- und Nischenwelt der Gleichaltrigen erfolgen, „Freunde" also zum Familienersatz werden, wenn man eher allein und mit Elektronikgeräten spielen muß, wenn Ansprache- und Körperkontaktsehnsüchte unerfüllt bleiben, dann kondensieren sich Kommunikation und Interaktion vielfach auf Muskeln, Fäkaliensprache und Sex. Der Bizeps, das Schimpfwort und das Geschlechtsorgan müssen ausgleichen, was sich defizitär aufgestaut hat, und die Übertreibung, die Übersteigerung, die Überakzentuierung, die sich mit der Reduktion der Emotionalität auf nur einige Körperteile wie Oberarm, Fuß, Mundwerk und Penis ergibt, führt dann zu eruptiver Gewalt, zu Vulkanausbrüchen ungesättigter Gefühlsbedürfnisse, also zum Schlagen, Treten, Schimpfen, Verunglimpfen, Diskriminieren, Vergewaltigen und zu Neurosen, Psychosen und Perversionen.

Pornographische Bedürfnisse sind eigentlich geballte Nähewünsche, sexuelle Perversionen das Bedürfnis, emotionale Defizite konzentriert nachzuholen. Der Schlag, der Tritt und der sexuelle, aber ganz und gar unerotische Exzeß sind verkrampfte Bemühungen um Nähe, um Umfassung, ja letztlich um Liebe, und sie sind in weiten Kreisen von Jugendlichen akzeptierter als Zärtlichkeiten. Für Zärtlichkeiten schämen sich viele in der Öffentlichkeit, für Anmachen, Mobbing, „Busengrabschen" und Zuschlagen aber nicht so sehr.

Gewaltreicher Körperkontakt findet in der Werteskala vieler junger Menschen eine höhere Akzeptanz als liebevoller Umgang, weil viele Erwachsene nicht den Mut haben, andere Werte der Nähe dagegenzusetzen. Wer liebevoll und nah ist, in der Sprache, in den Bewegungen und im Anfassen, läuft Gefahr, für weich, schwul oder unmännlich erklärt zu werden; der Macho hingegen gewinnt momentan eher Respekt. Gewaltreicher Sex, Rambo-Gehabe und PS- sowie waffenträchtige Interaktionen kommen zur Zeit besser bei den Kids an.

Solange wir das zulassen, dürfen wir uns nicht wundern, daß Kinder und Jugendliche mit Gewalt besser umgehen können als mit Nähe, Liebe und Frieden.

Eltern, Erzieher und Lehrer, aber auch Sportler, Filmschauspieler und Politiker müßten sofort eine Kultur liebevoller Umgangsweisen vorleben, wenn zuschlagende, zerstörende und sexuelle Gewalt nicht noch werbender und damit nicht noch mehr Trend werden sollen. Viele Frauen haben das schon erkannt; aber die Männer sind diesbezüglich noch sehr weit zurück.

39. Sexuelle Gewalt

Kindesmißhandlungen sind schrecklich, vor allem sexuelle Übergriffe. Mädchen und Jungen, die sexuell mißbraucht worden sind, haben mit den Folgen meist ein ganzes Leben lang zu tun; ihre Sexualität entwickelt sich nicht normal, sie sind oft neurotisch oder psychotisch gestört und neigen ihrerseits zu sexuellen Perversionen.

Für mißhandelte Kinder gilt in besonderer Weise die Einsicht, daß niemand Gewalttäter wird, der nicht zuvor selbst Gewaltopfer war. Sexualstraftäter waren durchweg zuvor selbst Opfer von Sexualstraftaten.

Das Tragische an der aktuellen Diskussion von sexuellen Übergriffen gegenüber Kindern ist jedoch, daß immer mehr Väter, Erzieher und Lehrer auf die notwendige emotionale Zuwendung zu Kindern aus Angst davor verzichten, daß sie in die Schublade der sexuellen Übergriffe geraten könnten. Mit Kindern zu schmusen, sie zu trösten, sie zärtlich anzufassen, sie zu streicheln, mit ihnen zu kuscheln oder gemeinsam nackt zu baden ist jedoch bei weitem noch kein sexuelles Vergehen; Kinder benötigen solche Körperkontakte für eine gesunde emotionale Bilanz. Aber wie interpretieren das familiäre Umfeld, die Öffentlichkeit, die Kollegenschaft diese Zärtlichkeiten? Immer mehr Väter haben Sorge, daß im Falle des Scheiterns ihrer Ehe ihr gutes körperliches Verhältnis zu ihrem Kind zu Erpressungen oder Verleumdungen benutzt werden könnte, so daß sie sich weitgehend körperlichen Zuwendungen enthalten. Lehrer mögen Schüler nicht mehr anfassen, weil sie befürchten, sie könnten als weich, schwul, pädophil oder als Sittenstrolch bewertet werden.

Am 22. Juli 1994 titelt BILD mit der Frage „Dürfen Lehrer grabschen und küssen?". Der Anlaß mag schlimm gewesen sein, denn es gab im Westerwald einen 42jährigen Lehrer, der Schülerinnen gefragt hatte, ob sie mit ihm schlafen wollten, der sie in der Tat „begrabscht", geküßt und auf den Po geschlagen hatte, der aber von einem Gericht freigesprochen wurde. Das Überschriften-Signal wirkt jedoch verheerend; es treibt noch mehr männliche Erzieher und Lehrer, noch mehr Väter in den emotionalen Rückzug, es zwingt sie zu einen Übermaß an Kälte, an Distanz und auch an Macho-Gehabe, das sich letztlich gewaltfördernd auf junge Menschen auswirken muß. Es drängt aber auch immer mehr Kinder in die Befürchtung, jede emotionale Zuwendung von Erwachsenen könnte sexuell motiviert sein.

Der Seiltanz zwischen einer notwendigen liebevollen körperlichen Zuwendung und mißlicher sexueller Gewalt ist eines der Hauptprobleme der aktuellen Pädagogik. Kinder brauchen Zärtlichkeiten, Streicheln, Schmusen, Trösten, Balgen und auch Hilfestellungen beim Sport; sie freuen sich, wenn sie mit ihren Eltern kuscheln können, wenn sie von ihnen in den Arm genommen werden, wenn sie bei ihnen auf dem Schoß sitzen können, wenn ihnen durch Handauflegen Mut gemacht wird. Und vorausgesetzt, daß sie ihre Lehrerin oder ihren Lehrer mögen, genießen sie auch diese Körperkontakte mit ihnen.

Heimkinder, die ihre Erzieher anstelle von Vater und Mutter haben, benötigen ebenfalls ein Mindestmaß an emotionaler Zuwendung, also auch an Körperkontakten durch ihre familienersetzenden Bezugspersonen. Wenn sie diese aus Furcht vor Mißverständnissen nicht erhalten, wachsen sie defizitär heran, sind sie gezwungen, sie bei Gleichaltrigen oder gar auf dem Strich in mißlicher Weise nachzuholen; oder sie stauen über Jahre hinweg ihre körperlichen Sehnsüchte so gewaltig auf, daß sie eines Tages wie bei einer Vulkanexplosion ausbrechen und dann in der Entführung, Vergewaltigung und Tötung eines Kindes enden. Wir kennen solche Biographien aus der Kriminalgeschichte zuhauf. Jürgen Bartsch war in den 60er Jahren der erste große von Publizistik und Wissenschaft ausgeschlachtete Fall dieser Art; auch er hatte eine „Karriere“ vom körperlos erzogenen Heimkind bis zum Schicksal des durch einen Erzieher vergewaltigten Jugendlichen hinter sich, bevor er selbst zum Sexualmörder wurde.

Kinder, die mit einem Mangel an Haut- bzw. Körperkontakten aufwachsen, lernen, daß sie offenbar nicht besonders liebenswert, nicht anfassig genug sind; sie lieben sich selbst nicht mehr, so daß sie versuchen, ihre emotionalen und sexuellen Bedürfnisse gewaltsam zu befriedigen. Sie glauben nicht mehr daran, daß sie auf normale Weise Kontakte zu knüpfen vermögen, daß sie es auf übliche Weise schaffen, wiedergeliebt zu werden.

Kindesmißbrauch ist also nicht nur der sexuelle Übergriff durch Erwachsene; Kindesmißbrauch ist auch der Verzicht auf eine gesunde Dosierung an körperlicher Zuwendung durch die für das Kind verantwortlichen Bezugspersonen. Die körperliche Enthaltsamkeit gegenüber Kindern ist eine der Hauptursachen für die augenblickliche Gewaltspirale. Und wer immer wieder Väter, Erzieher und Lehrer der sexuellen Übergriffe verdächtigt, macht sich mitschuldig an ihrem emotionalen Rückzug, der vor allem bei Jungen falsche Männlichkeitsideale und ihr gewaltreiches Macho-Gehabe fördert, die dann im Extremfall in so etwas einmünden können, wie es die „Welt am Sonntag“ am 30.1.1994 berichtet: „Ein zwölf Jahre alter Asylbewerber aus dem Libanon hat in Emsbüren (Landkreis Emsland) eine 23jährige Asylbewerberin aus Kroation vergewaltigt und sie ausgeraubt. Er gestand die Tat und fügte bei der Vernehmung hinzu, daß er sein Opfer auch gewürgt und mit dem Messer verletzt habe. Der Täter wurde in ein Jugendheim gebracht.“ Im Jugendheim kann es sich aber zur Zeit kein Erzieher leisten, dem Jungen einen normalen umfassenden Körperkontakt zu geben, durch den allein er therapiert werden könnte.

Nur wer Kinder auch mal in den Arm nimmt und drückt, gibt ihnen Halt und Geborgenheit, nur wer sie auch mal streichelt, zeigt ihnen, daß sie sich auch selbst für liebenswert halten können, nur wer sie auch einmal zärtlich anfaßt, sagt ihnen damit, daß man Probleme auch gewaltlos angehen kann.

Die kommunikative Reduktion auf die genitalen Zonen ist ein Ausdruck von emotionaler Verkrampfung, von fehlendem Mut zur ganzheitlichen Umfassung von Seele, Verstand und Körper des Kindes; sie ist unselig verdichtetes Liebesbedürfnis, Ausdruck von

Körperfeindlichkeit und emotionaler Leere als Spiegelbild sozialer Kälte, Kinder- und Frauenfeindlichkeit sowie materialistischen Konsum- und Karrierestrebens unserer Egozentrik fördernden sexistischen Ellenbogengesellschaft, in der sich allzu viele mit Pornographie in Kurzform ersatzbefriedigen wollen.

Sex-Tourismus ist nur ein Symptom dieser Gefühlsarmut. Allein in Asien verkaufen rund zwei Millionen Mädchen und Jungen ihren Körper an emotional unbefriedigte Japaner, Europäer und Amerikaner, davon 400 000 in Indien, 300 000 in Thailand, jeweils 100 000 auf den Philippinen und in Taiwan, 40 000 in Vietnam und 30 000 auf Sri Lanka. Und schon wird prognostiziert, daß das kriegsverwüstete Kambodscha bald ebenfalls ein „Paradies" für Kinderprostitution sein werde.

Trotz der hysterischen Diskussion um sexuelle Übergriffe von Freunden, Vätern, Erziehern und Lehrern und die hohe Zahl von Dunkelziffern im Umfeld von Kindern und Jugendlichen, die auch Onkel, Brüder, Freunde und neuerdings sogar Mütter in Verdacht geraten läßt, muß aus pädagogischen Gründen auch gegengehalten werden: Eltern und Pädagogen sollten gerade jetzt ermuntert werden, häufig Körperkontakt als Mittel der Erziehung einzusetzen, und zwar wenn er von jungen Menschen akzeptiert oder gewollt wird; gerade Lehrerstudenten, Erzieherfachschülern und jungen Vätern muß wieder Mut gemacht werden, ihr klassisch männliches Rollenverhalten um herkömmlich weibliche Rollenanteile zu erweitern, also auch emotional sein zu wollen – und zwar insbesondere auch in der Öffentlichkeit – und Hautkontakte zu Kindern zu pflegen. Nur wenn sie liebevollen Umgang mit Kindern auch in der Öffentlichkeit zeigen, kann das werbend auch auf andere Männer wirken und somit zum Abbau von schlimmen gewaltreichen Männlichkeitsidealen und der damit verbundenen Reduktion auf pornographische Sexualkontakte beitragen. Denn es gibt leider wieder zunehmend Männer, die sich scheuen, in der U-Bahn, im Supermarkt, auf der Straße, auf dem Schulhof, im Klassenraum, in Ferienlagern oder in Häusern der Jugend angemessen auf weinende Kinder einzugehen, sie in den Arm zu nehmen oder mit ihnen liebevoll zu sprechen; in den 70er Jahren waren Männer da jedenfalls schon weiter; damals wurden sie allerdings nicht so stark verunsichert wie durch die augenblickliche Diskussion um sexuelle Übergriffe von männlichen Bezugspersonen, die durchweg Väter, Erzieher, Lehrer, vor allem aber ältere oder stärkere Freunde sind.

In einer Kölner Zeitung konnte man im Februar 1994 folgenden Leserbrief finden, der die momentane Angst vor einer ganz normalen Körperlichkeit in der Erziehung widerspiegelt:

„Nachdem ich den Artikel 'Kinderpopo auf Foto weckte Porno-Verdacht' gelesen hatte, wurde mir klar, daß ich noch einmal davongekommen bin. Erst vor wenigen Wochen nämlich wollte ich meinen vierjährigen Sohn in einer ähnlichen Position fotografieren: Er schlief auf dem Bauch mit angezogenen Knien, das Nachthemd war bis unter die Achseln gerutscht, und sein blanker Hintern ragte hoch in die Luft. Es sah gleichzeitig rührend und komisch aus. Daß ich ihn nicht fotografiert habe, lag einzig an der Tatsache, daß das Blitzgerät nicht funktionierte. Seit heute weiß ich, daß das mein Glück war."

Sexuellen Kindesmißbrauch hat es immer gegeben, zeitweise war er auch kulturell etabliert wie früher einmal in Griechenland oder in einigen arabischen Regionen. Die Dunkelziffern waren und sind stets wesentlich höher als die aufgedeckten Fälle. Die Vergewaltigung von Kindern ist jedoch schlimm und darf keineswegs bagatellisiert werden.

In den USA werden pro Jahr rund 100 000 Vergewaltigungen bei der Polizei angezeigt. Der Anteil der jungen Mädchen unter den betroffenen Frauen ist einer neuen Studie des US-Justizministeriums zufolge alarmierend hoch.

Danach sind mehr als die Hälfte (51 Prozent) aller amerikanischen Vergewaltigungsopfer Frauen unter 18 Jahren. Der Anteil der Mädchen dieser Altersgruppe an der weiblichen Gesamtbevölkerung der USA liegt jedoch nur bei etwa 25 Prozent.

In den USA wurden 1992, so heißt es in der Studie, mindestens 3800 Mädchen unter 12 Jahren vergewaltigt. Das Ausmaß der Sexualdelikte gegen Kinder sei jedoch noch erheblich höher einzuschätzen, da die Mehrzahl dieser Verbrechen erfahrungsgemäß nicht angezeigt werde. In mehr als 90 Prozent der Fälle seien nämlich Familienmitglieder und Freunde der vergewaltigten Mädchen die Täter.

20 Prozent der unter 12jährigen Opfer wurden von ihren Vätern vergewaltigt, 26 Prozent von anderen Verwandten. 50 Prozent der Mädchen wurden von Freunden und Bekannten ange-

griffen. Nur vier Prozent der unter 12jährigen wurden Opfer von Fremden.

Die Studie erscheint zu einer Zeit, in der die Gewalt gegen Frauen und Kinder in den USA zunimmt. Während der 80er Jahre starben in Amerika ungefähr 1500 Frauen an den Folgen von Gewalttaten, die Familienmitglieder verübt hatten. Experten schätzen, daß in den USA jährlich vier Millionen Frauen von ihren Freunden oder Ehemännern regelmäßig geschlagen werden.

Nancy Campbell, Präsidentin des Nationalen Frauenrechtszentrums, bezeichnet die Untersuchungsergebnisse als „schlimm und schockierend". Es sei besonders beängstigend, wenn man das Ausmaß an Gewalt durch Verwandte und Freunde bedenke.

Und wie sieht es in Deutschland aus? Aufgeschreckt durch die Festnahme von zwölf Männern und zwölf Frauen aus dem Raum Worms, die 15 Kinder (sechs Monate bis 15 Jahre) vergewaltigt und gefilmt haben sollen, hat der Deutsche Kinderschutzbund (DKSB) erneut auf die steigenden Zahlen aufmerksam gemacht. Danach wurden allein 1992 in der Bundesrepublik 16442 Fälle von sexuellem Mißbrauch an Kindern registriert – 2000 mehr als im Vorjahr.

Die tatsächliche Zahl schätzen Experten jedoch zehnmal so hoch ein. „Die Dunkelziffer ist enorm. Auch wenn die Bereitschaft gestiegen ist, Mißbrauch anzuzeigen, stoßen die zuständigen Stellen in vielen Fällen auf eine Mauer des Schweigens", sagt Irene Achilles vom DKSB. Am stärksten betroffen sind Kinder zwischen sechs und zehn Jahren.

Führende Psychotherapeuten aus den USA haben beim Psychotherapie-Weltkongreß im Juli 1994 in Hamburg davor gewarnt, dieses Thema zu unterschätzen. Es sei ein gesellschaftliches Problem, daß sexueller Mißbrauch vor allem unter Armen und Mittellosen verbreitet sei, sagte die Washintoner Familien-Therapeutin Cloe Mandanes. Und Mary McClure-Goulding forderte, sich „mehr um die Kinder zu kümmern und weniger um die materiellen Werte". Goulding, die Opfer von Kindesmißbrauch therapiert, betonte, daß „Mißbrauch" auch die psychische Schädigung von Kindern einschließe. Vielen werde eingeredet, sie seien wertlos und hätten keine Rechte, nicht einmal auf ihren Körper. „Man darf Kinder kritisieren", sagte Mary Goulding, „aber es ist ein Riesenunterschied, ob man sagt: 'Ich mag nicht, was du getan hast', oder: 'Ich mag dich nicht.'" Die meisten sexuell mißbrauchten Menschen versuchen, die Erlebnisse zu verdrängen, erläuterte der New Yorker Psychiater James Masterson. Niemals dürfe ein Therapeut dem Patienten sagen, er sei mißbraucht worden, sagte Mary Goulding. Eine solche Aussage dürfe einzig vom Patienten kommen. Wichtig sei es, den Unglücklichen ihre Schuldgefühle zu nehmen: „Es ist nicht deren Schuld, was ihnen in der Kindheit passiert ist." Sexueller Mißbrauch von Kindern sei äußerst schwer festzustellen. Kinder neigten dazu, selbst Dinge, die sie nicht erlebt hatten, noch phantasievoll auszuschmücken. Schläge, Übergriffe und Beleidigungen seien für Kinder außerordentlich schädlich. Aber Cloe Mandanes beklagt mit Recht: „Es besteht ein großer Widerstand in der Gesellschaft, etwas gegen psychische und physische Schädigung von Kindern zu tun."

Sexueller Mißbrauch von Kindern, aber auch ihre körperlichen Züchtigungen sind ein Ausdruck unserer kinderunfreundlichen Gesellschaft, in der junge Menschen immer noch allzusehr als Besitz verstanden werden, über den man hemmungslos verfügen kann, den man schlagen kann, wenn es einem gefällt, den man aber auch zur sexuellen Befriedigung benutzen kann, wenn man Lust dazu hat. Dahinter verbirgt sich ein Weltbild, das durchweg „männlich ist", zu dem Machtberechtigung gegenüber anderen Menschen, vor allem gegenüber Frauen und Kindern, aber auch gegenüber Untergebenen, gehört. Insofern sind sexuelle Übergriffe ein Ausdruck von Defiziten in der sozialen und politischen Erziehung sowie von einem fehlenden Maß an Respekt gegenüber dem Wert und dem Recht des anderen Menschen; und dieses fehlende Maß an Respekt ist die Hauptursache für jede Art von Gewalt.

40. Körperkontakt gegen Gewalt

Viele Kinder erleben durch Erwachsene zuviel Gewalt, sie bekommen von ihnen aber zu wenige oder unangemessene Körperkontakte. Sie sehen im Fernsehen, wie der Lebensraum und die Lebensgrundlage des Penan-Naturvolkes in Malaysia durch die Rodung des primären Regenwaldes aus bloßen Profitgründen der Regierung und zweier Holzhandelsgesellschaften vernichtet wird, sie hören von der Zerstörung der lebenswichtigen Ozonschicht, von den Giften in ihrer Nahrung, sie erleben für sie brutale Verkehrssituationen, sie sehen grausame Kriegsszenen aus Bosnien, aus Somalia, aus Ruanda und am Golf, sie leiden mit den durch Norweger und Japaner ziemlich sinnlos getöteten Walen, sie spüren die Ungerechtigkeiten des Schulsystems und bekommen direkt den Egoismus und die schlagende Gewalt ihrer Eltern mit.

Schlagen, Treten und sexuelle Übergriffe sind unangemessene Körperkontakte und auch die vielen Wrestling-, Catch-, Box- und Action-Szenen, die sie per Bildschirm tagtäglich konsumieren.

Ganz schlimm sind aber die vielen Eltern, die nie sinnvoll dosiert erziehen, die also entweder schlagen oder schimpfen, die mit Liebesentzug und Einsperren agieren und im nächsten Moment ihr Kind wieder liebkosen und es als Solidarpartner für Trost in Sachen Ehe- oder Berufsprobleme benutzen.

Kinder brauchen eine für sie zuverlässige, also einkalkulierbare stetige Zuwendung, sie ertragen nur schwerlich Wechselbäder der Extreme von Gewalt und Liebe, sie brauchen viele Körperkontakte, aber weder Schläge noch „Affenliebe“ und schon gar nicht Inkonsequenz.

Jungen bis zu 10 Jahren benötigen mehr Körperkontakte als Mädchen, sie bekommen aber weniger, insbesondere von Vätern und insbesondere in Norddeutschland. Nach dem 10. Lebensjahr sind die Hautkontaktbedürfnisse von Jungen und Mädchen in etwa gleich.

Babys werden intelligenter und wachsen gesünder auf, wenn sie regelmäßig gestreichelt werden. Das ergab eine Studie der britischen Psychologin Elvidina Adamson-Macedo. 100 als Frühgeburten auf die Welt gekommene Babys, die in den ersten drei Wochen täglich zwanzig Minuten gestreichelt worden waren, schnitten als 7jährige bei Intelligenztests mit Gleichaltrigen besser ab als weniger gestreichelte Kinder. Auch ihre Fähigkeit im Lesen und ihre Fertigkeiten bei Geschicklichkeitsproben waren höher entwickelt. Streicheln fördert die Produktion von Endorphinen, also körpereigenen Neuropeptiden mit opiatartiger Wirkung. Diese Substanzen wirken wie chemische Stoßdämpfer bei Schmerzen und stärken zudem das Immunsystem.

Streicheln und Schmusen als Zuwendungsformen, die die Seele und überhaupt den ganzen Menschen meinen, signalisieren dem Kind, daß es liebenswert ist, daß es so anerkannt wird, wie es ist, sie fördern Selbstvertrauen und Leistungsfähigkeit, aber auch Liebesfähigkeit.

Roswitha Defersdorf hat mit ihrem Buch „Drück mich mal ganz fest!" kundgetan, daß das Drücken von Kindern in cholerischen Situationen, in Fällen von Hyperaktivität oder bei großem Versagenskummer ihnen Halt gibt, Mut macht und sie beruhigt, also auch verhaltensberuhigt. In Extremfällen des Ausrastens kann dabei auch therapeutisch erfolgreich sein, sie gegen eine Wand oder auf den Boden zu drücken, und zwar für nur einige Sekunden.

Liebevoller Körperkontakt wie das Handauflegen, das Durch-das-Haar-Fahren, das In-den-Arm-Nehmen, das Drücken, das Streicheln, das Schmusen bzw. Kuscheln oder das Küssen ist für die Entwicklung von Kindern weitaus positiver als das Anschreien, Schlagen, Treten, Einsperren oder Fortjagen. Aber in den Bildschirmszenen werden Probleme meist mit Hauen, Treten, Schießen und verbalem Niedermachen gelöst, so daß Kinder, die liebevoll im Hause erzogen werden, gleichzeitig aber viele Filme konsumieren, in ihren Problemlösungsstrategien verunsichert werden, insbesondere wenn sie viel körperliche Gewalt in Kindergartengruppen, in der Schule oder in ihren subkulturellen Freizeitnischen durch Gleichaltrige erleben.

In der Gleichaltrigkeitsszenerie von Kindern und Jugendlichen und in den Medien werden gewaltreiche Konfliktlösungsstrategien im Moment mit einem höheren Stellenwert versehen; sie sind mehr „in" als liebevolle oder friedfertige Argumentations- und Körperkontaktweisen. Körperkontakt ist in weiten Kreisen verpönt, jedenfalls als Kommunikations- und Interaktionsmittel in der Öffentlichkeit. Nur heterosexuelle Geschlechtskontakte zwischen ähnlich alten Menschen werden zur Überwindung von Problemen bejaht, wozu auch „die Versöhnung im Bett" gehört, die neben dem Mittel der Gewalt in Fernsehfilmen zur Krisenüberwindung angeboten wird und auf viele junge Menschen im Sinne von Modellernen und damit multiplikatorisch wirkt.

Körperkontakt nichtsexueller Art muß also als Erziehungsmittel künftig eine höhere Akzeptanz erreichen und häufiger eingesetzt werden. Er muß gesellschaftlich bejaht und aus der Abwertung durch Begriffe wie weich, schwul, pädophil oder sexistisch herausgeführt werden, damit er schließlich auch in der Werteskala junger Menschen eine größere Rolle spielt. Eltern – vor allem aber Väter –,

Lehrer und Erzieher sollten hierbei eine Vorreiterrolle übernehmen; sie müssen positiven Körperkontakt wieder hoffähig machen, und sie erreichen dieses Ziel, das am stärksten gegen Gewalt wirkt und überhaupt erst mißliche Teufelskreise von Gewalttradierung über Generationen hinweg zu durchbrechen vermag, am besten durch massenhaftes Vorleben von Zärtlichkeit, aber auch von sachlichem Handanlegen und -auflegen sowie deutlichem, mutmachendem Drücken, und zwar auch in der Öffentlichkeit.

Noch nehmen deutsche Mütter, vor allem norddeutsche, ihre Kinder seltener in den Arm als mediterrane und skandinavische; sie zeigen ihre Liebe in einer distanzierteren Art und Weise, sie üben schon während des ersten Lebensjahres mehr Kontrolle über ihre Kinder aus, wünschen Selbständigkeit und Selbstgenügsamkeit; und der Gehorsam, den sie fordern, hat mehr mit Disziplin zu tun und nicht, wie bei den amerikanischen Müttern, eher mit „Im-Einvernehmen-Handeln". Es besteht kaum ein Zweifel daran, daß solche allzu frühen und allzu strengen Forderungen ein Kind in seiner Entfaltung hindern, daß die Verballastigkeit und das hohe Maß an Körperlosigkeit in der Erziehung zu mangelnden Kompetenzen im kommunikativen Einsatz von Körpersprache führen, daß Nähe so ungewohnt ist, daß man mit ihr nicht richtig umgehen kann, daß Schlagen und Treten im Kind favorisiert werden, weil sie einfacher als Interaktionsformen einzusetzen sind als die differenzierten und mehr Einfühlungsvermögen verlangenden Formen der liebevollen Körpersprache.

Schlagen, Treten und der Einsatz charmanter Mimik sind für grob erzogene Kinder naheliegender als liebevolles Sprach- und Körpersprachverhalten, denn sie erzielen rascher Erfolge, erhöhen also aus der Sicht des Kindes die Durchsetzungskraft und damit die Lebenstüchtigkeit, wenn sie mit diesen Mitteln bereits Erfolge erzielt haben. Erfolge erzielen sie aber damit nur, wenn die erwachsenen Bezugspersonen auch mit diesen Mitteln arbeiten oder sie hinnehmen. Die Erwachsenen, die Schlagen, Treten, Fäkaliensprache und taktische Mimik vorleben oder akzeptieren, die also das Spiel des Kindes, bei dem es um Behaupten und Durchsetzen geht, mitspielen, sind mitschuldig an der kindlichen Gewalteskalation, wenn sie Gewalt nicht verpönen, ihr nicht deutliche Grenzen entgegensetzen und ihr nicht Alternativen, also beispielsweise liebevollen Körperkontakt, vorleben. Die Durchsetzungsstrategien schauen sich die Kinder nämlich in der Erwachsenenwelt oder in der von Erwachsenen zugelassenen Fernseh- sowie Kinder- und Jugendwelt ab.

Der Körperkontakt zwischen Erwachsenen und Kindern muß immer eingebettet sein in eine starke Bindung zwischen Bezugspersonen und jungen Menschen, die alle Teile des jungen Menschen meint, ihn also umfaßt. Er muß zu der Art der Bindung passen, ihr entsprechen, und insofern sieht er im Eltern-Kind-Verhältnis anders aus als im Lehrer-Schüler- oder Freund-Freund-Bezug.

Bindung an Eltern oder andere Partner – eines der stabilsten Verhaltensmuster überhaupt – ist ein aktiver Prozeß, eine soziale Leistung. Zwar ist sie nicht dem Menschen allein eigen, aber er entwikkelt sie auf Grund der langsameren und differenzierteren Ausbildung seines Gehirns gründlicher als das Tier. Seine ausgedehnte Kindheit und Adoleszenz, die lange Zeit, die er braucht, um die zum Leben notwendigen Fertigkeiten zu erlernen, lassen die Bindung zu den Eltern immer haltbarer werden, während die frühkindliche und kindliche Abhängigkeit von ihnen bis zur völligen Unabhängigkeit zurückgeht. Es handelt sich also um zwei gegenläufige Entwicklungen.

Leider halten immer noch viele Menschen gute Beziehungen zwischen Jugendlichen oder Erwachsenen zu ihren Eltern für suspekt. Ein 4jähriger, der häufig bei seiner Mutter anruft oder bei ihr Besuche macht, kommt schnell in den Verdacht, ein Neurotiker zu sein; wer eine intensive Beziehung zur Mutter hat, gerät leicht in Verruf: Ist er nicht eine „abhängige, infantile Persönlichkeit"? Und sind intensive Körperkontakte zwischen Eltern und Jugendlichen, zwischen Lehrern und Schülern in jedem Fall sexuell abartig?

Die Verwechslung einer im Erwachsenenalter nicht mehr angemessenen Abhängigkeit mit einer für die menschliche Entwicklung notwendigen Bindung ist jedenfalls um so bedauerlicher, als sie viele familiäre Beziehungen über Jahre hinweg schwer belastet und das so wichtige gegenseitige Verständnis mehr verstellt als erleichtert.

Streicheln oder Strafen ist demnach eine Antinomie, mit der viele Bezugspersonen von Kindern und Jugendlichen hilflos bleiben. Hartes und unangemessenes Strafen verschärft in der Regel die Probleme, weil es neue Leidensfaktoren schafft, aber nichts löst, außer daß Grenzen gesetzt werden. Wenn die Strafe in keinem Zusammenhang mit der Tat steht, kann sie allenfalls abschrecken, nicht aber positiv sozialisieren. Streicheln plus Argumentieren vermag den jungen Menschen jedoch weiterzuführen, ihm Einsicht zu vermitteln, und zwar in der Kombination von Bejahung und Zurückweisung. Die Ablehnung von Taten muß bei Kindern und Jugendlichen immer in Liebe eingebettet sein und zugleich Einfühlungsvermögen und Unrechtsbewußtsein fördern.

Strafe ohne Liebe führt zur Verhärtung, zur Verrohung und zur Verfestigung von Trotz, Protest und Widerstand, wie wir das bei Skins und Rechtsextremen beobachten können.

Liebe ohne Zurückweisung oder das bloße Ignorieren bzw. das mittlerweile sehr verbreitete Weggucken im Angesicht von Gewalt und von Unerwünschtem sind gleichfalls falsch, weil sie auf Grenzsetzungen verzichten und damit ein Orientieren an den Spielregeln sinnvollen Zusammenlebens und somit ein stimmiges Weltbild im jungen Menschen beeinträchtigen oder verunmöglichen.

Die vielen Möglichkeiten von Körperkontakten zwischen Schmusen und Schlagen müssen in ihrer ganzen nuancierenden Bandbreite genutzt werden, wenn der junge Mensch seinerseits differenzierend mit Körpersprache als Ergänzung der Verbalsprache umzugehen lernen soll. Wenn er die mittleren Dosierungen von Körpersprache zwischen Liebkosen und Verprügeln selbst nicht erfahren hat, kann er mit ihnen jedenfalls nicht umgehen; er wird dann allein gelassen mit seinen einzig verbliebenen Möglichkeiten des Schlagens, Tretens, Schreiens, des mimischen Charmes und des sexuellen Anmachens, also mit seinen gewaltträchtigen Interaktionsweisen, zu denen er greift, weil er Nähe und Zärtlichkeit im Vorleben und in der Auswirkung auf sich selbst nicht ausreichend kennengelernt hat, ihre Auswirkungen nicht einzuschätzen vermag und Furcht vor für ihn ungünstige Interpretationen durch die Adressaten hat.

41. Vorbilder gegen Gewalt

Negative Vorbilder und das damit verbundene Imitationslernen sind die wichtigsten Ursachen für Gewalttätigkeiten von Kindern und Jugendlichen. Umgekehrt ist gewaltloses Vorleben von Problem- und Konfliktlösungen der beste Weg, friedfertige junge Menschen zu erziehen. Wer mit Argumenten, mit ruhigem Ton, mit liebevollen Körperkontakten, mit Konsequenz, mit Durchhalten auch über Krisen von Kindern und Jugendlichen hinweg und mit deutlichen Grenzsetzungen und angemessenen Forderungen, mit Zuhörenkönnen sowie mit Wahrnehmen und Verstehen von Unzufriedenheiten und Unwohlsein ein einfühlsames Vorbild ist, färbt mit seinem Verhalten auf seine Kinder, auf seine Schüler oder überhaupt auf seine Zuschauer positiv ab und sorgt für Reproduktion bzw. Tradierung seiner Verhaltensweisen.

Männer spielen Krieg in Bosnien, in Ruanda, am Golf und auch sonst überall in der Welt, sie arbeiten mit Korruption, Intrige und Ellenbogen an ihrer Karriere, sie frönen den Ersatzkriegen in Fußballstadien, sie genießen Sexismus und behandeln als Machos ihre Frauen und Kinder wie Sklaven. Sie lösen in Filmen mit Fäusten, Schießeisen und Kampfsporttechniken ihre Konflikte. Comic-Figuren versuchen stets, ihre Rivalen mit körperbezogener Gewalt niederzumachen. Wrestling-Show-Catcher bagatellisieren Brutalität und Unfairneß. Und Kinder reißen in Fernsehserien oft aus, um auf ihre Probleme aufmerksam zu machen.

Alle diese Verhaltensmuster bewirken in jungen Menschen ein Stück Orientierungskompetenz, mit der sie verleitet werden, ähnlich zu agieren. Sie sehen überall um sich herum und per Bildschirm in die Wohn- und Kinderzimmer geliefert, wie man lebenstüchtiger, durchsetzungsstärker und erfolgreicher werden kann, und Gewalt kommt dabei wesentlich häufiger vor, als sinnvolle Konfliktlösungsstrategien angeboten werden.

Wenn Schüler mit U- und S-Bahnen sowie Bussen zur Schule fahren, sehen sie aufgeschlitzte Sitzpolster, zerkratzte Scheiben, Tags und Graffiti, teilweise mit äußerst aggressiven, menschenverachtenden, intoleranten, frauenfeindlichen, sexistischen bzw. fremdenfeindlichen Botschaften. Sie spüren dabei alltäglich den kanalisierten Frust anderer junger Menschen, und sie sehen, daß Sachbeschädigung ein mögliches Ventil gegen Unwohlsein, Vernachlässigung oder Überforderung ist, das weitgehend zugelassen wird.

Vandalismus ist in unserem Gemeinwesen allgegenwärtig, in Telefonzellen, auf Parkbänken, in öffentlichen Verkehrmitteln, an Mauern und Häusern sowie in Schulen. Wer Vandalismus hinnimmt und die Schäden nicht sofort wieder beseitigt, sorgt für das Multiplizieren von negativen Vorbildern. Am deutlichsten wird diese Eskalation in der Graffiti-Szene. Die Deutsche Bahn AG zieht deshalb vollgesprühte Züge aus dem Verkehr, um Nachahmungseffekte zu minimalisieren, allerdings mit geringem Erfolg, denn Graffiti ist überall derart präsent, daß es einen hohen Aufforderungsanschub in sich birgt.

Von 1993 bis 1994 sind Vandalismusschäden bei der Deutschen Bahn AG allein in Hamburg um 30 Prozent gestiegen; im ersten Halbjahr 1994 mußten hier für ihre Beseitigung 3,7 Millionen Mark aufgewendet werden, vor allem für eingetretene Fenster und aufgeschlitzte Polster. Die Hamburger Hochbahn AG rechnet für 1994 mit mehr als 10 Millionen Mark Aufwendungen für die Folgen von Randale und Gewalt gegen Sachen.

Vorgetäuschte Suizidversuche à la „Harold and Maude", Selbstverletzungen mit Rasierklingen, Sich-Einschließen und Weglaufen sind für viele Kinder und Jugendliche Formen von Gewalt gegen Eltern, mit denen sie etwas erreichen und mit denen sie sich gegen irgend etwas wehren wollen, also gegen Ungerechtigkeiten, gegen Unverständnis, gegen fehlende Aufmerksamkeit bzw. Anerkennung, gegen Überforderungen, gegen Langeweile oder gegen Lieblosigkeit, manchmal auch gegen die Ablehnung ihrer materiellen, konsumorientierten oder schlichtweg freiheitsbezogenen Wünsche.

Es laufen etwa zwanzigmal so viele Kinder für einige Tage weg als bei der Polizei als vermißt gemeldet werden. 547 Kinder und 681 Jugendliche wurden dem Bundeskriminalamt 1993 als vermißt gemeldet. In der Statistik war das ein Jahr wie alle anderen: Etwa 1000 vermißte Kinder und Jugendliche jährlich gelten in Deutschland als „üblich". Bei Kindern unter 14 Jahren verschwinden etwa gleich viele Jungen und Mädchen. Im Jugendalter bis 18 Jahre verdoppelt sich dagegen der Anteil der Mädchen. Die Motive sind bei fast allen ähnlich: Sie flüchten aus Kummer oder Abenteuerlust und kehren bald heim. „Innerhalb von 24 Stunden sind mehr als 90 Prozent von ihnen wohlbehalten zurück", sagt Dieter Wallmeier, Leiter der Vermißtenstelle beim Bundeskriminalamt. Aber immer wieder werden Kinder auch zu Opfern von Gewalttaten. Allein 1990 tauchten 61 verschwundene Jungen und Mädchen nicht mehr auf. Trotz allen Einsatzes der Polizei bleibt ihr Schicksal häufig ungeklärt.

Auslöser für das Ausreißen ist sehr oft, daß der junge Mensch durch einen entsprechenden Fernsehfilm vorbildhaft dazu angeregt wurde.

Kinder kommen meist durch Vorbilder zum Rauchen, zum Alkoholkonsum und auch zum Drogenmißbrauch; sie werden anfangs durch „Freunde", durch Bildschirmhelden oder auch durch das Vorleben der Eltern dazu verleitet. Zigaretten, Alkohol und Drogen sind überall um sie herum, und es ist für sie schon schwierig, nicht mitzurauchen, nicht mitzutrinken und nicht auch den Joint zu versuchen, wenn es ihre Freunde tun oder wenn es auf der Party üblich ist.

Wenn Bezugspersonen oder Freunde von Nikotin, Alkohol oder Hasch abhängig oder süchtig sind, färbt das „vorbildhafte" Verhalten auf Kinder und Jugendliche in 90 Prozent der Fälle ab; nur 10 Prozent der jungen Menschen werden abgeschreckt. Rauchende Eltern haben meist schon früh rauchende Kinder, und nur in seltenen Ausnahmefällen werden sie leidenschaftliche Nichtraucher, weil sie stets unter dem Frischluftmangel im Auto gelitten haben, weil Vater und Mutter auch dort ihrer Abhängigkeit oder Sucht erlegen sind. Im Auto rauchende Eltern sind Vorbilder für Egoismus, wenn ihre kleinen Kinder mit ihnen fahren, die übrigens sehr genau beobachten, daß ihre Eltern bei Problemen, bei Streß oder bei Kummer mehr rauchen als sonst, so daß sie schon früh lernen, daß Krisensituationen vermeintlich auch mit Nikotin gelöst werden können.

In Deutschland, in den osteuropäischen Staaten und in den Entwicklungsländern steigt die Zahl der süchtigen Raucher alljährlich, während sie in den übrigen Ländern Europas permanent abnimmt. Kein Wunder ist also, daß per Vorbildwirkung mittlerweile 20 Prozent der unter 15jährigen deutschen Schüler rauchen. Und weil sie damit auch Problemen ausweichen, setzen sie gleich noch eine andere Abhängigkeit obendrauf, die ebenfalls in unserer Gesellschaft legalisiert und durch Politiker, Filmstars und Sporthelden vorgelebt wird: 40 Prozent der rauchenden Schüler geben an, regelmäßig Bier zu trinken; unter den Nichtrauchern sind es dagegen nur sieben Prozent.

In Deutschland sind 2,5 Millionen Menschen alkoholkrank, mehr als 30000 sterben jährlich an den Folgen dieser Sucht, 70000 an den Folgen des Rauchens – Tendenz steigend.

Nimmt man alle Süchte zusammen, also unter anderem die Medikamenten-, Drogen-, Spiel-, Mager- und Eßsucht hinzu, dann sind etwa 10 Millionen Deutsche suchtkrank, also jeder achte Bundesbürger, was ein hohes Maß an negativen Vorbildern im Umfeld eines jeden Kindes und Jugendlichen bedeutet. Vor diesem Hintergrund sind ein Werbeverbot für Zigaretten und Alkohol, rauchfreie Zonen in Restaurants und ein Rauchverbot in öffentlichen Gebäuden sowie in Bahnen und Bussen dringend erforderlich.

Nur mit positiven Vorbildern, mit Informationen und mit Prävention schon bei Vor- und Grundschulkindern läßt sich gegen die autoaggressive Suchtgewalt impfen. Die Stärkung des Selbstwertgefühls, der Mut, nein zu sagen, die Information über die Schwächung und Zerstörung des Körpers durch Gifte und Drogen, vor allem aber der Aufbau von Kompetenzen, um Probleme direkt angehen zu können und ihnen nicht mit stofflicher Ersatzbefriedigung auszuweichen, schützen am besten vor Suchtanfälligkeit, und zwar wenn ihre Eltern, Erzieher und Lehrer, am besten aber ihre Freunde, ihnen diese Alternativen vorleben und ihnen zu zeigen vermögen, daß sie auch ohne den Konsum von Ausweich- bzw. Rauschmitteln lebenstüchtig und glücklich sein können.

42. Zur gewaltverpönenden Funktion von Schule

Im Zuge der Diskussion um Familienzerfall, Gewalt und Medieneinflüsse mahnen immer mehr Menschen den verstärkten Erziehungsauftrag der Schulen an. Andere empfinden das als Zumutung und appellieren an die Eltern, ihren erzieherischen Pflichten intensiver nachzukommen. Nur, was nützt dieser Appell gegenüber problembeladenen, streßgeplagten, erschöpften, in Trennungskrisen lebenden oder gar suchtkranken Eltern, die ihre Kinder als störend empfinden oder die vor deren Verhaltensschwierigkeiten kapituliert haben?

Bislang hat die Schule das einigermaßen gut von zu Hause her erzogene Kind vorausgesetzt, das sie mit Unterricht zu versorgen trachtete. Als die Familie erzieherisch noch funktionierte, war das gewiß eine sinnvolle Arbeitsteilung.

Die Schule war für das da, was die Familie nicht konnte – für das Lehren von Lesen, Rechnen und Schreiben, für die Einführung in die Bibel, manchmal auch für die Vermittlung von Griechisch, Latein, Hebräisch und Astronomie. Und heute? Schultheoretiker beobachten, daß die Schule immer mehr Funktionen übernommen hat oder übernehmen muß:

- Ihr wächst immer mehr eine leibliche Versorgungsfunktion zu (Ernährung, Psychomotorik).
- Sie muß Kindheit bewahren helfen, weil immer mehr Mädchen und Jungen in Gefahr sind, wichtige Entwicklungs- und Spielstufen durch eine zu frühe Anpassung an die Lebensformen der Erwachsenen zu überspringen.
- Sie hat eine Innovationsfunktion, weil große Ausbildungsbetriebe mehr Kreativität, Mobilität, Erkundungs- und Handlungskompetenz sowie Teamfähigkeit von den jungen Menschen erwarten.
- Sie hat eine kompensatorische Funktion, die auf Ausgleich von Sprach-, Bewegungs-, Wissens- und Erziehungsdefiziten zielt.
- Sie hat mit „Verläßlichen Halbtagsschulen", Ganztagsschulen und der Ausgestaltung der Schule zur Lebensstätte von Kindern und Jugendlichen eine familienergänzende Erziehungsfunktion.
- Sie hat in bezug auf Gewalt, Rauschbedürfnis und Sucht eine Präventionsfunktion.
- Sie hat gegenüber Ausländerkindern, Behinderten, gegenüber verschiedenen soziokulturellen Milieus, Begabungen und Neigungen eine Integrationsfunktion.
- Sie hat gegenüber Verhaltens- und Gesundheitsstörungen eine diagnostische und therapeutische Funktion.
- Darüber hinaus hat sie jetzt eine Sparfunktion. Mit den in ihr eingesparten Geldern sollen andere soziale Aufgaben finanziert und die in früheren Haushalten verwirtschafteten Gelder wieder eingefahren werden.

Die meisten dieser Aufgaben kann die Schule derzeit nur autonom, mit dem Engagement und der Flexibilität einzelner Lehrer sowie mit eigenwilligen Konferenzbeschlüssen wahrnehmen.

Wenn die These stimmt, daß Schule das leisten muß, was Eltern nicht können, muß sie im derzeitigen Zustand der Gesellschaft mehr erziehen und weniger unterrichten. Es gibt immer mehr Kinder, die weder in der Familie noch in der Schule erzogen werden, die Alleingelassensein als Selbständigkeit und die Hilflosigkeit der Erwachsenen als Liberalität verstehen lernen sollen.

Die Lehrer sitzen zur Zeit zwischen allen Stühlen. Das Ansehen ihres Berufsstandes ist schlecht. Sie wirken, wenn sie engagiert sind, zwischen ausgebrannten und alten Kollegen, zwischen verhaltensgestörten Kindern aus erziehungsuntüchtigen Familien und verplanten Kindern von Eltern voller Übererwartungen in bezug auf gute Noten und qualifizierende Abschlüsse. Sie haben es nach Ferien und nach Wochenenden mit unterrichtsungeeigneten Schülern zu tun („Montags-Syndrom"). Sie sind sozial- und sonderpädagogisch, psychologisch, medizinisch und ernährungswissenschaftlich unterqualifiziert und werden zwischen allzu vielen Fachlehrern, die nicht an den Problemen der Schüler interessiert sind, und staatlichen Sparmaßnahmen zerrieben.

Was ihnen derzeit als Ausweg bleibt, ist der autodidaktische Umbau ihres Arbeitsplatzes: Sie erleichtern ihre Arbeit, wenn sie sich nicht mehr vorrangig als Unterrichtsspezialisten, sondern mehr als mit ihren Schülern zusammenlebende Bezugspersonen verstehen, wenn sie intensiver mit Eltern und dem Stadtteil zusammenwirken, wenn sie ihre Schüler gegen mißliche häusliche Einflüsse stärken, wenn sie mit Kollegen enger kooperieren, wenn sie sozialere Unterrichtsformen bevorzugen (z. B. den Offenen Unterricht) und wenn sie die nicht-materiellen Bedürfnisse des Kindes zum Maßstab für ihr Handeln machen (Zeit, Liebe, Ansprache, Zuhören, Spiel, Körperkontakt).

Sicher tröstet es nicht, daß Schleswig-Holsteins Ministerpräsidentin Heide Simonis zur finanziellen Misere der öffentlichen Haushalte und damit zur kritischen Situation der ungelösten Aufgabenteilung zwischen der Familie und einer zeitgemäßen Schule sagt: „Es ist viel schwieriger, wenn man viel Geld hat, zu vermeiden, daß man Blödsinn macht." Vielleicht tröstet die Einsicht, daß erzieherisch wirksame Formen und die charismatischsten Erzieherpersönlichkeiten stets in Zeiten großer Not, in Regionen mit viel Elend und schlecht ausgestatteten Schulformen erwachsen sind.

An deutschen Schulen verursacht aggressives Verhalten jährlich 100 000 Unfälle mit zum Teil schweren Verletzungen, ergab eine Studie der Gesetzlichen Unfallversicherungen.

Seit Beginn der 90er Jahre eskaliert die Gewalt auf Schulhöfen und in Jugendzentren. Eine Studie von Juristen der Universität Bochum ergab, daß an 40 Prozent der Bochumer Schulen mehrmals in der Woche Prügeleien registriert werden; viele Lehrer berichten von Schlägereien mit großer Brutalität.

Während in Kindergärten und Schulen Schläge verboten sind, wird in deutschen Familien immer noch geprügelt. Die Zahlen der Polizeistatistik belegen dies: In Deutschland werden jährlich mehr als 1500 meist brutale körperliche Kindesmißhandlungen gemeldet, und das ist nur die Spitze des Eisbergs.

Wie verbreitet körperliche Bestrafung noch heute ist, bekundet eine von Klaus Hurrelmann und Heidrun Bründel zitierte Umfrage: 30 Prozent der befragten Eltern geben an, ihr Kind in den vergangenen vier Wochen geschlagen zu haben. Hinter der elterlichen Gewalt steckt oft tiefe Hilflosigkeit. Eltern werden zu Tätern, weil sie mit ihrem eigenen Leben wegen massiver Berufs-, Partner- und Selbstwertprobleme nicht zurechtkommen.

Menschen aber, die als Kind mißhandelt wurden oder Gewalt zwischen den Eltern mit ansehen mußten, neigen dazu, dieses Verhalten zu übernehmen und später in Konflikten selbst schnell handgreiflich zu werden. Aggressives Verhalten ist ein sehr stabiles Verhalten. Je später es entdeckt wird, desto schwieriger ist es zu stoppen.

Viele Kinder kommen bereits aggressionsgeladen in die Schule. Umfragen spiegeln das Ausmaß wider: Bei einer Befragung von 2500 Schülerinnen und Schülern in Berlin gaben 72 Prozent an, daß die Gewalt in der Schule ihnen Sorgen mache; 26 Prozent erklärten, eine Waffe oder einen Gegenstand zur Verteidigung bei sich zu führen.

Die Schule verstärkt oft mit ihrem Leistungswettbewerb die latente oder offen gezeigte Aggressivität. Wer versagt, sucht Möglichkeiten der Kompensation. Gewalttätige Aktionen können bei Gleichaltrigen Respekt verschaffen. Dies bestätigt die Bochumer Studie. Von 1000 Schülern, die zu den Motiven für ihr aggressives Verhalten befragt wurden, gaben 83 Prozent „Suche nach Anerkennung“ als Grund an.

Sieht man sich Schulen an, in denen besonders wenig Gewalt bei Schülern vorkommt, findet man die folgenden konzeptionellen Elemente, die offenbar präventiv wirken:

- Unter dem Motto „Wehret den Anfängen!“ wird bereits in Vor- und Grundschulen sprachliche Verrohung zurückgewiesen.
- Gewaltverpönende Texte oder solche, die Diskussionsanlaß in Richtung Gewaltverpönung bieten, werden bereits in der Grundschule eingesetzt.

- Geschicktes methodisches Lehrerverhalten verhindert, daß Hitler- und Goebbels-Reden, KZ-Aufnahmen und Berichte aus dem Warschauer Ghetto das Gegenteil der unterrichtlichen Absichten bewirken, nämlich einen Werbeeffekt, der die Sehnsucht nach kraftstrotzender Stärke und Macht im jungen Menschen, der sich selbst als Verlierer oder Schwächling empfindet, weckt.
- „Antirassistischer Unterricht", wie ihn die Hamburger FDP fordert, ist wohl kontraproduktiv, weil er die Absicht schon von seiner Wortwahl her so überakzentuiert, daß empfindsame junge Menschen unter dem „erhobenen Zeigefinger", der sich in dem Begriff verbirgt, zurückzucken; sie vermuten von vornherein eine einseitige ideologische Indoktrination und neigen deshalb aus Protestgründen in der Folge zum leichtfertigen „Spielen" mit rassistischen Sprachfloskeln und kleinen Aktionen gegen ausländische Mitschüler. Daß eine Überdosierung von Pädagogik das schiere Gegenteil im Schüler erreichen kann, wissen wir bereits aus motivationstötenden Übertreibungen mit ständig wiederkehrenden Friedenswochen, Umweltschutzprojekten und sexualpädagogischen Unterrichtseinheiten.
- Besser ist das, was Sachsen plant: Medienerziehung als Unterrichtsfach, um Schüler für ideologische Intentionen in Zeitungen, im Hörfunk und im Fernseh- und Videobereich zu sensibilisieren, um gewaltreiche Sprache, gewaltverherrlichende Männlichkeitsideale, frauen- und fremdenfeindliche Untertöne und die Verknüpfung von Werbung, Gewalt und Sex zu entlarven; denn Medien haben ein Interesse an der Gewaltspirale, weil sie ihnen Anlässe für Sensationen liefert und weil sie damit ihre Umsätze steigert. Viele Kritiker fragen ja deshalb, ob die Gewalt an sich wirklich zugenommen habe oder nur die Wahrnehmung für sie durch die Medien.
- Wo schülerzentrierte Interaktionsformen durch Gruppentische, kreisförmige oder U-förmige, also gesprächsfördernde Sitzordnungen begünstigt werden, finden Aggressionen seltener statt.
- Wo Schüler häufiger im Unterricht zu Wort kommen, wo ihnen vom Lehrer, aber auch von den Mitschülern besser zugehört wird, weil der Lehrer sich nicht als Schaltzentrale aller unterrichtlichen Aktionen versteht, weil er auf das dolmetschende „Lehrerecho" verzichtet und weil er nicht stets die Hauptrolle mit seiner Verbaldominanz spielt, wird Gewalt reduziert, aber auch da, wo

Schüler durch vieles Vorlesen und Erzählen zum Zuhören erzogen werden.

- Wo Klassenräume atmosphärisch wohnlich gestaltet werden, wo es Bilder, Schülerfotos und Schülerarbeiten an den Wänden gibt, wo die Schüler ihre Klassenraumwände selbst bemalt haben, wo Kuschel- und Entlastungsecken mit Matratzen angeboten werden, wo ein Gruppenraum neben dem Klassenraum Differenzierung und Individualisierung ermöglicht, wo Teppiche, Pflanzen, Tiere, Sessel, Getränke und auch der „Budenbau“, wie man ihn aus der Bielefelder Laborschule kennt, sowie ein reiches Instrumentarium mit Weltkarte, Zeitleiste, Klassenchronik, lexikalem Handapparat im Klassenraum, Fernseher, Radio, Videorecorder, Overhead-Projektor, Epidiaskop, Leinwand und Seitentafel mit Wochenplanorganisation und Hausaufgabenvermerken vorhanden sind, fühlen sich Schüler wohler, so daß sich weniger Frustrationen aufstauen.
- Wo Offener Unterricht und die Projektmethode möglichst häufig den Lehrgangsunterricht zurückdrängen, wo der Stuhlkreis und das gemeinsame Frühstücken, die Wochenplanarbeit und die Einzel-, Partner- und Gruppenarbeit Erkundungs-, Handlungs- und Sozialkompetenz, Selbständigkeit sowie Kooperations-, Team- und Konfliktfähigkeit, Toleranz und politische Mündigkeit sowie vernetzendes Denken begünstigen und auch die Sprach- und Argumentationskompetenz fördern, werden Schüler früher reif, friedlich und vorurteilsgeschützt.
- Integrationsklassen, in denen behinderte und nichtbehinderte Schüler gemeinsam leben und lernen, schaffen ein deutliches Mehr an Sozialkompetenz und an stimmiger differenzierender Urteilskraft; sie schützen vor Vorurteilen, Diskriminierungstendenzen und Haßfähigkeit.
- Der Erhalt des Klassenverbandes und des eigenen Klassenraumes auch über die Klassenstufe 10 hinaus, die Einschränkung des Kurs- und Fachlehrerunterrichts auf ein Drittel oder die Hälfte des Unterrichtsvolumens stärken das Klassenlehrerprinzip und begünstigen damit die Rolle des Klassenlehrers als umfassende, Kontinuität, Kontrolle und erzieherische Fortschritte ermöglichende Bezugsperson, die durch die Häufigkeit des Zusammenseins mit dem Schüler auch seine Biographie, sein Milieu und damit die familiären und nachbarschaftlichen

Belastungsfaktoren sowie die Probleme des jungen Menschen wahrnehmen und verstehen kann und angemessen handelnd darauf zu reagieren vermag.

- Schüler ertragen es schlecht, vor allem wenn sie jünger sind, wenn sie auf Tutoren, Fachlehrer, Beratungslehrer, Schulpsychologen, Sozialpädagogen, Präventionslehrer, Schriftberater und Familienhelfer, also auf eine Fülle von Spezialisten aufgeteilt werden, die alle irgendwie an einem Teil der Schülerpersönlichkeit herumreparieren wollen, ohne den ganzen Schüler sehen und verstehen zu können. Die zeitgemäße Schule braucht also anders ausgebildete Lehrer, die fachwissenschaftlich nicht mehr über- und sozialpädagogisch, psychologisch und sonderpädagogisch nicht mehr unterqualifiziert sind. Sie benötigt statt dessen neue Lehrer, deren Berufsmotivationen vor allem vom Kind und Jugendlichen her kommt, die auch sozial- und sonderpädagogisch kompetent sind, die bereit sind, ein Stück des Weges mit den ihnen anvertrauten Schülern umfassend zusammenzuleben und die eine Arbeitsplatzbeschreibung erhalten, in der Erziehung gleichzeitig neben Beschulung und Unterricht steht. Verfügungsstunden für erzieherische Zuwendung zum schwierigen Schüler und zu seinen problembeladenen Eltern sind also künftig unentbehrlich, und zwar indem die Unterrichtsverpflichtung gleichzeitig reduziert wird.
- Schule muß autonomer werden, damit sie sich ihrer Nachbarschaft, ihrem Stadtteil, ihrer Region besser anpassen kann. Sie muß ihr pädagogisches Personal selbst einstellen können, damit ein geschlossenes Konzept, ein Wertekonsens im Kollegium und ein Eingehen auf die regionalen Besonderheiten ihrer Schülerschaft möglich werden. Und sie muß über ihren Haushalt – ihrem jeweiligen Profil entsprechend – selbst bestimmen können.
- Schüler sind weniger gewalttätig, wenn Lehrer sich nicht nur als Stundengeber, sondern auch als erziehende Personen in bezug auf die Nachbarschaft der Schüler verstehen, wenn sie also Hausbesuche machen, Elternstammtische einrichten und ein Stück Straßensozial- bzw. Gemeinwesenarbeit im Umfeld der Schule leisten.
- Gegen Gewalt muß Schule Werteerziehung setzen, indem sie Dilemmata im Alltag zum Anlaß für Diskussionen, Rollenspiele und Erörtern von alternativen Konfliktbewältigungs- bzw.

Handlungsstrategien nimmt; denn Werte lassen sich nicht verordnen, wie es nur in totalitären Strukturen funktioniert; sie müssen mühsam über Fehler, Forderungen, Grenzerfahrungen und Vorleben erarbeitet werden, und zwar in jedem jungen Menschen. Hinter erzieherisch erwünschten Werten müssen nämlich Überzeugungen stehen, wenn Gewalt wirklich, also handelnd, und nicht nur verbal zurückgedrängt werden soll.

43. Zur sinnvollen Kanalisierung von Aggressionen

Aggressionen sind als Folge von Frustrationen und innerer Unruhe biologisch normal. Erziehung hat die Aufgabe, sie zu kultivieren, also in sinnvolle Bahnen zu lenken, sie in Gespräche, in Dispute, in Demonstrationen, in Leserbriefe und in die Suche nach problemüberwindenden Auswegen einmünden zu lassen. Schlagende, zerstörende, diskriminierende und autoaggressive Gewaltäußerungen sind immer ein Zeichen dafür, daß das nicht oder noch nicht gelungen ist.

Grenzerfahrungen, Sanktionen und das Anbieten von Alternativen zu Gewalt sind stets der Versuch, Aufgestautes in gesellschaftlich akzeptierte Bahnen zu lenken. Aber selbst wenn das gelingt, und wenn der junge Mensch genau weiß, was er darf und nicht darf, wählt er Gewalt oft, um bewußt aufzubegehren, auf sich aufmerksam zu machen, sich zu wehren, zu protestieren, um etwas zu erreichen, zu ändern oder Anerkennung zumindest in denjenigen gesellschaftlichen Nischen zu finden, in denen Gewalt bejaht oder „in“ ist, und solche lassen sich unter Gleichaltrigen zuhauf finden.

So gibt es also die gesamtgesellschaftliche Akzeptanz von Problemlösungsmöglichkeiten im Rahmen eines gesellschaftlichen Wertekonsenses, damit rivalisierend aber auch die Gewaltakzeptanz in Jugendkultnischen, die mit den Normen des Gemeinwesens bewußt auf Konfrontationskurs gehen.

Gewalt gibt es demnach als individuelle Äußerung gegenüber anderen, ohne Einbettung in die Normen einer Subkultur, also beispielsweise beim Kleinkind, im Kindergarten oder bei älteren Einzeltätern, die keine Einbindung in irgendeine Gruppe haben. Sexualstraftäter gehören zu dieser Kategorie, aber auch alle Menschen, die ihre Frustrationen in Autoaggressives wie Allergien, Rauschbedürfnis, Magersucht, vegetative Erkrankungen, Asthma, Bettnässen, Nägelkauen, Selbstverletzung, Depression, Todessehnsucht oder Weglaufen einmünden lassen.

Gewalt gibt es auf der anderen Seite als staatliche Reaktion auf Fehlverhalten, zum Beispiel in Form von Strafvollzug oder von Sitzenlassen in der Schule.

Dazwischen gibt es ein mittleres Feld von Jugendkultnischen, die eigenen Normen und Werten frönen, die einerseits dem einzelnen jungen Menschen Halt, Orientierung und auch Legitimation für seine gruppenkonformen Verhaltensweisen geben, die andererseits mit ihrer hohen Gewaltakzeptanz aber auch bewußt gegen die Gesetze, gegen die Werte, gegen die Menschenrechte und gegen die guten Sitten, also die gewachsenen kultivierten Formen des gesamtgesellschaftlichen Zusammenlebens und die damit verbundenen Spielregeln verstoßen.

Aus der Sicht der Mitglieder von Jugendkultnischen sind ihre Aggressionen durchaus „sinnvoll“ kanalisiert, wenn sie sich gegen Ausländer, Behinderte, gut situierte Bürger, Linke, Rechte oder Fans von gegnerischen Fußballvereinen richten, die sie für jeweils mitschuldig an ihrer eigenen mißlichen Biographie und aktuellen Situation, an ihren Versagenserlebnissen, an ihrer mangelnden Anerkennung und an ihren fehlenden Möglichkeiten, etwas bewirken zu können, sich selbst und anderen etwas zu beweisen oder ihre Existenz rechtfertigen zu können, halten.

Roland Eckert von der Universität Trier hat in DIE ZEIT vom 12.8.1994 einmal eine Typologie gewalttätiger Subkulturen zusammengestellt, aus der hervorgeht, gegen wen sich jeweils ihre Aggressionen und warum richten, wie sich also bei ihnen der aufgestaute Frust abreagiert:

– Skins: Sie tauchten Anfang der 80er Jahre nach dem britischen Vorbild in der Bundesrepublik auf. Skins bedienen sich in ihren Provokationen der Nazi-Symbolik und beteiligen sich sowohl in Großbritannien als auch hierzulande an rassistischen Ausschreitungen. Revierkämpfe, „Paki-bashing“, „Schwule klatschen“ – all dies sind Zeugnisse eines Kults aggresssiver Männlichkeit, wie er in seiner Entstehung aus den Lebensbedingungen und Traditionen der Arbeiterklasse verständlich wird, sich aber mittlerweile von diesem Hintergrund abzulösen beginnt. Nach den

Daten der Verfassungschutzberichte stieg die Zahl der „neonazistischen" oder „neonazistisch anpolitisierten" Skinheads von 500 im Jahr 1990 auf 6400 im Jahr 1992. Seither ist ihre Anzahl vermutlich weiter gestiegen. Die Zahl der unpolitischen Skinheads und der sogenannten Redskins, die links stehen, ist schwer zu schätzen. In Berlin, aber auch in anderen Städten haben sich Schutzgruppen ausländischer Jugendlicher gegen rechte Gewalt sowie „Antifa-Gruppen" gebildet, in denen deutsche und ausländische Jugendliche aktiv sind. Teilweise können sie auf ausländischen Jugendbanden aufbauen, die schon in den 80er Jahren entstanden sind.

- Autonome: Innerhalb der gewaltorientierten Gruppen des linken Spektrums dominieren immer häufiger die Autonomen, die sich durch konsequente Diskursverweigerung gegenüber Außenstehenden abschotten. Ein Teil von ihnen versteht sich als Antiimperialisten und führt den Kampf der Studentenbewegung gegen Kapitalismus und Imperialismus fort. Gleichzeitig hat sich eine anarchistische Vorstellung von der Selbstbehauptung in staatsfreien Räumen durchgesetzt, die über Gewalt und Gewaltandrohung verteidigt wird. 1991 wurden die „gewaltbereiten Autonomen" auf etwa 2700 Personen geschätzt. Für 1992 wies der Verfassungsschutz bereits 5000 aus. Im Moment ist ihre Zahl jedoch wieder rückläufig.
- Punks: Daß auf dem Hintergrund des Protestes auch andere, weniger gewaltorientierte Optionen abweichender Selbstdarstellung möglich sind, zeigen die Punks, die sich als (ästhetische) Revolte und Negation der gegenwärtigen Gesellschaft konstituierten. So wie die Skins Affinitäten zu rechtsextremen Parolen haben, können Punks als linksanarchistische Antithese verstanden werden, die sich gleichzeitig aber vom Rousseauismus ihrer Vorgänger, der Hippies, absetzen. Ausschreitungen wie 1994 in Hannover sind in diesem Spektrum eher die Ausnahme.
- Hooligans: Als nicht explizit politisch – aber extrem gewaltbereit – gelten die Hooligans oder „Hools", die sich seit 1987 innerhalb der Fußballszene ausbreiten. Allerdings ist bei ihnen eine Affinität zu autoritär-nationalistischen Einstellungen erkennbar. Nach fanclubinternen Diskussionen begannen Abspaltungen von Härtegruppen. Es entstanden „Fronten" wie die „Borussen-Front" in Dortmund oder die „Adler-Front" in Frankfurt, die teil-

weise rechtsextremistisches Gebaren an den Tag legen. Und Roland Eckert ergänzt dazu: „Nicht jeder Jugendliche bleibt seinem subkulturellen Milieu treu. Wanderungen durch die unterschiedlichen Lager, also etwa von den Punks zu den Skins, sind dokumentiert. Die Herkunft aus der Unterschicht ist bei diesen Jugendgruppen nicht nachweisbar, wohl aber die Herkunft eines Großteils aus Problemfamilien."

Auch innerhalb einer Stadt wie Hamburg läßt sich eine Banden-Typologie aufstellen, die kundtut, daß es oft zufällig ist, ob ein Junge in diese oder jene Gruppe gerät; meist sind regionale Nähe und die Motivationen der Freunde ausschlaggebend für die Entscheidung für ein bestimmtes subkulturelles Weltbild:

- In Hamburgs gutsituierten Stadtteilen Sasel, Bergstedt und Duvenstedt dominieren die Skinheads. Die etwa 100 Bandenmitglieder sind 14 bis 30 Jahre alt. Ihr Motto: „Linke Zecken und Ausländer klatschen."
- Der „harte Kern" der Skinheads ist in Bergedorf und in Rellingen zu finden.
- In der Großsiedlung Steilshoop machen die „Ghetto-Kingz" als graffitisprühende und bombenlegende Stadtteilbande die Gegend unsicher.
- Die „Bloods" sind in Garstedt ansässig. Sie sollen im Besitz scharfer Schußwaffen sein.
- Am meisten gefürchtet werden die „Home Boyz". Die rund 50 Mitglieder im Alter zwischen 16 und 25 Jahren treffen sich im Schanzenviertel. Früher waren sie fest verbündet mit den Bewohnern der Hafenstraße.
- Die „Weissenhofer Terror Kids" sind in Farmsen ansässig. Sie sollen aus polnischen Jugendlichen bestehen.
- In Billstedt nennen sich rund 200 Jugendliche zwischen 15 und 22 Jahren die „Alien Spray Defects (ASD)". „Tagsüber sprühen wir, abends ziehen wir Leute ab", sagt eines ihrer Mitglieder.
- In Horn hat sich eine Gruppe von Jugendlichen zusammengefunden, die Fahrgäste auf Bahnhöfen und in Zügen überfallen.

Streß und Enge an sich muß übrigens keineswegs aggressionsfördernd sein, eher sind es Verlierergefühle im Kampf um höhere Anerkennung und um sozialen Aufstieg in den Rangordnungen von Ellenbogenstrukturen.

Seit mehr als 30 Jahren hielten es Verhaltensforscher und Soziologen für ausgemacht, daß der Aggressionspegel beim Menschen und bei den meisten Tierarten um so höher klettert, je mehr Exemplare einer Spezies auf begrenztem Raum leben müssen. Diese Erkenntnis, abgeleitet fast ausschließlich aus Versuchsreihen mit Ratten und Mäusen, treffe offenbar auf Primaten nicht zu, haben jetzt der amerikanische Psychologe Peter G. Judge und der Verhaltensforscher Frans B. M. de Waal vom Yerkes-Primaten-Forschungszentrum in Atlanta herausgefunden. Sie beobachteten mehrere Gruppen von Rhesus-Affen, eine der streitlustigsten Primatenarten, und zwar sowohl frei lebende (auf einer Insel) als auch solche in Gefangenschaft. Sobald die Tiere in beengten Verhältnissen leben mußten, entwickelten sie eine Reihe von aggressionsabbauenden Verhaltenstechniken – sie verwendeten mehr Zeit auf gegenseitige Körperpflege, die Zahl der Unterwerfungsgesten nahm ebenso zu wie die Zahl familiärer Umarmungen. Insgesamt blieb die Zahl aggressiver Akte bei allen beobachteten Gruppen relativ stabil.

Was gegen zerstörerische, selbstzerstörerische oder niedermachende Aggressionen wirkt, ist also die Steigerung des Wohlgefühls, des Selbstwertes des Menschen. Und das fängt bei kleinen Faktoren an. Grundschüler sitzen beispielsweise zu viel und auch falsch, sie bewegen sich zu wenig, ihre motorischen Bedürfnisse werden durch den Schultakt von 45-Minuten-Einheiten beeinträchtigt, so daß sich in ihnen Spannung aufbaut und Hyperaktivität wächst. Nicht nur Rückenbeschwerden bei mehr als der Hälfte aller Schüler sind die Folge, sondern auch aggressive und autoaggressive Verhaltensstörungen, weil die Schule sie vor allem zur sitzenden Lebensweise erziehen will.

Dagegen hilft das Variieren des Sitzens, neben den dringend erforderlichen zahlreichen Bewegungsunterbrechungen. Schüler sollten also immer wieder andere und auch ungewöhnliche Positionen auf ihrem in der Höhe veränderbaren Stuhl mit unterschiedlich abwinkelbarer Sitzfläche einnehmen, sie sollten die Tischfläche verschieden hoch und schief verstellen können, sie sollten auch rittlings auf dem Stuhl hocken dürfen oder gar wahlweise auf einem großen luftgefüllten Ball sitzen können, wie es an der Grundschule Am Hagen in Ahrensburg praktiziert wird. Leider nutzen die Schulen allzu wenig das diesbezüglich zeitgemäße Gestühl der Schulmöbelhersteller, auch weil es ihnen an Geld dafür mangelt.

Wenn Schüler im Falle von Unmut, Frust oder Müdigkeit im Klassenraum auf den Schrank steigen und danach auf daneben liegende Matratzen springen dürfen, wenn im Gruppenraum Punching-Bälle mit Boxhandschuhen traktiert werden können oder wenn sie in Kuschelecken liebevollen oder harmlos rangelnden Körperkontakt zu anderen haben dürfen, werden ihre Aggressionen sinnvoll kanalisiert.

Aber auch Sport schafft die Möglichkeit zur Kompensation von Frust und von Bewegungsdefiziten. Motorische Bedürfnisse werden beim Ballspielen, beim Schwimmen, in der Leichtathletik und etwas weniger beim Geräteturnen befriedigt; Tanzgymnastik, die Eurhythmie der Waldorfpädagogen, aber auch Boxen und Kampfsport wie Judo, Karate, Taekwondo, Jiu-Jitsu, Kick-Boxen oder Catchen nach festen Regeln und kultiviert durch begleitende Rituale, denen oft asiatische Religionswurzeln zugrunde liegen, bieten unterschiedliche Grade von Aggressionsabbau bzw. -kanalisierung an. Schulen, Sportvereine und Jugendfreizeitstätten versuchen deshalb mit dem Anwachsen der Gewaltspirale auch immer deftigere Sport- und Kampfsportarten anzubieten, bis hin zu Rugby, American Football und Wrestling. Und in den spielpädagogischen Kabinetten sowie in den Beratungs- und Präventionszentren der Verhaltensgestörtenpädagogik sind Boxhandschuhe, Punching-Bälle und einen deutlichen Körperkontakt begünstigende Spiel- und Bewegungsgeräte mittlerweile eine Selbstverständlichkeit, weil viele Schüler mit einem immer höheren Maß von Aggressionspotential bzw. Gewaltbereitschaft zu ihnen kommen.

Das feste Drücken von Schülern, die zum Ausrasten neigen, gegen eine Wand oder auf den Boden beruhigt vor allem die hyperaktiven und cholerischen Kinder enorm; ihre Überenergie und -motorik wird dadurch zum Teil in die drückende Person abgeleitet und durch beruhigende Wärme und Akzeptanz, durch das liebevolle, aber deutliche Haltgeben ersetzt.

Und selbst Lehrer werden in Schleswig-Holstein mittlerweile gewaltpräventiv ausgebildet, indem sie Kampfsporttechniken, defensive Tritte und Schläge sowie die Methode des erfolgreichen Drükkens im Sinne von Akupressur lernen, allerdings weniger, um selbst gewalttätiger werden zu können, als vielmehr um selbstbewußter auftreten und die „wunden", also die neurologischen und reflexorischen Punkte von aggressiven Schülern kennenzulernen und im Notfall effektiv durch ihr Drücken im Sinne von Beruhigung beeinflussen zu können.

Junge Menschen, die erziehungsbedingt gelernt haben, daß man Gewalt nicht gegen Menschen und Sachen richtet, wählen oft den autoaggressiven Weg, um Probleme zu umschiffen, weil der nicht kriminalisiert, also nicht mit Strafe bedroht wird. Sie zerstören sich selbst mit Ängsten, Krankheiten oder Süchten, in die sie ausweichen, statt ihre Probleme direkt anzugehen und zu lösen. Immer mehr junge Menschen, die sich ungeliebt oder erfolglos wähnen, sind sowohl vegetativ gestört, also psychosomatisch krank, als auch von Kaffee, Nikotin, Alkohol, Tabletten und Drogen abhängig; sie sind süchtig, weil sie mit der stofflichen Substitution aussteigen, verdrängen, vergessen wollen, weil sie unfähig sind, direkt das zu überwinden, was sie belastet.

Sie haben schon früh gelernt, als sie im Kleinkindalter Nähe, Liebe, Zeit, Ansprache, Zuhören, Körperkontakt und Spiel mit ihren Eltern haben wollten und statt dessen Nahrung, Spielzeug und später Geld sowie die Ersatzwelt des Bildschirmes angeboten bekamen, daß das eigentlich Gemeinte auch stofflich ersatzbefriedigt werden kann. Und sind sie dann 14 oder 16 Jahre alt, erinnern sie sich an dieses in ihnen eingefahrene Gleis, wenn sie in der Schule, in der Familie oder im Freundeskreis zunehmend Schwierigkeiten bekommen und immer wieder Versagenserlebnisse verarbeiten müssen. Sie gehen dann nicht direkt ihre Schul- oder Beziehungsprobleme an, sie weichen statt dessen stofflich und schließlich über neu eingefahrene Abhängigkeiten in Süchte, also in Autoaggressionen und in unwirkliche Welten aus.

Ihre Aggressionen müssen sinnvoll kanalisiert werden; denn das ist der wesentliche Anteil von effektiven Therapien. Sie müssen lernen, mit den Personen zu sprechen und zu argumentieren, unter denen sie leiden; und das funktioniert nur, wenn sie dabei erfolgreich sind, wenn sie also die dafür notwendigen Strategien, Taktiken und kommunikativen Techniken erlernen und danach erfahren, daß sie sich damit besser behaupten, durchsetzen und bewähren können. Der zu ihrem Sich-Wohlfühlen erforderliche Erfolg ist nämlich der beste Weg gegen Aggressionen und Autoaggressionen.

44. Die Wiederentdeckung der Grenze in der Erziehung

Man kann Kinder nicht nur wachsen lassen, sie müssen auch die Spielregeln des mitmenschlichen Zusammenlebens, die Gesetze, die Grenzen ihres Körpers und zutrauende Herausforderungen erleben. Vieles, was sie tun, tun sie, um auszuprobieren, was passiert, wenn sie Grenzen überschreiten; und wenn dann gar nichts geschieht, lernen sie etwas Falsches, können sie kein stimmiges Weltbild in bezug auf Normen und Werte aufbauen.

Seit 1968 sollten Kinder in manchen Kreisen lernen, Alleingelassensein als Selbständigkeit zu verstehen. Als man damals mit Recht das Autoritäre in der Erziehung abschaffen wollte, weil es nicht nach der Zustimmung des Kindes fragt, hat man aus Versehen gleich die Autorität mit über Bord gekippt. Das wäre nicht nötig gewesen, denn die Autorität ist ein positiv besetzter Begriff, der die freiwillige Bejahung durch das Gegenüber voraussetzt. Kinder brauchen Autoritäten, also Leitbilder, Vorbilder, Konsequenz, Durchhalten auch über Krisen hinweg und Grenzerfahrungen, nur dann können sie sich in dieser Welt orientieren, nur dann können sie lebenstüchtig und erfolgreich sowie zufrieden werden.

Neben der Notwendigkeit der Wiederentdeckung der Bezugspersonen für die gesunde Sozialisation des Kindes ist also die Wiederentdeckung der Grenzerfahrungen in der Erziehung erforderlich. Deutliche Grenzsetzungen, die nicht nur im engeren Sinne Strafen sind, sondern auch eindeutige Forderungen und Konsequenz bedeuten, schützen am besten gegen Gewalttätigkeiten.

Viele Eltern sind heute hilflos im Umgang mit ihren Kindern, weil man sie selbst „antiautoritär“ hat aufwachsen lassen, weil sie mit einem Mangel an Orientierung ermöglichenden eindeutigen Autoritäten groß geworden sind. Sie wissen nicht, wie sie mit Zeiten für das Zubettgehen, mit Taschengeld, mit Hausaufgaben, mit Fernsehkonsum und mit den gleichaltrigen Freunden im Freizeitbereich umgehen sollen, wie sie auf modische Trends, auf Rauschbedürfnisse und auf das Angebot der Spielzeugindustrie sowie auf Konsumzwänge reagieren sollen. Sie machen deshalb viele Fehler im Umgang mit Grenzen, sind inkonsequent und widersprüchlich, weil sie selbst dem Kind keine Gewalt zufügen wollen; damit überlassen sie ihr Kind aber der Gewalttätigkeit der anderen, dem Imitationslernen und dem schlechten Umgang mit sich selbst.

Andererseits ist in der Nachkriegszeit aber auch eine ganze Menge an verbindlichen, die Mehrheit der Gesellschaft umfassenden Werten gewachsen, die in ihrer Eindeutigkeit allgegenwärtige Grenzen für junge Menschen darstellen.

So sind Kinder gegen Vorurteile besser geschützt denn je, Rassismus, Antisemitismus und Frauenfeindlichkeit sind fast überall verpönt, und Umweltschutz ist bei ihnen ein allgemein anerkannter Wert geworden.

Erziehungsstrategien gegen die Diskriminierung von Minderheiten und vermeintlich Schwächeren haben offensichtlich gewirkt; nicht bei allen, nicht immer bei den Verlierern der gesellschaftlichen Konkurrenz- und Etablierungsbemühungen und nicht durchweg bei eher dummen und uninformierten oder unstimmig beeinflußten Menschen.

So hat der Antisemitismus in Deutschland nach Erkenntnissen des Instituts für Demoskopie in Allensbach seit Kriegsende ständig abgenommen. „Er ist weniger verbreitet als je", erklärte Institutsgeschäftsführerin Renate Köcher. Derzeit seien noch 15 Prozent der Deutschen antisemitisch eingestellt, 8 Prozent bildeten einen harten Kern mit „vehement antisemitischen" Einstellungen. Am stärksten verbreitet seien solche Ressentiments bei Älteren, am wenigsten bei Jüngeren. Ein kleiner Teil von jungen Leuten ohne festgefügtes Weltbild versuche, die Gesellschaft mit antisemitischen Äußerungen zu provozieren, weil es um den protestierenden Effekt gegen die eigenen Verlierergefühle geht, nicht aber weil man ideologisch gefestigt gegen Juden ist, denn dazu fehlt es in der Regel an fundierten Informationen und auch an persönlichen bzw. konkreten Erlebnissen mit Juden.

Kinder und Jugendliche sind meist viel gerechter, viel internationaler und viel weniger zu Rassismus bereit als Erwachsene, die leichter verleitet sind, historische Ereignisse, gehörte Vorurteile und persönliche Erfahrungen auf ganze Gruppen von Menschen pauschal hochzurechnen. In Kindergartenspielgruppen kann man immer wieder beobachten, daß Jungen und Mädchen keine Probleme im Umgang mit Kindern anderer Nationen, Rassen oder Religionen haben, und wenn sie dann eines Tages doch Ressentiments gegen bestimmte Hautfarben, Weltanschauungen oder Kulturen zeigen, dann haben sie sie meist von irgendwelchen älteren Menschen übernommen.

Junge Menschen sind viel mehr an Umweltschutz, an Frieden und an Gerechtigkeit gegenüber anderen interessiert als Erwachsene; sie sind noch nicht so korrupt, und sie haben deshalb auch viel mehr Ängste, daß die Welt langsam aus den Fugen geraten könnte. Sie sind darum auch deutlich stärker an Grenzsetzungen interessiert, wenn es um das Ozonloch, um die Verseuchung von Wasser und Boden, um das Ausrotten von Tierarten, um kriegerische Ereignisse, um berufliche oder politische Vorteilsnahme oder um Gewalt geht.

Rund 60 Prozent der Jugendlichen sehen Recht und Ordnung in Deutschland in Gefahr. Mehr als die Hälfte der Jungen und Mädchen im Alter zwischen 14 und 24 Jahren rufen deshalb nach einer „starken Hand" für das Land. Genau 50 Prozent sind der Auffassung, daß nur einer, der durchgreift und eine starke Partei im Rücken hat, die gegenwärtigen Probleme lösen könne. Das geht aus einer Studie über Rechtsextremismus und Gewalt bei Jugendlichen hervor, die von der nordrhein-westfälischen Gleichstellungs-Ministerin Ilse Ridder-Melchers in Auftrag gegeben wurde. Bei der Vorstellung der Untersuchung erklärte die Ministerin, daß damit erstmals ein repräsentatives Gesamtbild zur Bedeutung von Rechtsextremismus bei Jugendlichen gewonnen worden sei. Für die Studie wurden in Nordrhein-Westfalen 1045 Jungen und Mädchen von der Gesellschaft für Politik und Sozialforschung befragt. Nur jeder zehnte Jugendliche hat nach den Erkenntnissen der Forscher ein geschlossenes rechtsextremes Weltbild. 6 bis 8 Prozent der befragten Jugendlichen bezeichnen Gewalt als normales und legitimes Mittel zur Durchsetzung ihrer Interessen. Demgegenüber lehnten 82 Prozent der befragten Mädchen und 72 Prozent der Jungen Gewalt grundsätzlich ab. 71 Prozent der Mädchen und 61 Prozent der Jungen fürchten sich vor einer weiteren Zunahme des Rechtsextremismus. In deutlichem Gegensatz zur Furcht um Recht und Ordnung steht bei den Jugendlichen die Einschätzung der eigenen Situation. So sind 80 Prozent der Jugendlichen mit ihrem Leben zufrieden. Neun von zehn nannten „Spaß haben" als wichtigsten Wert im Leben. 60 Prozent äußerten die Meinung: „Nur wer etwas leistet, soll auch etwas verdienen." Ridder-Melchers betonte, die Studie habe vermeintliche Erklärungen über die Entstehung von

Rechtsradikalismus als Vorurteile entlarvt. So sei Rechtsextremismus bei Kindern von Alleinerziehenden oder berufstätigen Müttern nicht weiter verbreitet als in anderen Familien. Auch die Behauptung, linke Lehrer erzögen rechte Schüler, habe sich als „völlig unhaltbar" erwiesen. Die Studie habe vielmehr gezeigt, daß nicht antiautoritäre, sondern im Gegenteil besonders autoritäre Erziehung den Boden für rechtsextremistische Einstellungen bereite. Entscheidend ist also nicht so sehr der soziale Status der Eltern, vielmehr sind es ihr Erziehungskonzept, ihre Deutlichkeit, ihr Vorleben, ihre Konsequenz und ihre angemessenen Grenzsetzungen.

Eine besonders deutliche Grenzsetzung gegen Normenverstöße sind die geschlossene Heimunterbringung und das Jugendgefängnis. Die Frage ist, ob solche Mittel der Altersstufe von 14- bis 18jährigen angemessen sind, ob sie nicht zu hart sind, ob sie die Lage der jungen Menschen verbessern oder verschlimmern.

Vertreter von Kinder- und Jugendpsychiatrie, Jugendstrafrecht und Jugendhilfe lieferten sich auf Einladung der ehemaligen Jugendministerin Angela Merkel (CDU) in dieser Frage bei einem Symposium im Juli 1994 in Bonn hitzige Wortgefechte. Zu der neu aufgeflammten Diskussion um die Einrichtung geschlossener Heime sagte Angela Merkel, dies könne nur in Ausnahmefällen der richtige Weg sein.

Den Anstoß zu dem Symposium hatte eine verzweifelte Mutter in Merkels Wahlkreis Stralsund gegeben: „Die Frau klagte, daß deren 13 Jahre alter Sohn statt in die Schule zu gehen, sich mit einer Clique herumtreibt, die Autos aufbricht und Ladendiebstähle begeht." Sollte die Mutter nun warten, bis der Junge 14 Jahre alt geworden ist – also strafmündig –, so daß er in den Jugendstrafvollzug eingewiesen werden kann?

Angela Merkel fragte: „Wäre es nicht eine Bankrotterklärung der Jugendhilfe, wenn Jugendgefängnisse die letzte Antwort seien?" Sie forderte mehr Phantasie bei Resozialisierungsansätzen. Auch die Unterbringung junger Menschen in geschlossenen Heimen, wie es sie noch vereinzelt in Bayern und Nordrhein-Westfalen gibt, könnten bessere Angebote der Jugendhilfe nicht ersetzen. „Geschlossene Heime sind immer nur die ultima ratio." Abgesehen davon sei ein Platz in einer derartigen Einrichtung (400 bis 450 Mark pro Tag) teurer als die offene Einzelfallbetreuung (etwa 200 Mark).

Gleichwohl erhielten Ende 1992 in ganz Deutschland nur 1037 Kinder und Jugendliche eine intensive sozialpädagogische Einzelbetreuung. Zum Vergleich: 72412 Kinder und Jugendliche leben in Heimen oder anderen betreuten Wohnformen.

Ihr Parteikollege indes, Mecklenburg-Vorpommerns Jugendminister Herbert Helmrich, will in seinem Land eine geschlossene Anstalt einrichten. Dort sollen bis zu 15 kriminell gewordene Kinder hinter ausbruchsicherem Glas eingesperrt werden.

Doch das „Wegschließen" ist unter Experten äußerst umstritten. Schließlich wurden gerade in den vergangenen Jahren reihenweise geschlossene Heime aufgelöst. „Hilfe statt Strafe" bzw. „Menschen statt Mauern" lautet das Motto in Hamburg, Hessen und Schleswig-Holstein.

Um den gestrauchelten Jugendlichen zu helfen, setzt sich Angela Merkel für mobile Formen der Jugendarbeit und Straßensozialarbeit ein, für interkulturelle Jugendarbeit und für mehr Erlebnisräume in problematischen Wohngebieten.

Jüngst hatte Angela Merkel sogar gemeinsam mit Justizministerin Sabine Leutheusser-Schnarrenberger (FDP) Front gegen die Hardliner in der CDU gemacht und eine Herabsetzung der Strafmündigkeit verhindert.

Die Justizministerin sagte: „Es ist gefährlich, die Diskussion über den Umgang straffälliger, jedoch nicht strafmündiger Kinder unter dem Aspekt 'geschlossene Anstalten' zu führen." Statt dessen müsse die soziale Prävention unter pädagogischer Verantwortung den absoluten Vorrang haben.

In Hamburg wird das Problem Strafe, Grenzerfahrungen und geschlossene Unterbringung von jungen Menschen an einem anderen Fall diskutiert:

Der 15jährige Autoknacker Lars S., der vor einiger Zeit nach über 100 Autoaufbrüchen und Crash-Fahrten aus der Jugendstrafanstalt Hahnöfersand in die „sozialpädagogisch betreute Freiheit" durch den Hamburger Landesbetrieb Erziehungs- und Berufsbildungshilfe entlassen wurde, sitzt wieder im Gefängnis. Die Haftrichterin am Amtsgericht Pinneberg, Brigitte Hoffmann, erließ auf Antrag der Hamburger Staatsanwaltschaft Haftbefehl, nachdem Lars in Pinneberg erneut in einem gestohlenen Auto aufgegriffen worden war.

Bei seiner Vorführung sagte der 15jährige zu der Juristin: „Wenn ich beim ersten Mal gleich richtig bestraft worden wäre, hätte ich es wohl nicht wieder getan." Überdies hat er sich besorgt über 850000 Mark Schulden gezeigt und die Befürchtung geäußert, „für verrückt erklärt zu werden".

Lars S. zählt zu den sogenannten Hamburger „Crash-Kids". Gegen den Jugendlichen sind mehr als 100 staatsanwaltschaftliche Vorgänge anhängig. Im November 1991 wurde er wegen Fahrens in gestohlenen Autos in 21 Fällen zu zehn Monaten Haft verurteilt. Die Strafe wurde für zwei Jahre zur Bewährung ausgesetzt.

Auf einer Odyssee zwischen sozialpädagogischer Betreuung in Institutionen des Hamburger Landesbetriebes Erziehungs- und Berufsbildungshilfe und erlebnispädagogischen Reisen ins Ausland sowie Aufenthalten außerhalb Hamburgs wurde Lars seitdem mehrfach rückfällig, festgenommen, kurzzeitig inhaftiert und immer wieder freigelassen.

Die jüngste Hauptverhandlung gegen ihn wurde ausgesetzt zur Erstellung eines neurologischen Gutachtens, das klären soll, ob der 15jährige bei seinen Spritztouren in gestohlenen Autos „sittlich und geistig reif genug war", Unrecht zu erkennen.

Vor seiner Inhaftierung – Lars wartete in der Haftanstalt Neumünster auf seine Verlegung in die Jugendstrafanstalt Hahnöfersand – bewohnte er eine Fünf-Zimmer-Wohnung im Hamburger Stadtteil Eidelstedt: allein zuerst, zuletzt, um „neue Anknüpfungspunkte für seine Betreuung zu finden", zusammen mit zwei unbegleiteten minderjährigen Flüchtlingen und einem weiteren Jugendlichen.

Die zuständigen Hamburger Behörden mögen sich derweil zu Einzelfällen aus der Hamburger Crash-Kid-Szene nicht mehr äußern. Ulrich Vieluf, Sprecher der verantwortlichen Jugendsenatorin Rosemarie Raab (SPD), verweist auf die Zuständigkeit des Landesbetriebes. Und Christiane Kluge, Leiterin des Referates Grundsatzfragen im Landesbetrieb Erziehungs- und Berufsbildungshilfe, warnt davor, einzelnen „prominenten Problemkindern immer wieder zu Berühmtheit zu verhelfen", eine „Rückkehr in die Normalität kann dann nur als Mißerfolg empfunden werden".

Daß die Hamburger Jugendhilfe in Einzelfällen versage und Kinder und Jugendliche in Jugendwohnungen des Landesbetriebes sich oft selbst überlassen blieben, weist Referatsleiterin Kluge als „ungerechtfertigt" zurück. „Die Jugendhilfe", sagt sie, „ist kein Reparaturbetrieb für viele, häufig sehr schwierige und tragische Lebensläufe. Wir können nur die Rahmenbedingungen schaffen, um Kindern in Krisensituationen zu helfen und sie in die Normalität zurückzuführen. Die Erwartung, daß Jugendhilfe innerhalb kürzester Zeit Erfolge präsentieren kann, ist überhöht." Ohne Grenzerfahrungen und den Zwang zu Kontinuität, ohne pädagogische Umfassung rund um die Uhr, ohne Kontrolle und ohne die Organisation von schulischen und beruflichen sowie beziehungsmäßigen Erfolgen geht es aber offenbar überhaupt nicht.

Das Ausprobieren von Grenzübertritten gehört in die Orientierungsphase von Jugendlichen, gehört in die Pubertät, in die Zeit des Überganges von der noch heilen Kindheit zur Reife des Erwachsenendaseins. Diese Zeit der Grenzübertritte, früher einmal von Hans Heinrich Muchow „Flegeljahre" genannt, ist eben auch die Zeit der pädagogischen Grenzsetzungen; und wenn sie ohne angemessenes erzieherisches Handeln verstreicht, ist es oft zu spät, um Verwahrlosung und Kriminalität auf Dauer zu vermeiden bzw. es muß dann später ein Vielfaches an Aufwand betrieben werden, um noch etwas zu reparieren.

In den Kriminalitätsstatistiken ist das Gros der Täter 16 oder 17 Jahre alt, gefolgt von den 13- und 14jährigen. Von den in Brandenburg 1992 ermittelten 338 fremdenfeindlichen Straftätern waren beispielsweise etwa 50 Prozent unter 17 Jahre alt, lediglich vier waren 30 Jahre und älter gewesen.

Grenzerfahrungen können bei Kindern nur positiv wirken, wenn sich auch die Eltern an die Spielregeln halten, die sie vermitteln wollen. Denn anfällig für aggressives Verhalten sind vor allem Kinder, denen in der Familie Gewalt als Konfliktlösungsmöglichkeit vorgelebt wird – etwa wenn beim Streit zwischen Vater und Mutter oder zwischen älteren Geschwistern die Fäuste fliegen. Auch Kinder, die von ihren Eltern häufig verprügelt werden, schlagen erbarmungsloser zu als andere.

Aggressives Verhalten wird mittlerweile schon bei Kindern registriert, die kaum aus dem Krabbelalter heraus sind. Alljährlich, so haben Untersuchungen des Bundesverbandes der Unfallversicherer der öffentlichen Hand ergeben, werden bei Raufereien in kommunalen Kindergärten der alten Bundesländer mindestens 4000 Jungen und Mädchen so schwer verletzt, daß sie ins Krankenhaus eingeliefert werden oder zumindest zum Arzt gehen müssen.

Diagnostiziert werden pro Jahr beispielsweise 400 Hirnsubstanzverletzungen sowie 700 Schnitt- und Stichverletzungen.

Ins Gerede gekommen ist jedoch nicht nur die familiäre, sondern vor allem auch die öffentliche Erziehung. Denn ein Großteil der Problemkinder lebt in staatlichen Heimen.

Seit Jahren streiten Politiker und Fachleute um das Für und Wider geschlossener Unterbringung und um die Frage, ob vergitterte Fenster, verschlossene Türen und meterhohe Zäune von erzieherischem Nutzen sind und kriminelle Karrieren auf Dauer verhindern können.

Der Zwist wird mittlerweile ähnlich verbissen geführt wie nach der Studentenrevolte, als die spätere Terroristin Ulrike Meinhof ihre Erziehungsheim-Anklage „Bambule" schrieb und als APO-Revolutionäre in Frankfurt die ersten „Wohnkollektive" für entlaufene Fürsorgezöglinge gründeten.

Am heißesten entbrannt ist die Diskussion in Hamburg, wo der sozialdemokratisch geführte Senat 1980 die geschlossene Unterbringung abgeschafft hat. Die meisten Heime machten dicht, die bisherigen Insassen zogen in Jugendwohnungen oder, soweit vorhanden, in Pflegefamilien und „Außenwohngruppen".

Intensive Betreuung durch Erzieher und Sozialarbeiter, so die optimistische Prognose von damals, mache künftig das Wegschließen überflüssig. Motto des Projekts: „Menschen statt Mauern".

Auch die Justiz spielt seit 1986 mit. In keinem Bundesland werden so viele Ermittlungsverfahren gegen Jugendliche eingestellt wie in Hamburg. Im Rahmen des sogenannten Diversionskonzeptes soll soziale Betreuung an die Stelle von Knast und Geldstrafen rücken. Stichwort: „Erziehen statt strafen".

Schwächen der gutgemeinten Politik sind mittlerweile unübersehbar geworden – durch Aktivitäten von rund 20 Kindern und Jugendlichen, die teilweise unter 14 Jahren und somit nicht strafmündig sind, den „Crash-Kids".

Die Faszination, die moderne Autos als Statussymbole der Erwachsenen auf Jugendliche ausüben, hat auch in Ost-Berlin, Schwerin, Dresden und Leipzig zur Bildung von Autoknackerbanden geführt. „Im schnellen West-Schlitten vor den Kumpels einen Affen zu schieben ist das Geilste", schwärmt ein 15jähriger aus Ost-Berlin.

Einige der Hamburger Autodiebe haben es jeweils auf mehrere

Dutzend Straftaten gebracht. Kaum werden die Kids erwischt und den Behörden übergeben, tauchen sie erneut in der Szene auf. „Wir nehmen einen fest“, beschwert sich ein frustrierter Zivilfahnder, „und schon zwei Stunden später ist er wieder mit dem Schraubenzieher unterwegs – sinnlos das Ganze.“

Tatsächlich können strafunmündige Kinder, die in Jugendwohnungen untergebracht sind, kommen und gehen, wann sie wollen. Gesetzliche Grundlagen, argumentieren die Betreuer, gebe es nicht.

Fraglich ist, ob die Dienstauffassung der Erzieher immer stimmt. In einem Interview mit dem Privatsender „premiere“ berichtete der 13jährige Björn über Erfahrungen beim Hamburger Kinder- und Jugendnotdienst, einer Art Notaufnahme für gestrandete Minderjährige:

Reporter: „Du lebst im Heim?“

Björn: „Im Moment im Kinder- und Jugendnotdienst Feuerbergstraße.“

Reporter: „Bist du viel da?“

Björn: „Nee, fast nie.“

Reporter: „Du haust ab?“

Björn: „Nee, nicht abhauen. Ich melde mich ab.“

Reporter: „Das geht ganz legal? Was sagen die Leute im Heim, wenn sie davon erfahren, daß du wieder bei der Polizei gewesen bist?“

Björn: „Eigentlich gar nichts.“

Reporter: „Ist das denen egal?“

Björn: „Die holen einen ab, und dann soll man schlafen gehen. Das war's.“

Für ein anderes Extrem stehen die USA. Dort versuchen einzelne Richter, die ausufernde Kinder- und Jugendkriminalität mit gnadenloser Härte einzudämmen. In Bloomington im Bundesstaat Illinois schickte Richter William Gaisley einen 9jährigen Jungen, der mutwillig eine Teemaschine demoliert hatte, wegen Vandalismus für fünf Tage ins Stadtgefängnis.

Noch rigider ging die Justiz in Los Angeles vor. In der Stadt, in der schätzungsweise 30000 Minderjährige diversen Jugendbanden wie den „Bloods“ oder den „Crips“ angehören, sperrte die Polizei auch die Mutter eines jugendlichen Gewalttäters ein. Vorwurf: „Verletzung der Aufsichtspflicht“.

Die Grenzsetzungen gegen Gewalt fangen schon beim Kauf von Spielzeug und Videospielen an. Kriegsspielzeug und Wasserpistolen sollten grundsätzlich verpönt werden. In Venedig konnte ich in einer Spielhalle ein Gerät sehen, mit dem bereits 8jährige auf bluttriefende abgehackte Köpfe, Füße und Hände, die auf einem Fließband über den Bildschirm liefen, schossen und mit dem sie auf unterschenkelamputierte blutverschmierte gehängte Menschen anzulegen hatten; Treffer ins Herz oder ins Gesicht gaben besonders viele Punkte.

Aber Gewalt ohne Grenzen ist eben angesagt. Zumindest für die beiden marktbeherrschenden Videospielhersteller Nintendo und Sega. Renner bei den Kids ist das Brutalo-Spiel „Mortal Kombat". In dem mit 160 Millionen Mark Umsatz bei weitem erfolgreichsten Videogame der USA soll der Spieler dem besiegten Gegner zum Beispiel den Kopf mitsamt der Wirbelsäule oder das noch schlagende Herz herausreißen. In „Night Trap" werden halbnackten Frauen die Hälse durchbohrt, um sie danach am Fleischerhaken aufzuhängen. Beide Videospiele sind empfohlen ab 13 Jahren. Weil Sega mit seiner Version von „Mortal Kombat" 60 Prozent mehr absetzte als Nintendo mit einer zensierten Version, zog der Wettbewerber jetzt nach und machte sein Spiel wieder brutaler. Nintendo gehorcht dem Markt: Beim Kundendienst gingen angeblich doppelt soviel Anrufe gegen die entschärfte Fassung ein als dafür. „Ein Riesenbedarf", verteidigt die Erfinderfirma des Spiels, Acclaim, denn auch die Greuel.

Kinder können im Moment grenzenlos überall Gewalt spielen, live und in Farbe auf dem Personal-Computer. Beim Computerspiel „Doom", englisch für Jüngstes Gericht, gilt nur eine Regel: Was sich bewegt, muß getötet werden – ob mit Faust, Schrotflinte oder virtueller Kettensäge. Bösewichte und Gruselambiente erscheinen auf dem Monitor zwar noch kantig gerastert. Aber die Illusion der Bewegung durch einen dreidimensionalen Raum vermittelt das Spiel so perfekt, daß „Doom"-Fans des öfteren über leichte Schwindelgefühle klagen, so wie es auch den Zuschauern von Oliver Stones Extrem-Horror-Gewaltfilm „Natural Born Killers" geht, in dem 52 Morde vorkommen.

„Doom" ist derzeit „das Spiel überhaupt", sagt Volker Weitz, stellvertretender Chefredakteur bei der Zeitschrift „Power Play", dem monatlichen Seismographen der Szene. Auch Bruce Ryon, Branchenkenner bei den Marktforschern von „Dataquest“, sagt: „Doom ist der nächste Schritt bei PC-Spielen“, und zwar nicht nur wegen der technischen Raffinesse. Das texanische Kleinstunternehmen „id Software“, das seinen Namen vom Freudschen „Es“ ableitet, verteilte den ersten „Doom“-Fix kostenlos. Über weltweite Datennetze wie „Compuserve“ oder „Internet“ kopierten begeisterte Spieler das Programm – völlig legal – in jede Ecke des Globus.

Wer weiterspielen will, um in den „Ufern der Hölle“ oder im „Inferno“ seine Gegner zu suchen, muß die vollständige Version des Spiels kaufen – für rund 40 Dollar oder knapp 90 Mark in Deutschland.

Mehr als fünf Millionen PC-Benutzer spielen weltweit „für lau“. Rund 100 000 „Doomer“, wie sich die Apostel mit vermehrter Adrenalin-Ausschüttung nennen, haben ihren Obolus entrichtet. Zwischen sechs und zehn Millionen Dollar Umsatz wird „id Software“ dieses Jahr weltweit machen.

Letztlich können einerseits nur Eltern solche gewaltentwikkelnden Spiele verhindern, andererseits aber auch Lehrer mit einer Forcierung von Medienerziehung, über die solche Spiele verpönt und ad absurdum geführt werden.

Viele Kinder spielen so etwas aus Langeweile; sie würden lieber mit anderen Kindern draußen spielen, sich mit ihren Eltern im Schwimmbad tummeln, Gespräche führen, etwas bauen oder etwas erzählt oder vorgelesen bekommen. Gewaltreiche Bildschirmerfahrungen bauen nicht nur gewaltreiches Handeln über Imitationslernen auf, sie führen auch zu Streß und zu Ängsten.

23 Prozent der Kinder zwischen sechs und zehn Jahren, meist „Bildschirmkids“, leiden an Schlafstörungen, ermittelten Forscher der Freiburger Universität. Diese Störungen seien ein Ausdruck chronischer Streßbelastung. 90 Prozent der betroffenen Kinder haben Einschlafstörungen, die meisten schon mindestens seit einem Jahr. Obwohl diese Kinder sehr müde und erschöpft sind, liegen sie noch lange im Bett wach, wälzen sich von der einen Seite zur anderen. Sie stehen wiederholt auf, weil sie Durst haben, auf die Toilette müssen oder der Mutter etwas Wichtiges erzählen wollen – sie finden keine Ruhe.

Eine wesentliche Ursache der zunehmenden Einschlafstörungen ist, daß Kinder zum Einschlafen ein Ritual brauchen, daß dieses aber in den Familien immer seltener stattfindet. Kinder im Grundschulalter haben oft Schwierigkeiten, ohne fremde Hilfe zur Ruhe zu kommen. Entkleiden, Waschen, Zähneputzen, Erzählen – sie benötigen einen festen Rhythmus. Das Einschlafritual bietet ihnen eine Stütze beim Abschalten. Wichtig ist eine ausreichende „fernsehfreie“ Zeit vor dem Zubettgehen. Immer mehr Kinder beschließen jedoch den Tag vor dem Fernseher. Das Schlafritual wird zunehmend durch Abendsendungen für Kinder ersetzt. Wichtig ist, daß zwischen der letzten Aktivität – Spielen, Fernsehen oder auch Abendessen – und dem Zubettgehen mindestens eine Stunde liegt. Das abendliche Vorlesen einer Geschichte, bei Kindern sehr beliebt, wird in immer weniger Familien praktiziert. Viele Eltern fühlen sich zu abgespannt oder bringen die Geduld dazu nicht auf.

Gefragt, welche Dinge ihnen beim Einschlafen durch den Kopf gehen und sie belasten, gibt die überwiegende Mehrheit der Kinder an, daß sie an einen zuvor gesehenen Fernsehfilm denken und sich dabei fürchten. Auch böse Träume stehen meist in Zusammenhang mit dem Fernsehen. Diese Träume sind Folge von nicht verarbeiteten Fernseheindrücken. An zweiter Stelle der belastenden Gedanken stehen Konflikte zwischen den Eltern; an dritter Stelle werden Ängste in bezug auf die Schule genannt – die Themen kreisen um Leistungserwartungen, Versagensangst und Beschämung.

Immer mehr Kinder konsumieren leider eine feststrukturierte Freizeit; ihre Fähigkeit, Pläne zu schmieden und Phantasie zu entwickeln, droht zu verkümmern.

Kinder müssen Alternativen zum Bildschirmkonsum entwickeln können, durch Spiel, Sport, Kommunikation, durch Erzählen und Vorlesen, aber auch durch die Auswahl der Fernseh- und Spielprogramme, durch ihre Dosierung auf ein Mindestmaß und durch die Gesprächsbegleitung des Gesehenen und des per Bildschirm Gespielten. Eine effektive Medienerziehung – die ja Erziehung zu sinnvollem Umgang mit dem Bildschirm bedeutet – mit deutlichen Grenzsetzungen und mit gleichzeitiger Verpönung bzw. Relativierung von Gewalt, eingebettet in einen auch Entspannungsphasen ermöglichenden Tagesrhythmus, ist also in Elternhaus und Schule mehr als notwendig.

Wenn deutliche Grenzen für den Verhaltensspielraum eines Menschen von der Gesellschaft, von der Schule und von der Familie nicht gesetzt werden, dann dehnt er die Freiheit, die ihm innerhalb der Grenzen zugestanden wird, über die akzeptablen Grenzen hinaus aus. Und wenn das viele Menschen gleichzeitig tun, droht die ganze Gesellschaft aus den Fugen zu geraten, und zwar so, wie es sich zur Zeit in den Nachfolgestaaten der früheren Sowjetunion andeutet: Dort wächst eine gewaltige und international wirkende Mafiawelt heran, denn allzu viele Menschen haben aus Mangel an Grenzsetzungen durch äußerst schwache staatliche Strukturen erkannt, daß mit Straftaten schneller und leichter viel Geld zu verdienen ist als mit rechtschaffener Arbeit.

45. Werteerziehung gegen Gewalt

Für Filmemacher ist Gewalt offenbar ein hoher Wert. Im Sommer 1994 kam der Film „Harte Ziele" mit Jean-Claude van Damme in die Videotheken. Zwar ist er erst ab 18 Jahren freigegeben, aber es geht in diesem Streifen um so etwas wie „Großwildjagd" auf Menschen: Obdachlosen werden 10 000 Dollar geboten, wenn sie erfolgreich eine Strecke von 100 Metern zurücklegen, während ein Kunde für den Preis von 500 000 Dollar mit einem Maschinengewehr auf sie schießt. Perverser geht es kaum noch, und es tröstet überhaupt nicht, daß die böse Menschenjägerorganisation am Schluß des Filmes ebenfalls äußerst bluttriefend von Jean-Claude van Damme zur Strecke gebracht wird, denn Kinder sind „heiß" auf diesen Film und finden sehr oft einen über 18jährigen, der für sie diese Kassette entleiht.

Während in vielen Jugendkultnischen und in manchen kommerziell gesteuerten Ecken unserer Gesellschaft wie der Spielzeug- und Filmindustrie sowie bei den Programmachern der Fernsehsender Gewalt einen hohen Stellenwert hat, versuchen Lehrer und Medienpädagogen, aber auch viele Eltern und Erzieher, friedenspädagogische Werte und solche des Sozialen Lernens dagegenzusetzen.

In unserer pluralistischen Gesellschaft mit ihren rivalisierenden Lagern, die für höchst gegensätzliche Normen stehen, kann es keinen Wertekonsens und schon gar nicht so etwas wie einen verbindlichen Sittenkodex geben. Nur totalitäre Systeme vermögen Werte zu „verordnen" und damit einen relativ hohen Konsens herzustellen. Allenfalls das Grundgesetz, die Zehn Gebote oder die Menschenrechte können bei uns eine Plattform für Werteentscheidungen abgeben. Ansonsten muß jeder einzelne Mensch selbst zu seinem Weltbild und zu einer Rangordnung von Werten finden, die allerdings erzieherisch beeinflußt werden kann. Am Ende kann man für oder gegen die Todesstrafe, für oder gegen vorehelichen Geschlechtsverkehr, für oder gegen Empfängnisverhütung und Abtreibung, für mehr Ökonomie oder mehr Ökologie, für mehr Sozialismus oder mehr Kapitalismus, für oder gegen die Koedukation sein oder aber als Kind Freundschaft und Solidarität für höherwertiger halten als Wahrheit oder umgekehrt.

Wenn zwei 10jährige mit ihrer Lehrerin auf einer Klassenfahrt einkaufen gehen und der eine Junge etwas klaut, während der andere Zeuge ist, dann gerät der Zeuge nach Ruchbarwerdung der Tat mit seiner anschließenden Befragung in das Dilemma, sich entweder schützend vor seinen Freund zu stellen, also lügen zu müssen, oder sich für die Wahrheit zu entscheiden, mit der er dann seinen Freund verraten muß.

Jüngere Kinder sind oft mit so einem Dilemma, sich zwischen zwei rivalisierenden Werten entscheiden zu müssen, überfordert; sie entscheiden sich dann eher personifiziert, also in diesem Beispiel für den Freund. Erst ältere Kinder und Jugendliche sind auch in der Lage, sich für abstraktere Werte wie Wahrheit, Gerechtigkeit oder Gemeinsinn auszusprechen.

Werteerziehung ist also zumindest genauso mühsam wie Lesen-, Schreiben- und Rechnenlernen und braucht wesentlich mehr Zeit als die Einführung in die Kulturtechniken, nämlich viele Jahre. Und wenn sie in den Familien nicht bewußt durchgeführt wird, weil die Eltern inkonsequent, von ungünstiger Vorbildwirkung oder schlichtweg überfordert, hilflos oder uninteressiert sind, dann bringt sie ausgesprochen schlechte Resultate mit einem Übermaß an Unpünktlichkeit, Unzuverlässigkeit, Unsauberkeit, Unordnung und Bereitschaft zu Lüge und Gewalt.

Unter der Federführung des nordrhein-westfälischen Landesinstituts für Schule und Weiterbildung in Soest haben die Anne-Frank-Hauptschule in Hamm, die Johann-Gutenberg-Realschule in Langenfeld und das Gymnasium am Wirteltor in Düren jahrelange Erfahrungen mit einem Konzept „Werterziehung über Dilemmata“ sammeln können. Ausgehend von der „Values-Education“-Theorie des Amerikaners Lawrence Kohlberg haben sie ein hohes Maß an Werteentscheidungskompetenz aufbauen können, indem sie alle

Alltagskonflikte des Schullebens (Einbruch in den Schulkiosk, Diskriminierung eines ausländischen Mitschülers, Prügeleien, gefälschte Unterschriften usw.) zum Anlaß für Diskussionen, Rollenspiele, Pro- und Contra-Argumentationen, alternative Planspiele, Umfrageanalysen, Aufsätze, Zeichnungen und Dokumentationen genommen haben, bei denen die Antinomien, also die Vor- und Nachteile widerstrebender Werte, „ausgeschlachtet" wurden, und zwar mit dem Ziel, jeden einzelnen Schüler langfristig in die Lage zu versetzen, eigenständig, ohne Anpassung an Trends, an Mehrheiten, an vorteilsbringende Strömungen und Machtkonstellationen, normative Entscheidungen mit und vor seinem Gewissen treffen zu können. Ein auffällig hohes Maß an Sozialkompetenz, politischer Mündigkeit und moralischer Festigkeit, eine Minimalisierung von Radikalisierungstendenzen und eine Reduktion von Gewalt sind die Folgen. Ähnlich positive Effekte werden aus den Integrationsklassen Hamburgs und Berlins, in denen behinderte und nichtbehinderte Schüler gemeinsam leben und lernen, gemeldet.

Das Dilemma der staatlichen Schulen an sich ist die Normenvielfalt, die ihre Lehrer repräsentieren. Lehrerkollegien ziehen nur selten wertemäßig an einem Strang; sie sind oft fraktioniert in bezug auf politische, ideologische und verbandsmäßige Konzeptionen; was der eine Pädagoge untersagt, übersieht oder erlaubt der andere, was der eine ablehnt, findet der andere gut.

Viele Eltern suchen daher nach Schulen mit einem Normenkonsens und bevorzugen darum immer häufiger Privatschulen, vor allem Freie Schulen sowie Konfessions- und Waldorfschulen. Dabei ist ihnen die konkrete Wertekonstellation nicht ganz so wichtig wie die Tatsache, daß es überhaupt einen Wertekonsens zwischen den Pädagogen gibt. So besuchen viele protestantische Kinder die Katholischen Schulen, und viele Eltern, die nichts mit der Anthroposophie am Hut haben, schicken ihre Kinder auf Waldorf- bzw. Rudolf-Steiner-Schulen. So hat sich die Zahl der Privatschüler allein in den alten Ländern Deutschlands in den letzten 20 Jahren von 283 000 auf 440 000 erhöht, also um mehr als die Hälfte, und das bei einer Abnahme der gesamten Schülerzahl von 9 auf 7 Millionen; und die Zahl der Waldorfschulen hat sich von 30 auf 145 erhöht. In Hamburg beispielsweise besuchen mittlerweile schon fast 10 Prozent der Grundschüler eine Privatschule.

Werte sind, bezogen auf die gesamte Gesellschaft, in einem

steten Wandel, ihr Stellenwert steigt oder sinkt. Der Mann als Familienoberhaupt, das Kind als Duckmäuser, Sexualtrieb nur zur Zeugung von Kindern, Schlagen als Erziehungsmittel sind Werte auf dem Rückzug, Gleichberechtigung und Leben als Single sind Werte auf dem Vormarsch, jedenfalls im Moment. Umfragen bei Jugendlichen haben ergeben, daß Gemeinsinn, Bescheidenheit, Ehrlichkeit, Höflichkeit und Arbeitsdisziplin, aber auch das Duzen nicht mehr so hoch angesehen sind. Egoismus als Lebenstüchtigkeit, Schwarzfahren und materielles Streben sind dagegen akzeptierter denn je.

Rüdiger Schulz vom Institut für Demoskopie in Allensbach hat eine Untersuchung über einstige und jetzige Erziehungsziele vorgelegt. Danach hielten 1967 noch 76 Prozent der Bundesbürger die gewissenhafte Verrichtung der Arbeit für wichtig, heute nur noch 44 Prozent. Sich in eine Ordnung einfügen, sich anpassen, erschien damals noch 61 Prozent als ein Erziehungsideal, heute nur noch 34 Prozent. Für Bescheidenheit plädierten früher 37 Prozent, jetzt 28 Prozent. Höflichkeit und gutes Benehmen galten einst bei 85 Prozent als Tugend, inzwischen nur noch bei 79 Prozent.

Die Wertschätzung der Sparsamkeit ging von 75 auf 58 Prozent zurück. Einen festen Glauben und religiöse Bindung wollen nur noch 24 (früher 39) Prozent der Eltern ihren Kindern vermitteln. Gestiegen ist dagegen die Anerkennung von Durchsetzungsfähigkeit und Toleranz (jeweils von 59 auf 72 Prozent) sowie gesunder Lebensweise (58 auf 62 Prozent). Aufgrund dieser und anderer Befragungen kommt Rüdiger Schulz zu der Einschätzung: „Selbstverwirklichung und hedonistischer Lebensgenuß werden zu dominierenden Zielen, ohne darin ein wirkliches Ziel zu finden." Der Meinungsforscher spricht auch von einer „Vollkasko-Gesellschaft". Womit er meint: Persönliches Risiko werde gern ausgeschlossen, dafür werde immer häufiger nach dem Staat gerufen. Nach demoskopischen Ermittlungen nehmen Gefühle der Langeweile und Angst vor Alleinsein in unserer Gesellschaft deutlich zu. 46 Prozent der befragten Bürger geben zu, daß sie die Welt nicht mehr verstehen können.

Und wie sieht es bei den Jugendlichen aus?

Deutschlands Jugend ist gestreßt wie nie. Eine Studie des Hamburger BAT-Freizeit-Forschungsinstituts ergab: Das Leben der 14- bis 19jährigen ist verplant und ausgebucht. Die Folgen: Nervosität, Aggressionen und krankhafter Egoismus. Sie wollen um jeden Preis

„dranbleiben“, nur nichts auslassen und bloß alles mitnehmen: den besten Grungelook (schlampige Designer-Kleidung) tragen, in den Alpen Snowboard fahren, stundenlang am Computer sitzen, Street-Basketball spielen, Comics lesen, den neuesten Kevin-Costner-Film („Perfect World“) sehen, zu Hause Videopartys (mit Pizza und Flensburger Bier) veranstalten …

2600 Jungen und Mädchen wurden in der BAT-Studie über ihr „Privatleben“ befragt. Resultat: 28 Prozent setzen sich mit ihren eigenen Ansprüchen so unter Druck, daß ihnen alles zuviel wird und sie sich abreagieren müssen. Einige versuchen, beim Sport „Dampf abzulassen“. Die meisten tyrannisieren ihre Familie oder suchen Streit mit Freunden. Der Grund für die fatale Entwicklung ist, daß der Terminkalender der Jugendlichen randvoll ist. Besonders das Wochenende ist bis auf die letzte Minute durchorganisiert. Je größer das Konsumangebot, desto schlimmer der Streß. Die Kids setzen sich keine Grenzen – weder finanziell noch zeitlich und schon gar nicht menschlich. Sie jagen dem Geld hinterher, jobben oder pressen ihre Eltern aus. Sie fürchten, daß ihnen die Zeit davonläuft. Und sie hassen soziale Verpflichtungen. Am Ende bleiben sie selbst immer entnervt wie ein Wall-Street-Broker auf der Strecke, unfähig, sich in die Gesellschaft einzufügen.

Wie gereizt die Jugendlichen sind, beweist auch dies: 56 Prozent von ihnen fahren aus der Haut, sobald irgend etwas ihre Planung stört. Es lebe der Egoismus; denn wie soll man sich selbst verwirklichen, wenn man ständig auf andere Rücksicht nehmen muß? Zum Vergleich: Nur 31 Prozent der Erwachsenen beklagen sich, daß sie von anderen in ihrer persönlichen Entwicklung behindert werden.

Für die Familie bleibt im Leben der Kids erst recht kein Platz. 29 Prozent verspüren „Wut im Bauch“, wenn sie von ihren Eltern zu Verwandtenbesuchen genötigt werden. Halten derartige Treffen sie doch davon ab, mit Freunden Spaß zu haben und etwas „Sinnvolles“ zu tun.

Logisch ist, daß solche ärgerlichen Erscheinungen wie das Schlangestehen vor der Kinokasse bei vielen den Wunsch wecken, Amok zu laufen. Jeder vierte Jugendliche gibt an, daß Zeitverschwendungen dieser Art ihn zur Weißglut treiben. Da wird dann der Nachbar angepöbelt oder „aus Versehen“ mit dem Fuß getreten. Sind die Spannungen übermächtig, rammt man dem anderen auch schon einmal den Ellenbogen provokant in die Rippen. Vielleicht läßt sich ja ein Streit vom Zaun brechen ...

Eigentlich gibt es kaum etwas, das die Jugendlichen weder nervös noch aggressiv macht und nicht zum Ärgernis wird. Einzige Ausnahme: die Dauerberieselung durch Musik. Während 82 Prozent der Gesamtbevölkerung früher oder später ihre Ruhe haben wollen, können fast alle Kids (94 Prozent) rund um die Uhr einen Walkman-Knopf im Ohr haben und sich von ihrer Umwelt abschotten.

Werden die jungen Menschen immer kränker? Offenbar ahnen sie schon selbst, daß etwas in ihrem Leben nicht stimmt; 16 Prozent haben bereits gemerkt, daß sie sich beim Sport besser fühlen als nach stundenlangem Fernsehen.

Und wie sieht es mit den christlichen Werten aus? Die Institution Kirche ist deutlich ins Abseits geraten, allerdings nicht unbedingt das Christentum an sich. Nicht sehr erfolgreich sind die Bemühungen Baden-Württembergs und Bayerns gewesen, die jungen Menschen wieder mehr zur Religiosität zu zwingen, indem sie verstärkten Religionsunterricht bekommen oder die Zehn Gebote auswendig lernen müssen. Der dadurch sichtbar werdende Zwang kommt bei Kindern nicht gut an und mündet oft statt in das von den Politikern Erwünschte in Verdruß und Abkehr ein.

In Großbritannien gibt es seit dem Sommer 1994 neue Richtlinien für die Schulen; der Erziehungsminister und der Erzbischof von Canterbury versprechen sich davon ein Wiedererstarken der christlichen Werte als Gegenpol zur bisherigen „wertfreien" Erziehung. Sie meinen, daß vor allem die Zehn Gebote und die Bibel einen hervorragenden Rang im Unterricht wiederbekommen müßten. Sie seien, so der Erzbischof, „immer noch der ideale Maßstab für das tägliche Leben". Mit 7 Jahren sollen die Schüler die „zwei wichtigsten Gebote", die Liebe zu Gott und zum Nächsten, kennen. Mit elf sollen sie die Bedeutung aller Gebote wissen. Von 11 bis 14 Jahre alten Schülern wird erwartet, daß sie den Inhalt der wichtigsten Predigten von Jesus Christus über Sünde, Vergebung und Reue erfahren haben.

Ob so etwas wirklich hilft, den Zustand der britischen Gesellschaft zu verbessern?

In England gibt es viele Rechtsradikale, in Brandenburg und Berlin aber auch. Welche Werte lassen sich gegen Fremdenfeindlichkeit, Rassismus, Nationalismus und die damit verbundene ideologische Verblendung und Dummheit setzen? Vor allem muß es wohl nachgereichte Information sein, verknüpft mit Strategien, die ein persönliches Kennenlernen und damit Schätzenlernen des bisherigen Feindbildes ermöglichen. Junge Türken aus Kiel haben deshalb mit Skins und Neonazis aus Hoyerswerda und Rostock eine gemeinsame Reise in die Türkei durchgeführt, mit dem Resultat, daß bei 90 Prozent der Deutschen die Vorurteile aufgebrochen werden konnten, allerdings nicht bei den 10 Prozent Ideologieträgern, die von vornherein nur auf die Bestätigung ihrer Ausländerfeindlichkeit aus waren.

Sybille Volkholz, schulpolitische Sprecherin der Fraktion Bündnis 90/Die Grünen im Berliner Abgeordnetenhaus, stellt fest, daß das Ziel von Werteerziehung in Richtung auf Vermittlung der Menschenrechte zwar eindeutig im § 1 des Berliner Schulgesetzes formuliert sei, wenn dort steht: „... Ziel muß die Heranbildung von Persönlichkeiten sein, welche fähig sind, der Ideologie des Nationalismus und allen anderen zur Gewaltherrschaft strebenden politischen Lehren entschieden entgegenzutreten, sowie das staatliche und gesellschaftliche Leben auf der Grundlage der Demokratie, des Friedens, der Freiheit, der Menschenwürde und der Gleichberechtigung der Geschlechter zu gestalten." Wie Menschen solche Werte erwerben, ist dagegen ungleich schwieriger zu beantworten. Sybille Volkholz sagt dazu: „Den größten Einfluß auf Werteentwicklung und Verhaltensweisen von Kindern und Jugendlichen haben die ihnen durch die Bezugspersonen vorgelebten Verhaltensweisen. Inwieweit Eltern, Erziehungsberechtigte, Erzieherinnen, Erzieher und Lehrkräfte ein integres Vorbild bieten, sie in Handeln und Reden übereinstimmen, ist entschieden prägender als die gezielte, verbalisierte Einforderung bestimmter Verhaltensweisen. Vorhandene Widersprüche, die nicht bewußt benannt und mit Kindern bearbeitet werden, erzeugen immer Irritationen. Und sie ergänzt in bezug auf die schulischen Möglichkeiten einer Werteerziehung: „Die Rahmenbedingungen für die Schulen müssen so verändert werden, daß die Beteiligten vor Ort, also Schülerschaft, Eltern und Lehrkräfte, mehr Verantwortung für die Gestaltung des Schullebens erhalten und sich mit ihrer Schule identifizieren können. Verantwortung für sich und Mitmenschen kann nur gelernt werden, wo Menschen selbst diese Verantwortung auch haben. Die Schule kann und soll die Familie nicht ersetzen, aber ein großer Teil sozialer Verhaltensweisen kann nur dort gelernt werden, wo mehrere Menschen zusammenleben und lernen. Deshalb muß die Schule stärker zum Lebensort werden. Wer glaubt, diese Handlungsorientierungen durch bewußte Instruktion in einem gesonderten Fach Ethik erreichen zu können, der irrt."

Am Beispiel des in verschiedenen Kreisen ganz unterschiedlich für wichtig gehaltenen Wertes Pünktlichkeit läßt sich das Dilemma von Werteerziehung und Wertewandel ganz gut erkennen. Gehorsam, Genügsamkeit, Ordnung, Pflichtbewußtsein, Zuverlässigkeit und Pünktlichkeit waren einst hohe Tugenden, mit denen der preußische Staat funktionierte und um die er weltweit beneidet wurde. Freiheit und soziales Verhalten spielten dagegen in ihm eine nicht so große Rolle. Wenn Pünktlichkeit heute mit anderen Werten rivalisiert, unterliegt sie oft. Die Freiheit des Egoismus beeinträchtigt zunehmend die Freiheit der berechenbaren Zuverlässigkeit. Während 1957 noch 84 Prozent aller Deutschen Pünktlichkeit für sehr wichtig hielten, sieht es 1994 ganz anders aus: Von 1500 befragten 14- bis 65jährigen bekennen sich lediglich 47 Prozent zur Bedeutung der Pünktlichkeit in ihrem Leben. 21 Prozent nehmen sich selbst die Freiheit zur Unpünktlichkeit, leiden aber, wenn andere unpünktlich sind. 19 Prozent halten Pünktlichkeit für einen „sekundären Wert", und für 13 Prozent ist sie „unwichtig". In der Altersgruppe der 14- bis 25jährigen ist Pünktlichkeit nur noch für 37 Prozent ein hoher Wert, für 24 Prozent ist sie „unwichtig". Offenbar weicht die Tugend der Pünktlichkeit immer mehr der Unverbindlichkeit von Vereinbarungen. Zuverlässigkeit liebende Menschen haben also zunehmend zu leiden. Andererseits gewöhnen sich aber auch immer mehr Menschen an die begrenzte Gültigkeit der herkömmlichen Spielregeln des Zusammenlebens. Preußen ist schließlich tot, und das zusammenwachsende Europa wird auch von mediterranen Lebensformen beeinflußt.

Das „akademische Viertel", also die Toleranz gegenüber dem Zuspätkommen von einer Viertelstunde, ist an den Universitäten längst abgeschafft. Früher wurde es nur einer bedeutenden Elite zugestanden, ja, es galt sogar in vornehmen Kreisen als unfein, vor Ablauf dieser Viertelstunde zur Dinner-Einladung zu erscheinen. Die Zahl zuspätkommender Schüler und Studenten ist in den letzten Jahren stetig angewachsen; Lehrer und Professoren nehmen dieses Phänomen mittlerweile als „Alltagsgewohnheit" mehrheitlich reaktionslos hin, so daß sie es auf diese Weise noch fördern.

Pünktlichkeit hat etwas mit Funktionieren des Zwischenmenschlichen, mit der Achtung des anderen zu tun. Sie entspricht der Symmetrie, also der Gleichwertigkeit in einer Beziehung; sie wirkt sich aber auch im Wirtschaftsgefüge unseres Gemeinwesens aus. Auf 17 Milliarden Mark Schaden pro Jahr wird der Gegenwert der Unpünktlichkeit geschätzt. Andererseits sparen die Säumigen durch Unpünktlichkeit in Form von abnehmender Zahlungsmoral wiederum Milliarden an Zinsen.

Der Unpünktliche gewinnt durch die Beliebigkeit seiner Zuverlässigkeit Freiraum, aber nicht unbedingt Freiheit, während das Verabredungsopfer durchweg Freiheit und Lebenszeit verliert. Menschen, die selbst pünktlich sind, leiden unter Unpünktlichkeit sehr, auch unter der eigenen. Dagegen leben stets unpünktliche Menschen mit der Unpünktlichkeit anderer ganz gut, sie verzeihen auch deren Ausreden. Der Unpünktliche ist entweder Optimist oder Spieler oder Egoist. Er rechnet nicht mit verspäteten Bahnen, mit Glatteis, mit Regen und mit Stau, oder er spekuliert auf freie Straßen und grüne Ampeln; und wenn der Bus nicht rechtzeitig kommt oder der Wecker kaputt ist, freut er sich über den willkommenen Anlaß zur Ausrede. Der Egoist schließlich wägt die Gemütlichkeit des warmen Bettes gegen das Verspätungsungemach ab, und das täglich wieder neu. Zuverlässigkeit bedeutet für viele Menschen Streß; Disziplin ist ihnen lästig, Verbindlichkeit widerstrebt ihrer Bequemlichkeit. Unverbindlichkeit liegt im Trend, sie hat etwas mit Angst vor Nähe, mit Furcht vorm Verplantsein zu tun. Deshalb leben immer mehr Menschen bindungsarm als Singles; ihr Bemühen um Distanz läßt sie neuerdings wieder das Siezen vor dem Duzen bevorzugen. Mit ihrer sich ständig wiederholenden Unpünktlichkeit wollen sie ihren Anspruch auf einen größeren Entscheidungsspielraum unter dem Motto „Laß mich in Ruhe!" betonen. Sie fühlen sich durch die Erwartung der Pünktlichkeit gefesselt.

Kinder können an Pünktlichkeit wie an Unpünktlichkeit gewöhnt werden. Meist leben ihnen ihre Eltern das eine oder andere vor. Unpünktliche Eltern haben in der Regel auch unpünktliche Kinder. Lehrer, die bei Unpünktlichkeit keine Grenzen setzen, die ihren Unterricht nur als Angebot verstehen, erziehen unpünktliche Schüler.

Unsere Gesellschaft sollte sich erst einmal darauf einigen, ob sie Pünktlichkeit noch für einen unverzichtbaren Wert hält. Wenn ja, muß sie Kinder und Jugendliche ebenso wie zum Umgang mit Geld auch zum Umgang mit Zeit, mit Verabredungen und mit Zuverlässigkeiten erziehen.

46. Schlußbemerkungen: Gewaltprävention in einer pluralistischen Leistungsgesellschaft

Vorbeugende Erziehung gegen Gewalt ist für Lehrer und Eltern äußerst schwierig, für die Lehrer, weil sie die Kinder zu spät erhalten, weil allzu viele Weichen der Persönlichkeitsentwicklung bereits gestellt sind, und für die Eltern, weil sie ständig gegen die Medieneinflüsse und die Sozialisationsfaktoren, die durch andere Kinder auf das eigene Kind wirken, erziehen müssen.

Was Comic-Figuren und Filmschauspieler auf dem Bildschirm vorleben und dürfen, können Eltern den eigenen Kindern eben durchweg nicht erlauben, so daß viele Wünsche, Sehnsüchte und Handlungsbedürfnisse der heutigen Kinder unerfüllt bleiben oder gekappt werden.

Die Spannungsbögen zwischen den Möglichkeiten der Bildschirmwelt und den begrenzten Aktionsmöglichkeiten zu Hause überfordern viele Kinder, sie halten die Widersprüche zwischen der actionreichen farbigen Welt in Kalifornien, die sie per TV konsumieren, und ihrem verbotereichen Alltagsleben nicht aus, so daß sie aggressiv oder hyperaktiv, was autoaggressiv bedeutet, werden.

Selbst in „heilen" Familien, in denen sich die Eltern gut mit ihren Kindern verstehen, in denen die Eltern fast alles richtig machen, wirken die Trends der kindlichen und jugendlichen Gleichaltrigkeit sowie die Fernseh-, Video- und Computerspieleinflüsse oft verheerend, zumindest aber störend, was Werteerziehung anbelangt.

Das Verbot des Umgangs mit mißlichen Freunden und der Verzicht auf ein Fernsehgerät im Haushalt sind aber auch keine Lösungen, weil sie das Kind ins Abseits, in die Außenseiterrolle, in Informationsdefizite bei Schulhofgesprächen drängen und weil sie sie erst recht neugierig auf das Verbotene machen, also den Reiz wecken, sich nun besonders und dann oft exzessiv mit negativen Menschen und mit indizierten Filmen auseinanderzusetzen. Bei jeder sich bietenden Gelegenheit holen Kinder mit Fernseh- und Umgangsverboten dann das nach, was die Eltern ihnen verwehren wollen. Richtig kann in der Pädagogik, die ja mehr Kunst denn Wissenschaft ist, eigentlich stets nur der Mittelweg sein, also Auswahl, Dosierung und Gesprächsbegleitung, was Bildschirmkonsum anbelangt. Erzieherische Extreme sind schon immer gewaltfördernde Rückschritte gewesen; nur das Arrangieren mit angemessenen Dosierungen bringt Fortschritte, das gilt für den Umgang mit Freunden ebenso wie für Klassen und Schulgrößen oder die Antinomie von wissenschaftsorientiertem Fachlehrer und Kurssystem auf der einen Seite und der umfassenden Bezugsperson des Klassenlehrers auf der anderen.

Gewalt in Schulen, Gewalt in Kindergärten, Gewalt auf dem Bildschirm mit dem Effekt des Modellernens, Hooliganismus in den Stadien, Schwarze Messen in Thüringen und das Spiel mit der Gewalt in Hannover, wo Punks aus ganz Deutschland von langer Hand geplant Randale gegen den Staat, gegen die Bürgerlichkeit und letztlich gegen ihre eigene mißliche Situation anzettelten, haben die Öffentlichkeit aufgerüttelt.

Analysen gibt es mittlerweile genug, die uns erklären sollen, warum junge Menschen Grabsteine auf jüdischen Friedhöfen umstürzen, warum sie Gedenkstätten in Konzentrationslagern schänden, warum sie Molotow-Cocktails auf Asylbewerberheime werfen oder Brandanschläge auf Synagogen oder in Schulen ausführen.

Da liest man dann von kaputten Familien, von Verliererschicksalen in bezug auf schulische und berufliche Karrieren, von unerwünschten oder störenden Kindern, die ungeliebt aufgewachsen sind und keine Nähe mehr ertragen, von der Verrohung in der Sprache, von Imitationslernen in Jugendkultnischen und von Politikverdrossenheit, von Werteverfall und von fehlenden Grenzerfahrungen einer antiautoritären Erziehung.

Selbst Kinder aus „heilen" Familien, die mit viel Geborgenheit, Anerkennung und Leistungserfolgen aufwachsen, sind zunehmend gefährdet, dem Sog der Trends und dem Reiz- und Rauschbedürfnis der Gleichaltrigkeitsszene zu erliegen und in die Spirale von Gewalt und Autoaggressionen abzudriften.

Wir dürfen es aber Kindern und Jugendlichen nicht zu leicht machen, wenn es um Normen und Werte geht, denn mit allzu vielen

Analysen und Diskussionen in bezug auf Gewaltursachen, in denen wir die Schuld stets nur in den Lebensumständen der jungen Menschen suchen, lassen wir sie in ihrer Pflicht allein, auch selbst gut werden zu müssen, sich selbst ein stimmiges Weltbild mit Verantwortungsbereitschaft, mit sozialen Bindungen, mit Bindungen an Religion, an Werte und an ihre eigene Zukunft aufbauen zu müssen.

Wenn immer nur die Politiker, die Eltern, die Lehrer, die Fernsehanstalten und die anderen Jugendlichen Schuld haben, dann gewinnt der einzelne junge Mensch ein chaotisches Maß an Freiheit, allen Reiz-, Rausch- und Aggressionsbedürfnissen spontan und ohne vorherige Gewissensprüfung nachgeben zu können. Gewalt ist deshalb in vielen Jugendkultnischen geradezu „in", „chic" geworden; sie hat für viele eine erotische Dimension erlangt, und zwar unter dem Motto: „Womit kann ich am meisten Aufmerksamkeit in der Öffentlichkeit und damit am meisten Anerkennung mit dem Effekt einer höheren Rangordnungsposition innerhalb der eigenen Gruppe gewinnen?" Mit Sicherheit gibt es einen gewaltigen Aufschrei, wenn Brandsätze geworfen, Ausländer angegriffen, Juden gekränkt oder Polizisten verletzt werden, und dann hat man bewiesen, daß man auch noch da ist, daß man irgend etwas, und sei es noch so negativ, bewirken kann, und es gibt immer irgendwo in irgendeiner gesellschaftlichen Ecke Sympathisanten für das, was man getan hat.

Wenn wir jetzt eine „Spirale der Gewalt" befürchten oder sogar vermuten, daß „die Welt langsam aus den Fugen gerät", dann müssen wir vor allem die Kindererziehung als die wichtigste Zukunftsinvestition unserer Gesellschaft begreifen. Wenn Politiker momentan bundesweit aus Sparzwängen heraus die Unterrichtsverpflichtung der Lehrer um eine Stunde heraufsetzen und die Klassenfrequenzen erhöhen wollen, statt umgekehrt Lehrer teilweise für Erziehungsaufgaben zu entlasten, dann tragen sie ganz gewiß zur Gewalteskalation bei.

Das Bundesjugendministerium hat gerade festgestellt, daß 8 Prozent der westdeutschen und 18 Prozent der ostdeutschen Menschen Verständnis für Gewalt haben. Bei den Schülern Mecklenburg-Vorpommerns sind aber bereits 45 Prozent bereit, Konflikte mit Gewalt zu lösen, und in Hamburg 18 Prozent.

Die bloßen Zahlen besagen aber nicht viel über das Befinden unserer Kinder, denn erstens ist Gewaltbereitschaft nur ein Symptom für eine Fülle unterschiedlicher Ursachen, und zweitens wird beim Begriff Gewalt immer nur vordergründig an Gewalt gegen Sachen und Menschen gedacht; das zahlenmäßig viel größere Problem der Gewalt gegen sich selbst wird aber vernachlässigt: Magersucht, Eßsucht, Bulimie, Spielsucht, Alkoholismus, Nikotin- und Tablettensucht, Asthma, Neurodermitis, Nägelkauen, Bettnässen, Depressionen, Selbstverletzungen, Todessehnsucht und Suizidversuche zeugen ebenso von Frustrationen, von dem Sich-nicht-wohl-Fühlen in der eigenen Haut. Junge Menschen mit diesen Symptomen sind häufig autoaggressiv, also gewalttätig gegen sich selbst, weil sie immerhin das Tabu der Gewalt gegen Sachen und Menschen akzeptieren.

Eigentlich muß es verwundern, daß Kinder und Jugendliche nicht noch gewalttätiger sind, weil sie ja immerhin viele gewaltreiche Vorbilder in der zum Teil korrupten Ellbogengesellschaft der Erwachsenen und über Film- bzw. Fernseherfahrungen und selbst bei Politikern haben.

Die veränderte Kindheit mit dem Mangel an aktiven Spielerfahrungen, das Defizit an Bewegungen, an Klettern, Balancieren, Rutschen und Schaukeln, die Überforderung von Auge und Ohr durch den Bildschirm, der Kommunikationsverlust in der Familie, der das einsame Kind zum inneren Exil und in die Angst vorm Alleinsein in zerfallenden Familien zwingt, die Langeweile und die Unfähigkeit, sich für Werte zu entscheiden, haben mittlerweile alle gesellschaftlichen Schichten und Milieus erfaßt.

Die Suche nach Lebensgenuß durch Geld, Konsum und hohe Rangordnungspositionen in irgendwelchen Nischen der Gesellschaft zwingt viele junge Menschen zur Umtriebigkeit und zur unbehausten Aushäusigkeit. Wer heute in der Nacht von Freitag auf Sonnabend zwischen zwei und drei Uhr unterwegs ist, sieht überwiegend 13- bis 17jährige junge Menschen auf den Straßen, unterwegs von Party zu Party und Disco zu Disco, relativ ziel- und sinnlos, letztlich aber auf der Suche nach Kommunikation und nach Anerkennung durch Gleichaltrige, denen gegenüber sie beliebt, tüchtig oder stark sein wollen. Und stark sind sie, wenn sie es möglichst lange gegen den Willen der Eltern, gegen die eigene Müdigkeit und mit Alkohol und eventuell mit dem Mut zum Hasch-Konsum und mit dem Wunsch nach sexuellen Erfahrungen durchhalten.

Konkurrenz um hohe Anerkennungspositionen fördert nicht nur Egoismus, sondern führt auch zur Akzeptanz von Gewalt als Kommunikations- und Interaktionsmittel; sie untergräbt die gesellschaftliche Notwendigkeit zu einem Mehr an Solidarität, also auch zu einem Mehr an Solidarität gegenüber Ausländern, Zuwanderern und anderen Minderheiten.

In unserer Leistungsgesellschaft ist Konkurrenz wichtig. Wir fördern sie mit dem weit verbreiteten Bildungswahn, mit Schulnoten und -abschlüssen, mit Selektions- bzw. Ausleseprozessen, mit dem Mangel an erwünschten Ausbildungs-, Studien- und Arbeitsplätzen, mit Wohnungsnot und hohen Mieten. Alles ist auf Erfolg ausgerichtet, er ist wichtiger als das Glück der Harmonie und Geborgenheit. Am anderen Ende produziert sie aber auch Verlierer, deren über alle Zeiten hinweg immer gleichbleibende Grundbedürfnisse nach Liebe, Geborgenheit, Selbstwert und Erfolg auf der Strecke bleiben.

So ist es nicht die Fremdenfeindlichkeit, die Gewalt hervorbringt, sondern die primär vorhandene Gewaltbereitschaft sucht sich erst sekundär den Ausländerhaß. Die zunächst ungerichtete Aggression wählt sich Feindbilder, wobei die Opfer relativ beliebig sind: Es können bei den Hooligans die Fans des gegnerischen Vereins sein, und wenn die ausbleiben, muß die Polizei als Feindbild herhalten, es können aber auch Asylbewerberheime sein. Jugendliche kämen gar nicht von selbst ausgerechnet auf Ausländerhaß, weil nur die wenigsten schlechte Erfahrungen mit Fremden gemacht haben. Dieses Feindbild ist ihnen eben auch von Medien oder von Eltern geliefert worden.

Für junge Menschen, die sich langweilen oder überflüssig fühlen, die die Erwartungen der Schule oder ihrer Eltern nicht erfüllen konnten und die bei Gleichaltrigen nie beliebt waren, sind Feindbild, Haß und Gewalt Möglichkeiten, wieder Aufgaben, Sinn, Orientierung und damit Selbstwert zu erreichen; überdies finden sie in Gruppen oder Cliquen eine familienersetzende Geborgenheit und damit auch den Genuß der Macht über andere, schwächere und ebenfalls untenstehende Menschen. Die Gewalt äußert sich dabei nicht nur im Zuschlagen und Zerstören, sondern auch in der Sprache, in der Intoleranz und in Form von Psychoterror.

Zu den Ursachen von Gewalt bei Jugendlichen läßt sich aber auch noch folgendes zusammenfassen:

- Als mit der 68er Generation zu Recht das Autoritäre in der Erziehung abgeschafft wurde, weil es nicht nach der Zustimmung der Kinder fragt, hat man die Autorität gleich mit abgeschafft, obwohl sie ja etwas Positives ist, weil Kinder sie brauchen und weil sie ihre Zustimmung bzw. Akzeptanz voraussetzt. Die Folge ist, daß die heutigen Eltern, die damals erzogen wurden, hilflos und inkonsequent mit Forderungen, Wertevorgaben und Grenzerfahrungen, die Kinder zum Aufbau eines stimmigen Weltbildes dringend benötigen, umgehen. Vielen Eltern fehlt es, wenn sie alles richtig machen wollen, an Gespür für den richtigen Führungsstil.
- Wir haben 30 Jahre lang bei der ausländerpädagogischen Integration in den Schulen fast nur gastfreundliches Entgegenkommen von den deutschen Kindern erwartet, aber den ausländischen Kindern kaum Integration in Richtung auf unsere Werte und Erziehungsziele zugemutet, z. B. gegen Frauenfeindlichkeit und machohaftes Gehabe. Die im Moment diskutierte doppelte Staatsbürgerschaft für schon lange hier lebende Ausländer hätte immerhin auch den Vorteil, daß sich Zuwanderer leichter mit den sozialen Lernzielen der Schulen identifizieren könnten.
- Werteerziehung ist in einer pluralistischen Gesellschaft schwieriger als in einer totalitären. Deshalb kommt es nicht so sehr darauf an, welche konkreten Werte vermittelt werden, sondern darauf, daß das Kind überhaupt in die Lage versetzt wird, z. B. über die ständige kritische Auseinandersetzung mit Dilemmata im Schulalltag selbst Konfliktlösungs- und Werteentscheidungen treffen zu können.
- In den Schulen fehlt es an gewaltverpönenden Texten und an Materialien, die über Diskussionen und Rollenspiele Anlaß zur Ächtung von Gewalt bieten.
- Vielen Schülern mangelt es an einem historisch und politisch stimmigen Weltbild. Die Gefahr des Einsatzes von Hitler- und Goebbels-Reden sowie Filmaufnahmen aus Konzentrationslagern und dem Warschauer Ghetto ist, daß sie – ungeschickt dargeboten – geradezu werbend im Sinne von rechtsextremen Parteien wirken können.
- Viele Eltern haben zu wenig Zeit für Gespräche mit ihren Kindern: Sie achten oft nicht auf Auswahl, Dosierung und Gesprächsbegleitung beim Bildschirmkonsum, so daß Gewaltbe-

reitschaft über Imitationslernen multipliziert wird und eine hohe Akzeptanz unter jungen Menschen erreichen kann.

- Mehr als zwei Drittel der gewalttätigen Jugendlichen haben erkannt, daß sie nicht den sozialen Status der Eltern erreichen und nicht den elterlichen schulischen Erwartungen, z. B. in Hinblick auf das Abitur oder den Realschulabschluß, entsprechen können.
- Ein großes Problem unserer Gesellschaft sind die Väter. Allzu viele von ihnen fördern mit ihrem Verhalten das Heranwachsen von Machos und sind häufig schlechte Vorbilder für die Söhne in bezug auf Emotionalität, Körperkontakt und flexible Formen harmonischen Zusammenlebens.
- Die Schule hat eine Reihe wichtiger pädagogischer Elemente vernachlässigt, so soziale Kontrolle, Kontinuität, feste Gewohnheiten, das Durchhalten mit dem Schüler über seine Krisen hinweg, Ästhetik, Takt und das Angebot umfassender Bezugspersonen, die nicht nur Stunden geben, sondern auch Klassenlehrer sind, weil nur sie die Biographie und das Milieu des Kindes kennenlernen können. Die Universitäten und die Studienseminare bilden solche Lehrer gar nicht aus.
- Niemand übt Gewalt aus, der nicht vorher schon selbst Opfer von Gewalt war, und sei es psychische Gewalt. 90 Prozent der Täter, aber auch 90 Prozent der Opfer sind Jungen. Mädchen richten die Gewalt mehrheitlich gegen sich selbst.
- Gewalt ist selten geplant; deshalb stehen hinter fremdenfeindlichen Aktionen nur manchmal Organisationen. Sie ergeben sich eher aus einer Laune, einer gerade erlebten Frustration und aus Gruppenzwängen heraus sowie unter Alkoholeinfluß. Meist sind sie mit Dummheit bzw. Informationsdefiziten gepaart; die Täter haben in der Regel noch keine ausreichenden Erfahrungen mit den mehrheitlich liebenswerten Ausländern gemacht und wissen nicht um die Bereicherung unseres gesamten Lebens durch sie.

Es wird noch viele Hoyerswerdas, Rostocks, Möllns, Solingens, Lübecks und Hannovers geben, noch viele rechte und linke Gewaltexzesse und solche ganz unpolitischer Art, wenn wir nicht endlich alle beherzigen, was der Psychotherapie-Weltkongreß 1994 in Hamburg als Resümee ergab: Therapien für junge Verhaltensauffällige, Verhaltensgestörte, für junge Gewalttäter und für junge Menschen, die sich selbst zerstören, bringen wesentlich weniger als Freunde, als liebevolle Bezugspersonen, also als Menschen, die ihnen Vorbild für Werteentscheidungen sind, die ihnen Liebe, Nähe, Zeit, Ansprache, Zuhören, Geduld auch über Krisen hinweg, Grenzsetzungen, angemesse Forderungen mit Erfolgserlebnissen, Konsequenz und Körperkontakt schenken.

Am intensivsten wird Gewaltprävention an den Schulen Schleswig-Holsteins betrieben, besonders im Rahmen von Schulfrühstück und einem Schulnachmittag mit Arbeitsgemeinschaften und Hobbygruppen sowie Gesprächen mit dem Vertrauenslehrer. Das nördlichste deutsche Bundesland versucht, die Gewalt in der Schule in den Griff zu bekommen, sie – wenn möglich – schon im Keim zu ersticken.

200 000 Mark stellte die Landesregierung 1993 und 1994 dafür zusätzlich zur Verfügung. Auch für 1995 ist dieser Betrag für die Vorbeugung vorgesehen. 1993 hatten 30 Prozent der Schulleiter bei einer Umfrage von zunehmender Gewalt an den Schulen berichtet, zwölf Prozent der Mädchen von sexueller Belästigung, 14 Prozent der Schüler von tätlichen Auseinandersetzungen.

Was hat sich seitdem getan? In der Hauptschule des Schulzentrums Bad Segeberg, mit 560 Kindern landesweit die größte, wurden Sport-, Töpfer- und Puppenkurse, Modellbau und Hauswirtschaft am Nachmittag eingeführt. Wartezeiten werden im Schulcafé überbrückt. Kinder lernen so Schule ohne Leistungszwang kennen, sagt Schulleiter Edwin Regber. Mathe- und Physiklehrer Hajo Hoffmann spricht mit Tätern und Opfern, bietet „Verläßlichkeit bis hin zum Schutz vorm Elternhaus“.

In der Schule Rotenhof (Rendsburg) wird zweimal pro Woche ein Frühstück angeboten, bei dem etwa 150 Teilnehmer miteinander reden und Gemeinschaft kennenlernen. In einer Schulwoche gegen Gewalt gab es Pausenspiele. Arbeitsgemeinschaften dienen dem gegenseitigen Kennenlernen. Großen Anklang finden Entspannungsübungen. Stefanie Fey (16): „Da liegen wir auf der Matte und träumen vor uns hin, das beruhigt.“

Im Schulzentrum Glinde werden Begegnungsängste mit einem ganztägigen Unterrichtsangebot abgebaut. Das Thema Gewalt wurde auch künstlerisch umgesetzt: Die zehnte Klasse schuf eine Skulptur, die zwei Skinheads darstellt. Einer davon drischt mit einem Baseballschläger auf ein am Boden liegendes Mädchen ein.

Ergänzend dazu läuft das Projekt „Mobbing: Gewaltprävention in Schulen“ des norwegischen Psychologie-Professors Dan Olweus aus Bergen. Dabei gibt es „Klassenregeln gegen Gewalt“, aber auch Lob und Strafen. 47 Schulen beteiligen sich daran.

Nach den Sommerferien 1994 hatte jede Schule einen „Pädagogischen Tag: Gewalt und Gewaltprävention“ durchgeführt und Richtlinien zur Bekämpfung der Ursachen erarbeitet. Dazu gehört unter anderem die Einrichtung eines Mobbing-Opfer-Sorgentelefons, über das Betroffene mit Vertrauensleuten sprechen können.

Dan Olweus arbeitet seit 20 Jahren mit dieser Methode. Er hat sie an 700 Schulen in Skandinavien erfolgreich eingeführt. Nach seiner Erfahrung bekommen Lehrer bislang nur etwa 40 Prozent der verbalen oder körperlichen Attacken in ihren Klassen mit.

97 000 Mädchen und Jungen werden nach Untersuchungen der gesetzlichen Unfallversicherungen bundesweit jährlich durch Gewalt in der Schule verletzt.

Was sich darüber hinaus an sexistischen, diskriminierenden, verbalen und psychischen Niedermachungen ereignet, kann gar nicht erfaßt werden, ebenso nicht, was die höchst unterschiedlich motivierten Lehrerpersönlichkeiten, das veraltete Schulsystem, die unzeitgemäße Lehrerbildung, die erzieherisch ungünstige Arbeitsplatzbeschreibung für Lehrer und die Sparmaßnahmen der Regierungen den Schülern an Gewalt antun.

Rüdiger Meyenberg von der Universität Oldenburg hat deshalb in einem Aufsatz mit dem Titel „Auch Schule produziert Gewalt“ aufhellend zusammengefaßt:

„Aggressions- und Gewaltbereitschaft ist offensichtlich dem menschlichen Individuum zu eigen. Solange wir Ich-Tugenden (Selbstverwirklichung, Durchsetzungsvermögen, Ellenbogenmentalität) einseitig das Wort reden gegenüber Wir-Tugenden (Rücksichtnahme, Kompromißfähigkeit, Hilfsbereitschaft), produzieren wir soziale, berufliche und politische Desintegration, die sich in Ausgegrenztheit und in der Bildung von sozialen Randgruppen äußert. Wir Menschen müssen wieder eine Balance finden zwischen dem individuellen Wert der Selbstentfaltung und den Pflichten in der Gemeinschaft, sonst wird die gewalttätige Auseinandersetzung weiter zunehmen ... Schule ist heute zur zentralen gesellschaftlichen Organisation des Jugendalters geworden, die den jugendlichen Alltag, die jugendliche Biographie und das jugendliche Verhalten stark beeinflußt. Schule würde sich aber völlig übernehmen, für alle Probleme adäquate Lösungswege bereitzuhalten. Wir haben gesehen, daß einige Ursachen für gewalttätiges Verhalten von Kindern und Jugendlichen in gesellschaftlichen Rahmenbedingungen liegen. Es wäre daher falsch, mit schulischen Maßnahmenkatalogen zu suggerieren, gesellschaftlich erzeugte Gewaltpotentiale seien durch intentionale Erziehung aufzuheben."

Schule kann es also nicht allein schaffen; sie muß aber dennoch sofort damit anfangen, denn die meisten Kinder leben außer in der Gesamtgesellschaft mit ihren Trends und außer in der Bildschirmwelt im wesentlichen nur in den beiden Erziehungsinstitutionen Familie und Schule, wobei für viele Kinder die Familie kaum noch vorhanden ist.

Die Schule muß als letzte verbliebene intentionale Erziehungsinstitution für alle Kinder Gewalt verpönen, alternative Bewährungsfelder eröffnen und Konflikt- bzw. Lebensbewältigungsstrategien aufbauen; sie muß mit Bezugspersonen, mit emotionaler und lieblicher Zuwendung, mit Ernährung, mit Forderungen und Grenzsetzungen, mit der Organisation von Erfolgserlebnissen und künftig mit der Beschreibung von Profilabschlüssen, die jedem einzelnen Schüler bescheinigen, was er kann, Bejahung des Kindes und Jugendlichen signalisieren, Selbstwertgefühl aufbauen und Versagenserlebnisse bzw. Verlierergefühle vermeiden helfen. Das kann nur gelingen, wenn Lehrer mehr von Erziehung verstehen als bislang, wenn sie weniger Unterricht als bisher geben, um Zeit für die erzieherische Zuwendung zum Kind und für die Hilfestellung gegenüber seiner problembelasteten Familie und seinen hilflosen Eltern zu gewinnen, und wenn nur noch solche Menschen in den Lehrerberuf kommen, die die Motivation mitbringen, ein Stück des Lebensweges ihrer Schüler mit ihnen zusammenzuleben.

Die Rahmenbedingungen für eine derart zeitgemäße Schule müssen allerdings die Politiker, also Parlamentarier und Regierende schaffen. Im Moment sind sie nämlich nicht einmal vor Wahlen dazu bereit, auch weil die Eltern, die ja Wähler sind, es immer noch nicht massiv von ihnen verlangen.

Literatur

Arlt, Marianne: Pubertät ist, wenn die Eltern schwierig werden, Freiburg i. Br. 1992.

Assheuer, Thomas/Hans Sarkowicz: Rechtsradikale in Deutschland, Berlin [2]1992.

Ayres, A. Jean: Bausteine der kindlichen Entwicklung, Berlin 1984.

Axline, Virginia M.: Dibs, München o. J.

Bader, Birgit/Ellinor Lang (Hrsg.): Stricher-Leben, Hamburg 1991.

Badry, Elisabeth/Maximilian Buchka/Rudolf Knapp (Hrsg.): Pädagogik, Grundlagen und Arbeitsfelder, Neuwied 1992.

Baensch, Torsten: Jugendlichen Raum lassen? Maßnahmen und Projekte gegen national-autoritäre Orientierungen und rechtsextremistische Tendenzen, Hamburg 1992.

Bärsch, Walter: Erziehungskonflikte, Königstein/Ts. 1978.

Bäuerle, Siegfried (Hrsg.): Der suchtgefährdete Schüler, Regensburg 1993.

Balser, Hartmut: Systemische Problembewältigung, Wetzlar 1994.

Beck, Johannes: Der Bildungswahn, Reinbek 1994.

Benz, Ute und Wolfgang (Hrsg.): Sozialisation und Traumatisierung, Kinder in der Zeit des Nationalsozialismus, Frankfurt a. M. 1992.

Bettelheim, Bruno: Liebe allein genügt nicht, Die Erziehung emotional gestörter Kinder, Stuttgart 1991.

Bieler, Manfred: Still wie die Nacht, Memoiren eines Kindes, Hamburg 1989.

Bollnow, Otto F.: Die pädagogische Atmosphäre, Heidelberg 1964.

Brück, Horst: Die Angst des Lehrers vor seinem Schüler, Reinbek 1978.

Buber, Martin: Reden über Erziehung, Heidelberg 1962.

Büttner, Christian: Mit aggressiven Kindern leben, Weinheim [3]1992.

Büttner, Christian: Wut im Bauch, Gewalt im Alltag von Kindern und Jugendlichen, Weinheim 1993.

Büttner, Christian/Aurel Ende (Hrsg.): Trennungen, Kindliche Rettungsversuche bei Vernachlässigungen, Scheidungen und Tod, Weinheim 1990.

Büttner, Christian/Eberhard W. Meyer (Hrsg.): Rambo im Klassenzimmer, Weinheim 1991.

Burkowski, Ursula: Weinen in der Dunkelheit, Bergisch Gladbach 1992.

Callahan, Mary: Tony, Bergisch Gladbach 1990.

Dannhäuser, Albin: Mosaiksteine, Gedanken über Schule, Lehrer und Politik, München 1992.
Defersdorf, Roswitha: Drück mich mal ganz fest!, Freiburg i. Br. 1991.
de Lorent, Hans-Peter: Schule ohne Vorgesetzte, Geschichte der Selbstverwaltung der Hamburger Schulen von 1870 bis 1986, Hamburg 1992.
Deutscher Bildungsrat: Strukturplan für das Bildungswesen, Stuttgart 1970.
Dieckmann, Dorothea: Unter Müttern, Eine Schmähschrift, Reinbek 1993.
Dreikurs, Rudolf/Vicki Stoltz: Kinder fordern uns heraus, Stuttgart 1992.
Eisenberg, Götz/Reimer Gronemeyer: Jugend und Gewalt, Reinbek 1993.
Ekmann, Paul: Warum Kinder lügen, Hamburg 1990.
Eppendorfer, Hans: Kleine Monster, Innenansichten der Pubertät, Hamburg 1985.
Ernst, Andrea/Sabine Stampfel: Kinder-Report, Wie Kinder in Deutschland leben, Köln 1991.
Ernst, J./J. Angst: Birth Order, Its Influence on Personality, Berlin 1983.
Farin, Klaus/Eberhard Seidel-Pielen: Krieg in den Städten, Berlin 1991.
Farin, Klaus/Eberhard Seidel-Pielen: Rechtsruck, Rassismus im neuen Deutschland, Berlin 1992.
Faulstich-Wieland, Hannelore: Koedukation – Enttäuschte Hoffnungen?, Darmstadt 1991.
Fend, Helmut: Theorie der Schule, München ^{2}1981.
Fend, Helmut: Sozialgeschichte des Aufwachsens, Weinheim 1989.
Flitner, Andreas: Mißratener Fortschritt, München 1977.
Flitner, Andreas: Reform der Erziehung, München 1992.
Gardner, Howard: Der ungeschulte Kopf, Wie Kinder denken, Stuttgart 1993.
Giesecke, Hermann: Das Ende der Erziehung, Neue Chancen für Familie und Schule, Stuttgart 1985.
Glöer, Nele/Irmgard Schmiedeskamp-Böhler: Verlorene Kindheit, Jungen als Opfer sexueller Gewalt, München ^{3}1990.
Glotz, Peter: Die deutsche Rechte, München ^{2}1992.
Goetze, Herbert (Hrsg.): Pädagogik bei Verhaltensstörungen – Innovationen, Bad Heilbrunn 1994.
Goldstein, Sonja/Albert J. Sonit: Wenn Eltern sich trennen, Was wird aus den Kindern?, Stuttgart 1989.
Grell, Jochen: Techniken des Lehrerverhaltens, Weinheim ^{12}1989.
Gudjons, Herbert: Pädagogisches Grundwissen, Bad Heilbrunn 1993.
Hacke, Axel: Der kleine Erziehungsberater, Erfahrungen eines liberalen Elternpaares mit drei Kindern, München 1992.
Hansen, Wilhelm: Die Entwicklung des kindlichen Weltbildes, München ^{5}1960.

Heinemann, Evelyn/Udo Rauchfleisch/Tilo Grüttner: Gewalttätige Kinder, Frankfurt a.M. 1992.
Heinemann, Karl-Heinz (Hrsg.): Der antifaschistische Staat entläßt seine Kinder, Jugend- und Rechtsextremismus in Ostdeutschland, Köln 1992.
Hesse, Silke/Klaus Hurrelmann: Gesundheitserziehung in der Schule, in: Prävention 2/1991, S. 50 ff.
Hirsch, Kurt/Peter B. Heim: Von links nach rechts, München 1992.
Hurrelmann, Klaus: Familienstreß, Schulstreß, Freizeitstreß, Gesundheitsförderung für Kinder und Jugendliche, Weinheim 1990.
Hurrelmann, Klaus/Heidrun Bründel: Gewalt macht Schule, München 1994.
Jungjohann, Eugen: Kinder klagen an, Angst, Leid und Gewalt, Frankfurt a.M. 1991.
Kammerer, Dorothea: Aggression und Gewalt bei Jungen, München 1993.
Knoll, Joachim H.: Gewalt und Spiele, Düsseldorf 1993.
Koch, Friedrich: Negative und positive Sexualerziehung, Heidelberg 1971.
Kohlberg, Lawrence: Zur kognitiven Entwicklung des Kindes, Frankfurt a.M. 1974.
Korczak, Janusz: Wie man ein Kind lieben soll, Göttingen 1971.
Kowalsky, Wolfgang: Rechtsaußen, Berlin 1992.
Lasch, Christopher: Geborgenheit, Die Bedrohung der Familie in der modernen Welt, München 1987.
Lukesch, Helmut: Video im Alltag der Jugend, Regensburg 1989.
MacCracken, Mary: Charlie, Eric und das ABC des Herzens, Außenseiter im Klassenzimmer, Frankfurt a.M. 1991.
Makarenko, Anton S.: Ausgewählte pädagogische Schriften, hrsg. von Horst E. Wittig, Paderborn 1961.
Markefka, Manfred: Vorurteile, Minderheiten, Diskriminierung, Neuwied [6]1990.
Meyenberg, Rüdiger: Auch Schule produziert Gewalt, in: Einblicke 18/1993, S. 24 ff.
Molcho, Samy: Körpersprache der Kinder, München 1992.
Montagu, Ashley: Körperkontakt, Stuttgart 1992.
Morris, Desmond: Babywatching, Was dir dein Baby sagen will, München 1991.
Nave-Herz, Rosemarie: Familie heute – Wandel der Familienstrukturen und Folgen für die Erziehung, Darmstadt 1994.
Neill, Alexander S.: Theorie und Praxis der antiautoritären Erziehung, Das Beispiel Summerhill, Reinbek [14]1970.
Nelson, Jane: Kinder brauchen Ordnung, München 1992.
Nirumand, Bahman (Hrsg.): Angst vor den Deutschen, Reinbek 1992.
Nohl, Herman: Die pädagogische Bewegung in Deutschland und ihre Theorie (1935), Frankfurt a.M. [8]1978.

Nolting, Hans-Peter: Lernfall Aggression, Reinbek 1993.
Ogger, Günter: Nieten in Nadelstreifen, Deutschlands Manager im Zwielicht, München 1992.
Oser, Fritz: Moralisches Urteil in Gruppen, Soziales Handeln, Verteilungsgerechtigkeit, Frankfurt a.M. 1981.
Perelman, Lewis J.: School's out, A radical new formula for the revitalization of America's educational system, New York 1992.
Posselt, Ralf-Erik/Klaus Schumacher: Projekthandbuch Gewalt und Rassismus, Mühlheim 1993.
Postman, Neil: Das Verschwinden der Kindheit, Frankfurt a.M. 71982.
Postman, Neil: Wir amüsieren uns zu Tode, Frankfurt a.M. 1985.
Preuschoff, Gisela und Axel: Gewalt an Schulen, Und was dagegen zu tun ist, Köln 1992.
Redl, Fritz/David Wineman: Kinder, die hassen, München 41984.
Reinprecht, Hansheinz: Kinder erziehen ohne Ärger, Graz 1993.
Richter, Horst-Eberhard: Wer nicht leiden will, muß hassen, Zur Epidemie der Gewalt, Hamburg 1993.
Röhrs, Hermann: Die Reformpädagogik, Ursprung und Verlauf unter internationalem Aspekt, Weinheim 31991.
Rossberg, Ewa: Einzelkinder, Reinbek 1993.
Roth, Heinrich: Der Wandel des Begabungsbegriffs, Stuttgart 1961.
Rusch, Regina (Hrsg.): Plötzlich ist alles ganz anders, Kinder schreiben über unser Land, Frankfurt a.M. 1992.
Rutschky, Katharina: Erregte Aufklärung, Kindesmißbrauch, Hamburg 1992.
Scarbath, Horst: Träume vom guten Lehrer, Donauwörth 1992.
Scarbath, Horst/Margareta Gorschenek/Petra Grell: Sexualität und Geschlechtsrollenklischees im Privatfernsehen, Berlin 1994.
Schmidtbauer, Wolfgang: Die Angst vor Nähe, Reinbek 31985.
Schnack, Dieter/Rainer Neutzling: Kleine Helden in Not, Jungen auf der Suche nach Männlichkeit, Reinbek 1990.
Schönweiss, Friedrich: Bildung als Bedrohung? Grundlegung einer sozialen Pädagogik, Opladen 1994.
Schröder, Burkhard: Rechte Kerle, Skinheads, Faschos, Hooligans, Reinbek 1992.
Schultz, Hans J. (Hrsg.): Trennung, Stuttgart 1984.
Solms, Wilhelm (Hrsg.): Begrenzt glücklich, Kindheit in der DDR, Marburg 1992.
Sommer, Norbert (Hrsg.): Überall Haß, Krisen, Kriege und Gewalt – Gründe und Auswege, Berlin 1994.
Spranger, Eduard: Der geborene Erzieher, Heidelberg 31963.
Spranger, Eduard: Psychologie des Jugendalters, Heidelberg 261960.
Spreiter, Michael (Hrsg.): Waffenstillstand im Klassenzimmer, Weinheim 1993.

Starck, Willy: Die Sitzenbleiberkatastrophe, Stuttgart 1974.
Stoltenberg, Annemarie/Rainer Meier: Wie zersäge ich mein Kind?, Hamburg 1993.
Struck, Peter: Die Hauptschule, Stuttgart 1979.
Struck, Peter: Sozialpädagogik der Schule und Soziales Lernen, Stuttgart 1980.
Struck, Peter: Projektunterricht, Stuttgart 1980.
Struck, Peter: Pädagogik des Schullebens, München 1980.
Struck, Peter: Pädagogik des Klassenlehrers, Hamburg 1981.
Struck, Peter: Pädagogische Bindungen, Frankfurt a.M. 1984.
Struck, Peter: Erziehungsdefizite in Familie, Schule und Gesellschaft, Hannover 1992.
Struck, Peter: Schul- und Erziehungsnot, Ein Ratgeber für Eltern, Lehrer und Bildungspolitiker, Neuwied [2]1993.
Struck, Peter: Familie und Erziehung, Pädagogik zum Anfassen, Neuwied [2]1993.
Struck, Peter: Erziehung gegen Gewalt, Ein Buch gegen die Spirale von Aggression und Haß, Neuwied 1994.
Struck, Peter: Neue Lehrer braucht das Land, Ein Plädoyer für eine zeitgemäße Schule, Darmstadt 1994.
Struck, Peter: Schulreport, Zwischen Rotstift und Reform oder Brauchen wir eine andere Schule?, Reinbek 1995.
Thiersch, Hans/Jürgen Wertheimer/Klaus Grunwald (Hrsg.): „... überall, in den Köpfen und Fäusten ...“, Auf der Suche nach Ursachen und Konsequenzen von Gewalt, Darmstadt 1994.
Tillmann, Klaus-J.: Sozialisationstheorien, Reinbek [2]1990.
Tomas, Stefan: Knieriesen, Hildesheim 1992.
Upmeyer, Arnold: Soziale Urteilsbildung, Stuttgart 1985.
Vogt, Gregor M./Stephen T. Sirridge: Söhne ohne Väter, Frankfurt a.M. 1993.
Voss, Reinhard/Roswitha Wirtz: Keine Pillen für den Zappelphilipp, Alternativen im Umgang mit unruhigen Kindern, Reinbek 1991.
Wagner, Bern (Hrsg.): Handbuch Rechtsextremismus, Reinbek 1994.
Wallerstein, Judith/Sandra Blakeslee: Gewinner und Verlierer, München 1989.
Wallrabenstein, Wulf: Offene Schule – Offener Unterricht, Reinbek 1991.
Wieck, Wilfried: Söhne wollen Väter, Wider die weibliche Umklammerung, Hamburg 1992.
Winn, Marie: Kinder ohne Kindheit, Reinbek 1992.
Ziem, Jochen: Boris, Kreuzberg, 12 Jahre, Berlin 1988.
Zimmer, Katharina: Wer sind unsere Kinder?, München 1994.
Zöller, Dietmar: Wenn ich mit euch reden könnte ..., Ein autistischer Junge beschreibt sein Leben, München 1991.

WB-Forum

MANFRED AMELANG/
CLAUDIA KRÜGER

MISSHANDLUNG VON KINDERN

Gewalt in einem sensiblen Bereich

WBV

1995. 190 Seiten, kart.
3-534-80154-7

Immer häufiger sind Gewaltakte gegen Kinder Gegenstand stark vereinfachter und spektakulär aufbereiteter Reportagen und Berichte. Hat die Häufigkeit von Kindesmißhandlungen tatsächlich zugenommen? Was ist Kindesmißhandlung und welche Diagnosekriterien ermöglichen den Zugriff? Wie lassen sich Gewalttätigkeiten gegenüber Kindern erklären und was sind die Folgen für die Betroffenen? Zentrales Anliegen der Autoren ist eine Bestandsaufnahme und kritische Sichtung der vorliegenden Untersuchungen zu Verbreitung, Ursachen und Auswirkungen von Kindesmißhandlung. Diese bezeichnet dabei körperliche und psychische Gewalt, emotionale Vernachlässigung und sexuellen Mißbrauch.

ROSEMARIE NAVE-HERZ

FAMILIE HEUTE

Wandel der Familienstrukturen und Folgen für die Erziehung

WBV

1994, IX, 156 S., kart.
3-534-80135-0

Steigende Scheidungszahlen und eine abnehmende Geburtenrate gelten in der Öffentlichkeit als Indiz dafür, daß die Lebensform Familie in eine Krise geraten ist. Nostalgisch wird einer Familienidylle nachgetrauert, die es bei näherem Hinsehen jedoch zu keiner Zeit wirklich gegeben hat. Der Wandel der Familienstrukturen hat bereits vor langer Zeit begonnen, die Veränderungsprozesse waren sogar viel umfassender und tiefgreifender, als es in der Diskussion über die heutige „Pluralität von Familienformen" zum Ausdruck kommt. Das Buch zeichnet die Veränderungsprozesse vor dem Hintergrund ihrer gesamtgesellschaftlichen und lebenslaufspezifischen Ursachen nach.

PETER STRUCK

NEUE LEHRER BRAUCHT DAS LAND

Ein Plädoyer für eine zeitgemäße Schule

WBV

1994, X, 183 S., kart.
3-534-80167-9

Der allgemeine Familienzerfall bzw. die Umstrukturierung der Institution Familie und die gesellschaftlichen Wandlungen haben der Schule mehr denn je den Erziehungsauftrag zugespielt. Struck zeigt, daß Schule überfordert ist. Sein Fazit: Unser Land braucht neue Lehrer, mit einer reformierten Ausbildung, mit einem Mehr an sozialpädagogischen Kompetenzen und mit einer neuen Arbeitsplatzbeschreibung, die über ihre Rolle als „Stundengeber" in einer wissenschaftsorientierten und an einem übertriebenen Fachlehrer- und Kurssystem leidenden Unterrichtsanstalt weit hinausgeht. Benötigt wird eine Schule, die den Erziehungsauftrag motiviert annimmt und die den Klassenlehrer wiederentdeckt.

Wissenschaftliche Buchgesellschaft